内蒙古师范大学第九批教学研究课题"教学设计类课程"专项建设项目资助

中学体育教学设计

主　编：徐慧颖　　李凤新
副主编：格日乐图　柴　华　张敏杰
　　　　杨浩晖

陕西师范大学出版总社

图书代号　JC22N0987

图书在版编目(CIP)数据

中学体育教学设计/徐慧颖，李凤新主编. —西安：陕西师范大学出版总社有限公司，2022.7
ISBN 978-7-5695-3065-0

Ⅰ.①中…　Ⅱ.①徐…②李…　Ⅲ.①体育课—教学设计—中学　Ⅳ.①G633.962

中国版本图书馆 CIP 数据核字(2022)第 116132 号

中学体育教学设计
ZHONGXUE TIYU JIAOXUE SHEJI

徐慧颖　李凤新　主编

责任编辑	古　洁	
责任校对	孙瑜鑫	
封面设计	张欣茹　雷　青	
出版发行	陕西师范大学出版总社	
	(西安市长安南路199号　邮编710062)	
网　　址	http://www.snupg.com	
经　　销	新华书店	
印　　刷	西安日报社印务中心	
开　　本	787 mm×1092 mm　1/16	
印　　张	22.625	
字　　数	348 千	
版　　次	2022 年 7 月第 1 版	
印　　次	2022 年 7 月第 1 次印刷	
书　　号	ISBN 978-7-5695-3065-0	
定　　价	68.00 元	

读者购书、书店添货或发现印装质量问题，请与本社高等教育出版中心联系。
电话:(029)85303622(传真)　85307864

高等师范院校学科教学设计系列教材编委会

主　任　阿拉坦仓
副主任　张海峰
顾　问　徐宝芳
编　委　(以姓氏笔画为序)

王素坤	王海燕	王喜贵	史风春
包桂英	边琦	毕力格图	齐鲁
齐玉梅	那日苏	李玉珍	李春兰
李凤新	杨楠	杨俊海	张钧
阿娜	阿拉木斯	陈梅	孟根巴根
顾媛媛	徐喜平	徐慧颖	高慧
翟晓云			

高等师范院校学科教学设计系列教材

丛书主编　韩巍
丛书副主编　苏贵斌　乌兰格日乐　银福成

总　　序

教材是学校教育教学的基本依据,是落实立德树人根本任务的关键要素和重要载体。教材工作是高等教育体系的战略性、基础性、先导性工作,构建高质量的高等教育体系离不开高质量的教材建设。

党的十八大以来,以习近平同志为核心的党中央高度重视和关心教材建设。教材是学校教育教学的基本依据,是解决"培养什么人、怎样培养人、为谁培养人"的根本问题的重要载体,是贯彻党的教育方针、实现教育目标不可替代的重要抓手。习近平总书记关于教材工作的重要指示,为我们以培养德智体美劳全面发展的社会主义建设者和接班人为目标,用心打造更多培根铸魂、启智增慧的精品教材指明了前进方向,提供了根本遵循。

近年来,内蒙古师范大学深入贯彻落实习近平总书记重要指示精神,弘扬学校多年形成的重视教材建设的优良传统,有组织、系统化地开展精品教材建设,有力地推进了相关学科专业教育教学改革,提高了人才培养质量,产生了广泛的影响。这套"学科教学设计系列教材"就是其中的优秀成果之一。

首先,该系列教材来源于教师教育一线教学改革实践,又紧紧服务于一线教学改革实践。随着内蒙古师范大学教师教育改革工作的不断推进,涌现出一批教师教育课程骨干教师,产生了丰硕且具有影响力的教师教育教学研究成果。本系列教材就基于我校教师教育改革实践,由各学科教师教育课程骨干教师组成编写团队,充分发挥其学术基础、专业素养、教学能力、实践经验等多重优势编写而成。教材编写基于教师教育主干课程——"教学设计"类课程,紧扣教学一线需求,结合"教学设计类课程改革与教材建设项目"课题研究,充分体现了教师教育课程与教师教育教材一体化建设的新理念,具有较强的育人功能与较高的时代价值。

其次,该系列教材的编写是基于对《义务教育课程方案与课程标准(2022年版)》《普通高中课程方案与课程标准(2017年版2020年修订)》的深刻理解。新的课程标准以核心素养为导向,体现正确价值观、必备品格和关键能力的培养要求,在此基础上,优化了课程结构,明确了学业质量标准。该系列教材的编制,正是围绕着核心素养,从立德树人根本任务出发,聚焦于课程内容的改革,探索综合学习目标下的大单元教学,任务群建构具有前瞻性。特别是与"双减"政策的落实相呼应,注重在教学组织、课程评价、作业设计等方面的整体设计与实施,致力于核心素养的落地,突出课堂及学校教育的主阵地作用。

再次,该系列教材充分体现了成果导向教育(OBE)理念。师范类专业认证对高等师范教育提出了要以学生为中心,落实践行师德、学会教学、学会育人、学会发展的导向和要求。基于这样的产出导向,该系列教材在编写过程中致力于课程内容的革新,重视课堂教学在培养过程中的基础作用,紧密围绕着课程目标的达成制定教学内容、教学方法、考核内容与方式。尤其在促进学生主动深度学习和优化综合实践活动的实施等方面都进行了积极的探索。

最后,该系列教材以多样化数字资源服务信息化教学改革、课程思政建设。依托着"以本为本"课程建设的持续推进,该系列教材积极为线下、线上、线上线下混合、虚拟仿真等各类课程教学形态开拓实施空间,着力服务学生泛在学习,提高学生的学习效果。同时,编写团队把从教理想信念教育、师德教育等元素有机融入教材内容和教学案例中,引导学生在教师教育课程学习中树立争做未来"四有"好老师,争做立德树人的"大先生"的坚定理想信念,在润物无声中铸魂育人。

教书育人,教材先行。在教育部等八部门联合印发《新时代基础教育强师计划》之际,这套"学科教学设计系列教材"的出版,恰逢其时。衷心期待它能在推进国家教师教育课程改革进程中留下浓墨重彩的一笔,能在培养更多高素质、专业化、创新型优秀中小学教师,服务教育强国建设的新征程上彰显"内师智慧",做出"内师贡献"!

2022 年 5 月 24 日

(李树林,内蒙古师范大学校长)

Contents 目录

第一章　中学体育教学设计概述 …………………………………… 1
第一节　教学设计概述 ……………………………………………… 2
第二节　中学体育教学设计概述 …………………………………… 4

第二章　中学体育教学设计背景分析 …………………………… 13
第一节　中学体育学习者分析 ……………………………………… 14
第二节　中学体育学习需要分析 …………………………………… 21
第三节　中学体育教学内容分析 …………………………………… 25

第三章　中学体育教学目标设计 ………………………………… 40
第一节　中学体育教学目标设计概述 ……………………………… 41
第二节　中学体育教学目标设计 …………………………………… 56

第四章　中学体育教学策略设计 ………………………………… 69
第一节　体育教学策略概述 ………………………………………… 70
第二节　体育教学模式设计 ………………………………………… 74
第三节　体育教学组织设计 ………………………………………… 82
第四节　体育教学方法设计 ………………………………………… 93

第五章　中学体育教学媒体与环境设计 …… 104
第一节　体育教学媒体概述 …… 105
第二节　体育教学环境概述 …… 113
第三节　中学体育教学媒体与环境设计及案例分析 …… 126

第六章　中学体育教学过程设计 …… 137
第一节　中学体育教学过程设计概述 …… 138
第二节　中学体育教学过程中的客观规律 …… 151
第三节　中学体育教学过程的层次 …… 156
第四节　中学体育教学过程设计及案例分析 …… 157

第七章　中学体育教学计划设计 …… 164
第一节　体育教学计划设计概述 …… 165
第二节　中学体育水平教学计划的设计 …… 168
第三节　中学体育学年与学期教学计划设计 …… 172
第四节　中学体育模块与单元教学计划设计 …… 179
第五节　中学体育课时教学计划设计 …… 194

第八章　中学体育基本课型的教学设计 …… 207
第一节　体育课的类型及体育课教学设计方法 …… 208
第二节　中学体育理论课教学设计 …… 219
第三节　中学体育实践课教学设计 …… 223

第九章　中学体育学习评价的设计 …… 243
第一节　中学体育学习评价设计的概述 …… 244
第二节　中学体育学习评价设计 …… 254

第十章 说课 ········· 266
第一节 体育教师说课的理论基础 ········· 267
第二节 体育教师说课案例分析 ········· 278

第十一章 中学体育课堂教学技能训练 ········· 301
第一节 中学体育课堂教学技能总论 ········· 302
第二节 中学体育课堂教学语言技能 ········· 307
第三节 中学体育课堂教学推进技能 ········· 317
第四节 中学体育课堂教学动作示范技能 ········· 334
第五节 中学体育课堂教学组织技能 ········· 338

参考文献 ········· 345

后记 ········· 349

第一章　中学体育教学设计概述

> 知识导图

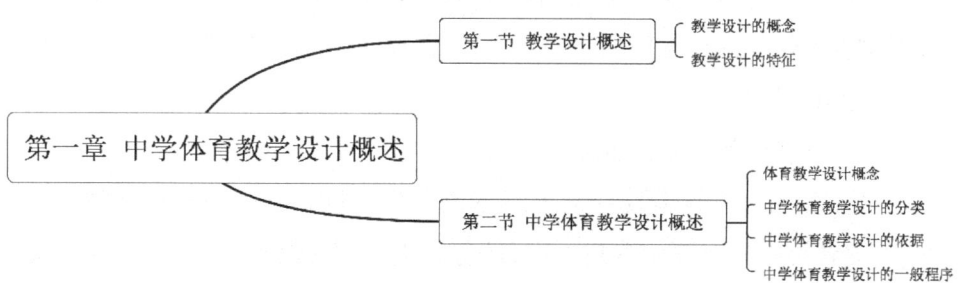

> 内容提要

本章在系统阐述中学体育教学设计相关概念、分类等的基础上，对中学体育教学设计的依据、一般程序进行介绍，以此帮助学生提升对中学体育教学设计的认识和理解，为后面各章内容的学习奠定基础。

> 学习目标

1. 了解教学设计的概念、中学体育教学设计概念及分类。
2. 掌握中学体育教学设计的依据、一般程序。
3. 了解中学体育教学设计的流程及具体要素。

第一节　教学设计概述

一、教学设计的概念

加涅认为："教学设计是一个系统化规划教学系统的过程。"①

赖格卢思(C. M. Reigeluth)指出："教学设计是一门涉及理解与改进教学过程的学科。任何设计活动的宗旨都是提出达到预期目的最优途径，因此，教学设计主要是关于提出最优教学方法的处方的一门学科，这些最优的教学方法能使学生的知识和技能发生预期的变化。"②

梅里尔(Merrill)等人在《教学设计新宣言》中指出："教学是一门科学，而教学设计是建立在教学科学这一坚实基础上的技术，因而教学设计也可以被认为是科学型的技术。"③

我国学者对教学设计也提出了很多观点：

乌美娜认为："教学设计是运用系统方法分析教学问题和确定教学目标，建立解决教学问题的策略方案、试行解决方案、评价试行结果和对方案进行修改的过程。"④

还有学者认为："教学设计是以获得优化的教学效果为目的，以学习理论、教学理论和传播理论为理论基础，运用系统方法分析教学问题、确定教学目标、建立解决教学问题的策略方案、试行解决方案、评价试行结果和修改解决方案的过程。"⑤

教学系统设计是以促进学习者的学习为根本目的，运用系统方法将学

---

① 潘绍伟,于可红.学校体育学(第三版)[M].北京:高等教育出版社,2015:145.
② 孙立仁.教学设计:实践基础教育课程改革的理论与方法[M].北京:电子工业出版社,2004:4.
③ 孙立仁.教学设计:实践基础教育课程改革的理论与方法[M].北京:电子工业出版社,2004:4.
④ 乌美娜.教学设计[M].北京:高等教育出版社,1994:11.
⑤ 王辉,等.学校教育技术操作全书[M].北京:经济日报出版社,1999:577.

习理论与教学理论等相关原理转换成对教学目标、教学内容、教学方法和教学策略、教学评价等环节进行具体计划,并创设有效的教与学系统的"过程"或"程序"。教学系统设计是以解决教学问题、优化学习为目的的特殊的设计活动,既具有设计学科的一般性质,又遵循教学的基本规律。①

教学设计就是为了达到一定的教学目的,对教什么(课程、内容等)和怎么教(组织、方法、传媒的使用等)进行设计的过程。②

综上所述,教学设计是为了实现一定的教学目标,依据课程内容主题、教学对象特征和环境条件,运用教与学的原理,将教学诸要素有序、优化地安排,形成教学方案的过程。它是一门在现代教育理论指导下,运用系统方法科学解决教学问题的学问,它以教学效果最优化为目的,以解决教学问题为宗旨。

二、教学设计的特征

(一)理论性

教学设计是对学习理论、教学理论等的综合应用,是把教学原理转化为教学材料和教学活动的计划。教学设计要遵循教学过程的基本规律,选择教学目标,以解决教什么的问题。

(二)计划性

教学设计是实现教学目标的计划性和决策性活动。教学设计过程具有一定的模式,需要按照既定的环节流程进行教学设计。教学设计以计划和布局安排的形式,对如何达到教学目标进行决策,以解决怎样教的问题。

---

① 何克抗,林君芬,张文兰,等.教学系统设计[M].北京:高等教育出版社,2006:5.
② 李伯黍,燕国材.教育心理学[M].上海:华东师范大学出版社,2000:180.

（三）系统性

教学设计把教学各要素看成一个系统,形成一套关于教学设计的系统化方法,分析教学问题和需求,确立解决的程序纲要,使教学效果最优化。

（四）操作性

教学设计是针对解决教学中的具体问题而发展起来的理论与方法,是提高学习者获得知识、技能的效率和兴趣的技术过程。它的功能在于运用系统方法设计教学过程,使之成为具有可操作性的程序。

第二节 中学体育教学设计概述

一、体育教学设计概念

在体育课教学设计中,教学理念是课堂教学的灵魂,教学设计则是课堂教学的生命。有了成功的教学设计,才能保证优质的教学效果。在新课程理念下,体育教学将不仅仅是师生双边的教与学活动,还是一个知识灌输与能力培养的过程。

毛振明教授认为:"体育教学设计是根据教学目的和教学条件,对某个过程(如学段、学年、学期、单元和学时)的教学所进行的各方面的最优化研究工作和计划工作。"[1]

体育教学设计是指以教学理论、学习理论、信息传播理论以及体育专业理论等相关理论为基础,运用系统方法分析体育教学问题,确定体育教学目标、设计解决体育教学问题的策略、试行方案、评价结果和修改方案的系统化计划过程。[2]

周登嵩认为体育教学设计是根据体育学科的特点,从体育教学系统的

---

[1] 毛振明.体育教学论(第三版)[M].北京:高等教育出版社,2017:231.
[2] 潘绍伟,于可红.学校体育学(第三版)[M].北京:高等教育出版社,2015:145.

整体出发,综合考虑体育教师、学生、场地器材、体育教学环境,以及要达成的教学目标等方面的因素,详细分析体育教学可能出现的问题,有针对性地设计出解决这些问题的教学行动方案,并在体育教学实施过程中评价行动方案的可靠性,同时做出修正,直到体育教学活动取得最优的教学效果为止。[①]

体育教学方案的设计过程具有动态性,它既具有教学设计的一般性,又有体育教学设计的特殊性。体育教学设计应关注学生现实的需要和未来发展的需要,坚持以学生为主体,建立起合理、科学的教学目标、教学内容、教学程序、教学媒体及方法策略体系,提高学生学习的效果。

二、中学体育教学设计的分类

(一)分类

中学体育教学设计可分为宏观、中观和微观三个层面。其中,宏观层面包含学段和水平的体育教学设计,中观层面包含学年和学期的体育教学设计,微观层面包含模块、单元和课时体育教学设计。学段和水平的体育教学设计通常是在学校指导下,由学校的体育教研组依据《义务教育体育与健康课程标准(2022年版)》、学生身心发展特点,结合本学校体育教学的实际情况集体讨论制定的。学年和学期的体育教学设计主要是由学校的体育教研组和体育教师依据学段和水平教学计划对某个学年及其对应的两个学期的体育教学计划进行统筹安排。相对于学段和水平教学计划而言,学年和学期的教学计划在教学目标、内容、评价等方面的设计相对具体一些。模块、单元和课时体育教学设计是体育教师对体育教学的学生、目标、过程、方法等诸多要素进行全面深入的系统考虑制定出来的,是教师上课的依据,如图1-1所示。

[①] 周登嵩.学校体育学[M].北京:人民体育出版社,2004:208.

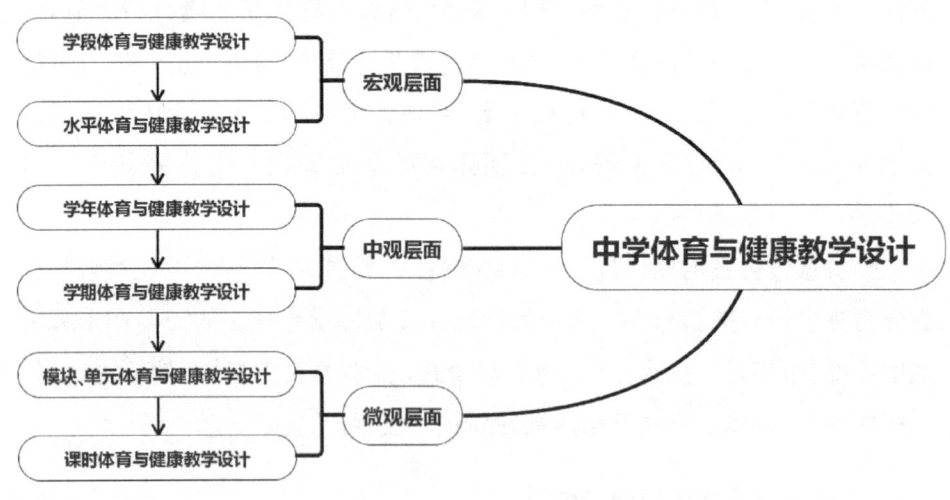

图1-1　中学体育与健康教学设计的分类

(二)区分教学设计、教学计划、教案

教学设计以传播理论、学习理论和教学理论为基础,运用系统分析方法解决教学问题,以优化教学效果为目的,具有很强的理论性、计划性、系统性和操作性。教学设计是把学习者作为研究对象,所以教学设计的范围可以大到一个学科、一门课程,也可小到一堂课、一个问题的解决。教学计划是教学设计的具体表现形式,是把体育教学的各种要素综合起来,按照教学规律,制定出一套切实可行的方案。教案是教育科学领域的一个基本概念,又叫课时计划,是以课时为单位设计的具体教学方案,是教学中的重要环节,如图1-2所示。

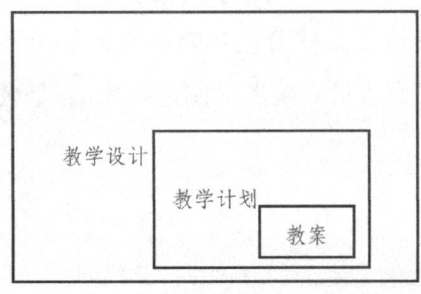

图1-2　教学设计、教学计划、教案之间的关系

课堂教学设计属于微观教学设计的范畴。鉴于我国目前的教学组织是以课堂教学为主,所以课堂教学设计是教学设计中运用最多的一个层次。教学设计是以分析教学需求为基础,以确立解决教学问题的步骤为目的,重视对现有媒体的设计和充分利用,重视教学目标和教学评价的设计。教师在设计中既要设计教,更要设计学,怎样使学生学得更好,达到更好的教学效果是教学设计的指导思想。

教学设计是研究的过程,教学计划是研究的成果,教学设计完成的主要标志是思路的形成,而教学计划完成的主要标志是方案的形成。教学设计宏观而全面,教学计划具体而细致。教学计划规定了不同课程类型呈现的方式,也规定了不同课程在管理学习方式中的要求及其所占比例。同时,教学计划对学校的教学作出全面安排,具体规定了学校应设置的学科、课程开设的顺序及课时分配,并对学期、学年、假期进行划分。

教学设计是要通过设计阐明教什么、为什么教、如何教等一系列问题,教案是教学设计具体化的主要内容。教案是考查教师备课的依据。从研究范围上讲,教案只是教学设计的重要内容,教案的核心目的就是指导教师怎样讲好教学内容。教案一般包括教学目的、教学方法、重难点分析、教学进程、教具的使用、课的类型、教法的具体运用、时间分配等因素,教案是教学设计中最核心的一部分,体现了课堂教学的计划和安排。

总体说来,教学设计、教学计划、教案都是在课前准备的,教学设计涵盖的内容更宽泛一些,可以包含教学计划、教案,也包含针对教学过程中出现的问题的解决方式等;教学计划是教学设计研究的成果,是教学设计的具体表现形式;教案是以课时为单位,为实施教学而设计的具体教学方案。

三、中学体育教学设计的依据

进入21世纪,中国迎来了新一轮体育课程改革,2001年,教育部印发了《基础教育课程改革纲要(试行)》,同时颁布《全日制义务教育普通高级中学体育(1—6年级)体育与健康(7—12年级)课程标准(实验稿)》小学和初中各学科"课程标准",从此"体育与健康"成为"体育"这门课程的新称谓。2004年,教育部颁布《普通高中体育与健康课程标准(实验稿)》。2011年,颁布《义务教育体育与健康课程标准(2011年版)》。2017年,教育部正式颁布《普通高中体育与健康课程标准(2017年版)》。2020年,教育部正式修订为《普通高中体育与健康课程标准(2017年版2020年修订)》。2022年,教育部印发了修订后的《义务教育体育与健康课程标准(2022年版)》。新世纪课程改革的进程正在稳步推进。

教学系统是由一定数量的相互联系的组成部分(如教师、学生、教学内容、教学媒体、教学方法、教学环境等)有机结合起来的具有某种教学功能的综合体。①

教学设计是一种旨在促进教学活动程序化、精确化和合理化的现代教学技术。中学体育教学设计是教师基于教学对象、学科特点、学校实际情况以及相关学科理论知识的一个复杂的、精细的、严谨的规划过程。下面对中学体育教学设计应依据的教学对象、学科特点、教学条件、课程标准以及理论基础进行阐述。

(一)中学生的身心发展特点

学生是学习的主体,为了使教学设计具有较强的针对性和实用性,必须了解学习者的学习风格、学习准备状态、一般特征等方面的情况,为教学内容的选择和组织、教学目标的确定、教学活动的安排、教学策略的采用等提供科学的依据。中学体育教学设计应突出学生的主体地位,根据中学生的身心发展特点,设计"教什么"和"如何教"。

(二)体育课程的特征

体育课程以身体练习为主要手段,以增进健康为主要目的,在一定单位时间内,使学生在身体、运动认知、运动技能、心理和社会适应方面和谐发

---

① 皮连生.教学设计(第2版)[M].北京:高等教育出版社,2009:33

展,是学校课程体系的重要组成部分,是学校体育工作的中心环节。中学体育教学设计应依据体育课程的基础性、实践性、健身性、综合性等特点展开设计。

(三)学校体育教学的实际情况

学校的实际情况是中学体育教学设计过程中需要考虑的重要因素之一。学校的实际情况是体育教学活动能否正常开展的基础和条件,是能否加强素质教育、提高体育教学质量、增进学生健康保障的决定性因素。学校的实际情况包括本校的体育文化传统、体育师资情况、场地器材和班级规模等。其中体育教师是学生学习的合作者、引导者、参与者和促进者,教师的知识积淀、传统习惯、教学风格、教学经验,专项运动技能知识结构、专业知识、技能体系以及体育教育教学的实践经验等都会影响中学体育教学设计效果。

(四)体育与健康课程标准

中学体育教学设计必须依据体育与健康课程标准,体育与健康课程标准是体育教学的指导性文件。《义务教育体育与健康课程标准(2022版)》坚持"健康第一",落实"教会、勤练、常赛",加强课程内容整体设计,注重教学方式改革,重视综合性学习评价,关注学生个体差异课程理念。《普通高中体育与健康课程标准(2017年版2020年修订)》的课程理念是:落实立德树人根本任务和健康第一指导思想,促进学生健康与全面发展;尊重学生的学习需求,培养学生对运动的喜爱;改革课程内容与教学方式,提高学生的综合能力和优良品格;注重学生运动专长的培养,奠定学生终身体育的基础;建立多元学习评价体系,激励学生更好地学习和实践课程理念。

(五)体育教材要素

在体育教学设计的实施中,要求设计者深入分析教材,获取需要的相关信息,同时,结合课程教学目标、教学对象、教师的教学能力、学校的场地器材等设计具体的教学内容。

(六)理论基础

中学体育教学设计的理论基础主要有系统理论、信息传播理论、学习理论、教学理论、生理学理论、运动技能形成理论。理论基础的指导是教学设计所必需的,体育教学设计的所有原理和方法都建立在这些理论基础之上。

四、中学体育教学设计的一般程序

体育教学设计需要深入理解体育教学系统,需要以体育基础理论和体育教学理论等为指导,更需要学会运用系统方法。中学体育教学设计的流程由背景分析、决策设计和评价反馈三个环节组成。

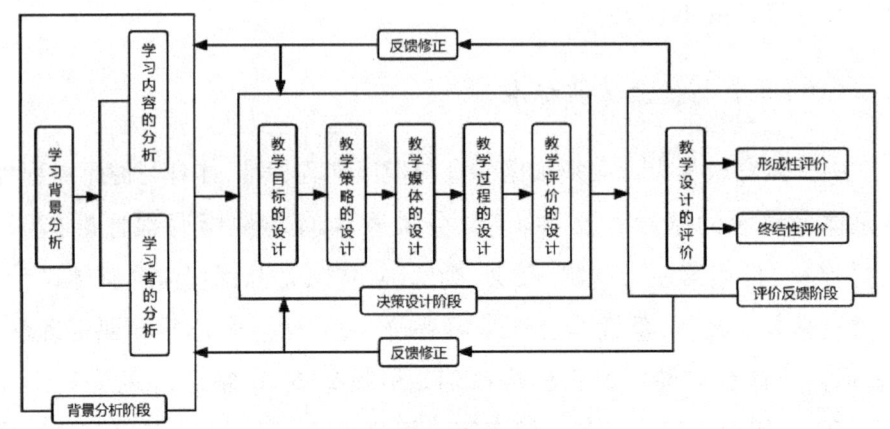

图1-3 中学体育与健康教学设计的流程

(一)背景分析

中学体育教学设计的前期要进行背景分析,如果缺乏对影响体育教学各要素的背景分析,将失去教学设计的科学性。背景分析主要包括学习者特征分析和学习内容分析两部分。学习者特征分析主要包括对学习者的认知水平、身心特点、能力水平等的分析。学习内容分析是依据体育与健康课程标准,对教材中的运动认知、动作结构、相关体能知识等进行分析。

(二)决策设计

决策设计包括体育教学目标设计、教学策略设计、教学媒体设计、教学过程设计和教学评价设计等。这一环节就是要确定具体的教学目标,根据教学内容设计相应的教学方案以及组织教学的方法,合理设定教学结构,安排教学过程中各个环节,以及场地器材等的教学媒体设计,进行教学评价设计等。

(三)评价反馈

评价反馈主要是对教学方案进行评价,并通过相应反馈不断地对教学方案进行完善的过程。

中学体育教学设计其基本要素大致有学生情况分析、学习内容分析、教学目标设计、教学策略设计(教学内容选择、教学方法和手段选择、教学组织形式选择)、教学媒体设计、教学过程设计、教学评价设计和教学设计评价。

【本章小结】

本章系统阐述了中学体育教学设计相关概念、分类,如何区分教学设计、教学计划、教案,中学体育教学设计的依据包括中学生的身心发展特点、体育与健康课程的特征、学校体育教学的实际情况、体育与健康课程标准、体育教材要素、理论基础;中学体育教学设计的一般程序由背景分析、决策设计和评价反馈三个环节组成等内容。

【实践演练】

1. 中学体育教学设计的依据是什么?
2. 中学体育教学设计的一般程序是什么?

3. 教学设计与教学计划的关系是什么?

4. 请查阅资料回答:你认为具有代表性的体育教学设计概念是什么?

【拓展阅读】

[1] 陈晓慧. 教学设计(第2版)[M]. 北京:电子工业出版社,2009.

第二章 中学体育教学设计背景分析

> 知识导图

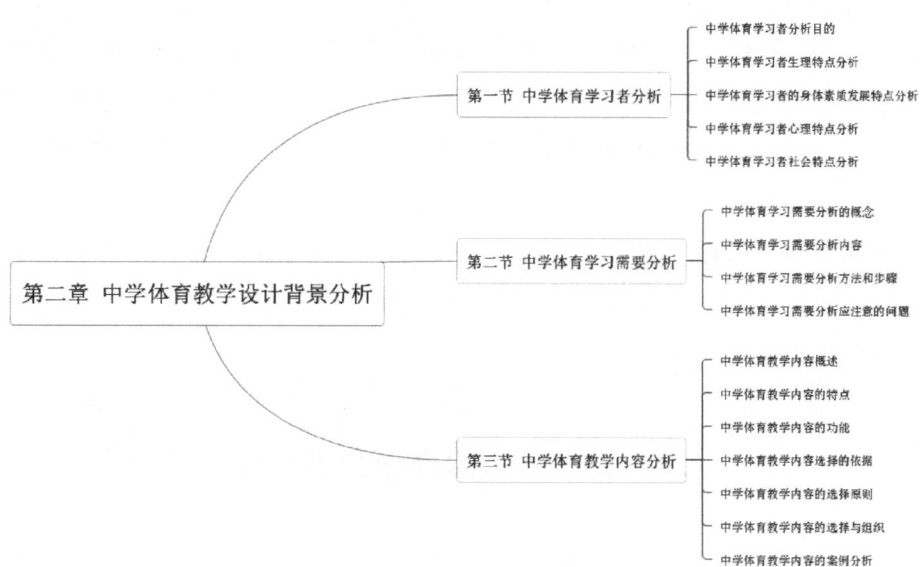

> 内容提要

本章主要阐述中学体育教学设计的背景分析,即对体育学习者、体育学习需要、体育教学内容进行分析。要求注重各要素分析的方法和案例呈现,帮助教学设计者理顺分析思路,学会分析中学体育教学中存在的问题及原因,把握教材的总体特征和学生的基本情况。

> 学习目标

1. 了解体育学习者分析目的、生理特点、身体素质发展特点、心理特点、社会特点。
2. 了解体育学习者需求、体育教学内容的概念、特点、意义、目的。
3. 基本掌握体育学习需要分析方法和步骤。
4. 基本掌握体育学习内容的选择依据、选择原则。
5. 理解体育学习需求应注意的问题。
6. 理解体育学习的功能及分类。

在体育教学设计的前期要进行背景分析,了解体育教学的实际情况,分析教学中存在的问题,分析体育教材的特点和功能以及学习者的特点、起始能力和风格,这是做好体育教学设计的基础。如果缺乏对影响体育教学各要素的背景分析,只凭借主观意志进行安排,则无法设计出反映体育课程理念的科学、合理的体育教学方案,必然给学习者的学习带来困难,使体育教学过程充满盲目性和随意性。由于需要分析的问题很多,我们应着重分析影响体育教学的主要环节,因此,本章将主要对体育学习者、体育教材内容和学习需要的特点进行分析。

第一节 中学体育学习者分析

体育教学设计前要解决的第一个问题就是对体育学习者的分析,这样才能更好地解决教师如何教,学生如何学的问题。对学生的分析是建立在以学生为主体的体育课堂教学前提下的。首先,要分析学生的需求情况,解决教师"为什么教"和学生"为什么学"的问题。其次,分析学生技术学习的基础和学习能力,为"如何学"寻找实践依据。最后,分析学生差异,为个性化教学指导提供设计基础。体育教学设计方案与学习者特征是否一致是体育教学设计成功与否的关键之一。

一、中学体育学习者分析目的

中学体育学习者分析的目的是了解学生的学习准备状态和学习风格,为教育教学提供依据,包括体育教材内容的选择和组织、体育教学目标的制定、体育教学方法和媒体的选择、体育课程的设计等。体育学习者分析主要从两个方面进行。首先是分析学生的一般特征和学习风格。就是在体育教学中因材施教,让学生朝着个性化的方向发展,为培养学生的创新意识和能力提供条件,让每个学生明确自己的目标。在重视个人特征和自我价值的基础上,学习如何"做",为不同的学生提供科学合理的体育教育基础。其次是分析学生的起点能力,为教学寻找实践依据。只有根据学生原有的技术学习基础、生活经验、对体育学习的兴趣、态度等,精心设计体育教学活动,指导学生不断提高自己的体育知识、技能、能力,体育教学才能成功。[1]

二、中学体育学习者生理特点分析

这本书主要针对中学生,所以只介绍青少年儿童的生长发育特性。根据青少年儿童生长发育规律和形态、生理、心理特征,可分为:婴儿期(2~3岁)、幼儿期(4~6岁)、学龄儿童(7~12岁)、少年期(13~17岁)、青年期(18~25岁)。年龄之间没有明显的界线,前一年龄的发育为后一年龄的发育奠定必要的基础。

(一)初中生的生理特征

在生理上,初中学生的身高体重呈现不平衡的迅速增长。人的整体生长发育过程有两个巅峰期,第一个在婴儿期,第二个在青春期。处于这一时期的身体各部分迅速发展,身高平均每年增长6~8厘米,体重平均每年增长2~4千克,胸围平均每年增宽2~4厘米,两腿比躯干长得快,手脚大,而

---

[1] 张天成,张福兰.中学体育教学设计[M].成都:西南交通大学出版社,2018:23.

头颅相对比较小。全身比例不太匀称,动作不够灵活、协调,骨骼、肌肉也处于迅速增长阶段。脊柱、胸廓、骨盆、四肢的骨化仍未完成,骨骼比肌肉长得快。血管的增长与心脏的增长不平衡,血液循环路线大幅度延长,而心脏容积增长不明显,容易出现血管的运转量不能及时适应身体对血液要求的现象,进而容易产生机能性心脏扩大和局部脑充血,出现头痛、头晕和呼吸困难、疲劳等现象。

初中学生性成熟期开始(女孩11～12岁,男孩14～15岁)。性成熟现象引起身体外部的一些生理变化,性别特征开始出现。男孩声音变粗,长出胡须;女孩乳腺形成,乳房突出等。他们开始意识到自己向成熟期过渡,开始意识到两性关系等。

在神经系统方面,初中生大脑的重量和体积已经接近成人水平,脑神经纤维明显增加,第二信号系统作用提高,抑制过程得到发展,综合分析能力提高,可以快速建立各种条件反射。由于分化能力还不完善,比较难掌握复杂细腻的动作,抑制过程稍弱,缺乏区分兴奋的能力,具有特有的行为冲动和过于强烈的活动积极性能力。

(二)高中生的生理特点

高中学生在生理上身心发展基本成熟,平均身高每年增加1～2厘米,平均体重每年增加1～2千克,到18岁,他们的身高、体重、胸围、性发育等都接近成人标准。骨骼已经基本骨化和肌肉力量不断增强,提高了从事体力工作及各种运动的能力。性机能发育已经成熟,进一步认识到男女之间的关系问题。大脑的重量和成年人基本一样。大脑皮层的神经细胞已经完全发育,联络纤维迅速生长,兴奋和抑制过程已经达到平衡,这个时期是人"朝气勃勃的青春期"。[1]

---

[1] 张新.中学体育教学设计[M].北京:科学出版社,2012:34-35.

三、中学体育学习者的身体素质发展特点分析[①]

(一)绝对力量的发展特点

儿童青少年力量的第一个可训练阶段为7~9岁,7岁后随着身体的生长和各器官、系统功能的发展,肌肉长度开始改变,相对力量有所提高。女生绝对力量的自然发展从10岁开始,可分为四个时期:第一个时期为10~13岁,绝对力量可提高46%,力量增长的速度呈直线上升,特别是屈肌的力量。第二个时期为13~15岁,绝对力量只增长8%,力量增长的速度明显下降。第三个时期为15~16岁,绝对力量增长14%,有一个明显的回升,但幅度很小。第四个时期为16~21岁,绝对力量增长很慢,只增长6%,达到自身最大力量。男生在10岁以前与女生差异不大,增长速度也较慢,从11岁起增长速度开始加快,在11~13岁期间力量增长最快,18~25岁力量增长缓慢,到25岁左右达到最大力量。

(二)相对力量的发展特点

对男女生来说,相对力量的发展相对平稳。虽然绝对的力量发展很快,但是相对力量的增长率并不大。甚至在个别年龄阶段也不大,比如12~14岁,每年只增长2%~3%。形成这一现象有两个原因:体重增长较快;个子长高了,在最快的时期内肌肉剖面生长缓慢。要想增加相对力量,就要进行全面的训练。通过改变肌肉重量和体重的比例,改善对手重和肌肉力量的相互关系,可以提高相对力量,而不会使肌肉过度肥大。

(三)速度力量的发展特点

男女生7~13岁速度力量增长较快。13岁以后,男女之间的差异越来越大,男生的增长率比女生高,16~17岁增长率开始下降。儿童期,与最大

---

① 张新.中学体育教学设计[M].北京:科学出版社,2012:35-39.

力量发展相比,速度力量的发展最快、最早。因此,儿童期发展速度能力可以取得较好的效果。

(四)力量耐力的发展特点

男生在7~17岁,力量耐力的发展呈直线上升,而女生在15岁之前是持续上升的,但在15岁后开始产生停滞,并出现下降的情况。

(五)反应速度的发展特点

儿童青少年在6~12岁时反应速度大幅度提高,在12岁时反应速度达到第一次高峰。在性发育期间,反应速度相对减慢。20岁左右反应速度出现第二次高峰。

(六)步频速度的发展特点

步频自然增长在儿童6岁时开始,13岁以后下降。在阻力较小时,动作频率取决于协调性的好坏,因此,应在协调性最佳发展期进行步频的训练。6~13岁是协调性发展的敏感窗口期,步频也随之自然增长。在此阶段可对少年儿童进行提高步频的训练。

(七)最高跑速的发展特点

男女生在7~13岁最高跑速的发展几乎没有差异,13~16岁男女之间开始产生差异,男孩持续增长,女生落后于男生。7~13岁是提高步速最快的时期,而10~13岁尤为突出,男生在8~13岁、女孩在9~12岁增长最快。

(八)耐力素质的发展特点

男生耐力素质出现首次大幅度提高是在10岁,再次出现较大幅度提高是在13岁,耐力素质有本质上的提高是在16岁。男生15岁进入性成熟期,此时耐力增长明显减慢。女生在9岁时耐力素质首次出现大幅度提高;12岁时,耐力指标再次提高;14岁后,即进入性成熟期,耐力水平逐年降低;

15～16岁,耐力水平下降最大,16岁后下降速度减缓。

(九)协调能力的发展特点

儿童青少年发展一般协调能力的最有利时期是6～9岁,发展专门协调能力的最有利时期是9～14岁。随着身体的发育,从11～12岁开始素质训练,力量、速度及耐力则有明显提高。协调能力的自然发展在13～14岁(个别学生到15岁)达到高峰。协调能力在学习技术动作的过程中可从灵活性、空间定位能力和节奏感等方面表现出来。

四、中学体育学习者心理特点分析

(一)初中生的心理特征

初中学生能主动自觉地钻研教材,独立思考。他们学习兴趣广泛,求知欲大增,开始对不同学科表现出兴趣。学生选择性地发展自己的兴趣,对发展自己的人格有正面意义。他们的兴趣更广泛,但又不专一,在运动方面也容易有所改变。他们普遍喜欢运动项目(如球类),这类项目能表现灵活、敏捷、机智的特征,大部分学生对专项的稳定兴趣还没有形成。他们对体育比赛情有独钟,对所在班集体及其他班级的比赛十分关心。值得注意的是,初中生的学习兴趣虽然具有上述特征,但如果缺乏正确的引导,就会出现兴趣不高、态度散漫、摇摆不定或荒废的现象。如有的学生因热爱体育运动而荒废了学业,有的学生因只爱某一门功课而对其他功课产生厌学情绪。教师要注意多方面培养学生的稳定兴趣和学习自觉性。

初中阶段的学生情绪十分丰富,表现得比较强烈,容易冲动,因为一点小事就狂喜或悲伤,这与青少年神经高度兴奋,抑制能力不强有一定的关系。他们的集体荣誉感很强,对集体荣誉的关心更自觉一些。比如有的同学可能会因为自己跑得慢而在游戏或比赛中影响小组成绩而伤心流泪,有的同学可能会因为足球比赛踢得好而高兴得睡不着觉,有的则是在集体活动中表现得太过自我。初中学生情感丰富,非常喜欢交朋友,对朋友忠诚友好,而且表现得温存体贴,一旦遇到友情受挫,就会懊丧不已,痛不欲生。随着生理进入性成熟期,情窦初开也是初中生感情的重要特点。教师要尊重他们、信任他们,避免简单粗暴的批评,要根据青春期的特点加以正确的引导、教育。

(二)高中生的心理特征

高中生的智力发育在心理学上已接近成熟,其主要标志是抽象逻辑思维的发育。其思维具有一定的辩证性、独立性和批判性,喜欢就事论事、研究问题、不轻信他人观点。能运用对照、比较、综合等方法,对事物、现象进行独立判断。喜欢争辩,勇于建言,进行批判,坚持真理。他们往往在接受知识的时候,提出自己的观点。他们在向老师提出问题时,一方面是出于对真理的追求,一方面也是想让老师肯定自己的观点。

高中生的学习动机更明确、更深刻、更稳定,学习的兴趣更广泛,选择性更大,往往与今后志愿挂钩。有的高中生对体育特长感兴趣,有志于将这一特长发扬光大。

高中生的情绪控制能力大大增强,变得稳重而有深度。对友情的理解和要求更高,而且在高中生的生活中占有重要的位置。有为数不多的高中生对异性之情已经初露端倪。但是,由于认识不够全面,容易片面,脱离实际,对友情、爱情观还不能形成正确的看法,教师应该从多方面去帮教。[1]

五、中学体育学习者社会特点分析

体育学习的过程也是学生社会化的过程。体育教学中不仅存在复杂的"社会关系",而且还需要学习者能扮演不同的角色。体育教学给学习者提供了较好的社会模拟场景,是促进学生社会化,增强其社会适应能力的重要手段。

---

[1] 张新.中学体育教学设计[M].北京:科学出版社,2012:35–39.

可以从以下几个方面分析学生的社会特点:学生的人际交往特点、学生的社会行为特点、学生的社会角色意识、学生的价值观念、学生的团队精神和竞争意识等。

此外,我们还需要掌握了解体育学习者一般特点的方法:体检、测试、观察、简单访谈、面试、填写学习者情况调查表、开展问卷调查和态度量表调查等。如有必要,可查看学习者的学习档案。

第二节 中学体育学习需要分析

因材施教是我国教育思想的精髓,它强调了解学生、尊重学生的重要性。体育教师在教学中要重视学情分析,真正做到因材施教,从而实现体育课的有效教学。进行中学生体育课程学习需要分析,应明确需要分析哪些内容以及如何进行分析。

一、中学体育学习需要分析的概念

体育教学设计是解决问题的过程,即解决教师为什么教,学生为什么学的问题,而对体育学习需要进行分析是问题解决过程的起点。因此,只有深入教学实际开展调查研究,收集大量的资料和可靠的数据,了解教学中存在的问题和需求,才能使体育教学设计具有针对性,使教学资源和现有教学环境得到有效利用。

二、中学体育学习需要分析内容

"体育学习需要"在体育教学设计中是一个特定的概念,是指学习者的体育学习现状与期望达到的条件之间的差距,也指学习者目前的体育学习成绩与体育教学目标(或标准)之间的差距(如图2-1所示)。[①] 期望达到的学习条件指学习者应具备的运动能力与运动素质。运动能力与素质是指

---

① 杨雪芹,刘定一.体育教学设计[M].桂林:广西师范大学出版社,2005:57-58.

人具备的运动知识、技能,以及与之相适应的运动态度、情感和价值观,以应付现实的社会职业、社会生产和生活所需。学习状况是指学习者应当具备的体育能力和素质。对于体育课程来说,期望学习者达到的学习状况在体育课程标准目标体系中的各个层次目标中都有所展现。现状是指从能力和素质上看,学生都达到了什么程度。学生在体育课程中的现状,是指学生在运动知识、运动技能和运动情绪方面的现状,以及他们的态度和价值观。"差距"指出了学习者与既定目标要求在运动能力、运动素质方面的差距,以及实际存在或需要在运动教学中解决的问题。

图2-1　学习需要结构图解

学习需要是学生的目前状态与所期望达到的状态之间的差距,也就是学生目前水平与教师期望学生达到的水平之间的差距。我国学者将这一关系表达为:期望达到的学习状况-目前学习状况=差距(即学习需要)。中学生体育学习需要分析,也就是学情分析,也指教学对象分析或学生分析,是教师对学生学习某一内容前的真实状态或对学生已有经验进行分析的过程。

学情分析就是在进行教学设计时必须了解学生学习的初始状态,包括学生的认知结构、身心特点、已有知识和能力存量等。可见,学习需要分析实质上是一种差距分析,其目的主要在于通过分析,理顺问题与方法、目的与手段之间的关系;其重点在于对学生起点行为进行分析,即学生学习初始状态的分析,如必备的知识、技能和心理品质等;其总体要求在于通过这种分析,尽可能提出有代表性的"差距"资料和数据。在此基础上,为教学目标制定、教学方法选择、教学媒体运用、教学过程设计和教学评价等提供依据。

三、中学体育学习需要分析方法和步骤①

(一)中学体育学习需要分析方法

体育学习需要的分析方法有内参分析法和外参分析法。内参分析法是将制定的体育课堂教学目标与学习者的体育学习现状进行比较,找出两者之间的差距,从而识别出体育学习需要的一种分析方法,是一种对体育课堂教学目标的分析。外参分析法是衡量体育学习者的学习现状,找出差距,从而确定体育学习需要的一种方法,其标准是社会对体育学习者的期望。学生学习现状的调查方法有:

1. 访谈法

通过访谈、座谈等形式,了解当前学生学习体育的态度、情绪和兴趣爱好等方面的情况。

2. 测试法

通过选择合适的指标,根据学习需要分析的范围来测试学生目前的体育技能状况,也可以编制一定的词条,对学生目前的体育、卫生知识掌握情况进行测试。

3. 问卷调查法

结合实际要求,针对学生的体育态度、运动情感、兴趣爱好、社会适应等现状,根据调查范围,确定调查内容,设计调查问卷。

(二)中学体育学习需要分析步骤

1. 确定体育课堂教学期望状况

体育教学期望状况主要是指在体育课堂教学中期望体育学习者达到的状况,即体育教学目标。以体育与健康课程标准的目标体系及体育课的种类为依据,制定体育教学目标。要用具体的行为术语来陈述教学目标,因为

---

① 杨雪芹,刘定一.体育教学设计[M].桂林:广西师范大学出版社,2005:60-63.

具体的行为术语可以观察,可以评价。

2. 确定学习者体育学习现状

体育学习现状主要是指体育学习者学习掌握体育与健康知识、技能、方法情况,体育学习的态度、情绪以及价值观等方面表现出来的状况。

3. 选择学习现状的调查工具和方法

体育学习涉及运动知识和健康知识、锻炼方法、运动技能、态度情感、社会适应能力等领域。学习现状调查不同领域的内容,需要的调查方法也不一样。一般来说,通过测验可以考查学生对运动知识的掌握和运用,可采用相关测量指标来测量、评定体能(形态、功能、身体素质)、运动技能,通过访谈或调查量表可以考察运动态度、行为、兴趣、社会适应能力等。

(1)设计访谈提纲、调查量表和测试指标。

可以针对当前体育学习的现状调查的范围形成具体的实测指标体系,并将其编制成访谈提纲、调查量表、测量指标。

(2)进行学习现状的实际调查。

调查资料可根据访谈提纲,通过面谈学生、召开座谈会、组织测试、发放调查问卷等多种途径收集。另外,要善于捕捉测试、调查量表以外的有用信息。开展学习现状调研成果分析,对现状调研成果进行梳理,统计处理,综合分析,从而确定学生当前的学习情况。对照学习现状和期望状态,可以得出学生体育学习现状和期望状态之间的差距,然后分析产生"差距"的原因,论证需要解决的问题。

(3)利用学习需要评价表(见表2-1)。

表2-1　学习需要评价表

学习科目:

现状	期望状态	差距(需求)	原因分析

利用学习需要评价表,我们可以清楚地把体育学习需要的分析结果呈

现出来。

(4) 分析学习需要制约因素。

从学习需要中找出体育教学中存在的主要问题和形成问题的主要原因,分析问题的产生是否与体育教学资源的约束有关,是否与体育教学的约束有关,再通过体育教学的设计来确定是否可以解决这一问题。

(5) 分析学习差距以及差距产生的原因。

分析学习上的差距和差距产生的原因,为制定体育教学目标提供依据。

四、中学体育学习需要分析应注意的问题

(1) 体育学习的需要是指体育学习者的差距和需求,而非教师的差距和需求,更非体育教学过程、方法和手段的特定需求。

(2) 获取的数据一定要真实可靠地反映当前和今后应当达到的运动学习者状况,要避免从"感觉"入手。

(3) 不要用过程或手段来描述差距,而要用体育学习行为来描述差距,要避免在确定体育教学中的问题之前就去寻找解决问题的方案。

(4) 因为体育学习需要分析是一个永无止境的过程,所以在实践中要经常检验体育学习需要分析的有效性。[①]

第三节　中学体育教学内容分析

一、中学体育教学内容概述

体育教学内容是依据体育教学目标选择出来,根据学生发展需要和教学条件进行加工的,在体育教学环境下传播给学生的体育知识原理、运动技术和比赛方法等。体育教学内容与体育教材的意思基本相同。[②]

中学体育教学内容是依据中学课程标准,根据学生发展需求和教学条

[①] 杨雪芹,刘定一.体育教学设计[M].桂林:广西师范大学出版社,2005:60-63.
[②] 毛振明.体育教学论(第三版)[M].北京:高等教育出版社,2017:175.

件而制定的体育教学内容。中学体育教学内容的活动主要以身体练习、运动技能学习、运动技术的体验、人际交往活动为主。中学体育教学内容与其他学科的不同之处在于,以身体运动为媒介,以运动技能形成为目标。

中学体育教学内容不同于体育运动内容。中学体育教学内容是以教育为目的的,而体育运动内容是以娱乐、竞技为主要目的。中学体育教学内容必须要根据学生场地、器材情况、教师的能力进行必要的改造、组织和加工才能进行教学。体育运动的内容则不需要考虑。例如,篮球比赛是以夺取胜利为目的,必须按着公平、公正、公开的原则进行比赛,没有必要考虑篮球运动的教育目的。而作为教学内容,篮球运动必须根据中学学生教育目的,根据中学学生的身心特点、教学场地、器材等情况进行相应的改造。所以从教学内容上看,篮球运动不同于竞赛场上的篮球比赛。

中学体育教学内容是教师为了实现体育教学目标而专门为学习者精选的,是学生从现实状态过渡到目标状态的载体。这实际上解决的是教师教什么以及学生学什么的问题。因此,在教学设计中要构建科学的中学体育教学内容,不能单一按项目割裂教材内容,可以按项群、主题、互补性等来构建"教材群"。

《义务教育体育与健康课程标准(2022年版)》中课程内容主要包括基本运动技能、体能、健康教育、专项运动技能和跨学科主题学习。《普通高中体育与健康课程标准(2017年版2020年修订)》中规定课程内容包括"必修必学"和"必修选学"两个部分。必修必学课程内容包括体能和健康教育,必修选学课程内容包括球类运动、田径类运动、体操类运动、水上或冰雪类运动、武术与民族民间传统体育类运动和新兴体育类运动6个运动技能系列。

二、中学体育教学内容的特点

中学体育教学内容是教育的组成部分,离不开教育的本质特征,具有教育的共有特点:

(一) 教育性

中学体育教学内容包括教会学生做事、教会学生做人、教会学生生活、教会学生生存。

(二) 科学性

体育教学的目的不仅要使学生掌握体育与健康知识、运动技能,发展体能,而且还要对学生进行思想品德教育。体育教学内容是在体育教学过程中协助学生达到教学目的的各种体育知识技能信息材料,使学生在探索知识的过程中,认识体育运动知识的内在规律,掌握体育运动的方法、技能,培养良好的体育品德。

(三) 系统性

中学体育教学的规律与方法,中学体育教学项目与项目之间,中学体育教学技术与技术之间,中学体育教学内容与内容之间,都有着相互联系、相互作用和相互制约的内在因素,这是我们制定编写中学体育教学内容的依据。必须根据体育课程标准的教育目标、中学生不同年龄阶段的生长发育特点、教学环境和教学条件等因素,系统地安排各个学校、各个年级的教学内容,并处理好教学内容之间的相互关系。

(四) 非逻辑性

中学体育教学内容体系表现出明显的非逻辑性特征。体育学科没有呈现出像其他学科那种严密的、以智力为特征的逻辑体系,也没有显示出以发展体力技能为特征的知识技能体系。这既与体育学科科学体系不成熟有关,也与目前的分类方法不妥有关。目前教育教材组织方式有两种:一种是按学科内容的逻辑组织教材,如体育的理论知识;一种是按身心发展规律组织教材,如中学体育中的篮球、排球、体操、武术等,任何年级都可以进行相应教学。

（五）广泛性

中学体育教学内容的广泛性具体表现在中学体育教学内容素材的繁多，当前我国制定的教学内容众多，如跑、跳、投、各种球类、队列队形、广播操、健身操、太极拳、橡皮筋、技巧、拔河、呼啦圈、滚翻、攀爬等。此外，还有各学校根据地域特色开设的校本课程、民族民间体育活动等。

（六）非阶梯性

许多学科是由低级到高级，即按教学内容在学习时的难易来进行安排的。这些学科是根据学生在不同年龄的认知水平和特点，设置与年龄相应难度的教学内容，"阶梯性"非常明显。而中学体育教学内容的"阶梯性"并不明显，即那种"小时候学容易的，年龄大学难的"顺序性不明显。如体操，让大学生开始学体操，连前滚翻都学不好，而小学生就容易掌握。所以中学体育教学内容的安排不像其他学科那样，都是由易到难进行。再者，中学体育教学内容之间的关系也不明确，无法按照阶梯式来安排，如学了篮球后应该再学什么？篮球和排球之间是什么关系？谁在先谁在后？逻辑顺序不明确。这些都是影响教学内容安排和选编的原因。

三、中学体育教学内容的功能

中学体育教学内容除了具有与教育内容的共性外，本身还具有特性，主要有以下几个方面：

（一）运动功能

运动是体育的基本存在形式，中学体育教学内容具有增强体质、提高运动水平、丰富精神生活、为国争光等作用，这一点与其他学科的教育内容形成鲜明的对比。

（二）娱乐功能

很多体育运动都是从游戏演变而来的，中学体育教学内容也包含着运动乐趣和娱乐性。运动的乐趣体现在运动学习和运动竞赛过程中的竞争、协同、克服、表现等心理过程。娱乐性体现在学生对运动的体验和对学习进步的成就感等方面。

(三) 健身功能

中学体育教学以身体活动的形式为主,对体育教学内容的学习必然会对身体起到锻炼的作用。中学体育教学内容的健身功能也是其他学科所不具备的。

(四) 人际交往功能

中学体育教学内容在学习、练习过程中存在师生、学生之间的交往和交流,因此具有更明显的人际交往功能。

四、中学体育教学内容选择的依据

中学体育教学中需要解决的第一个问题就是关于中学体育教学内容的选择问题。中学体育教学内容作为一个重要因素直接影响着整个教学过程。因此,选择适当的中学体育教学内容成为第一要务。

(一) 中学体育教学目标

体育教师首先应当考虑用什么教学内容达成本节课的目标和怎样达成目标。例如,用什么教学内容能够达成发展学生有氧耐力的水平,是用长跑、跳绳,还是用球类活动?

(二) 中学生身心发展特点

学习内容的选择与学生的兴趣爱好有密切的关系。从单纯的竞技运动角度来设计教材内容在各年级中的分配,容易造成教材内容与学生身心发展特征不相适应,学习内容远离学生实际的情况。变化多、趣味性强,是学生喜爱运动的原因之一。

(三)学校实际条件

学校实际条件包括场地条件、器材设备、办学规模、师资力量等。即使在那些办学规模较大、办学条件较好的学校,也应该考虑因地制宜的做法。

(四)客观条件

客观条件包括的内容非常广泛,有地域、经济发展水平、文化、宗教、民族、习俗的差异等,体育教学内容要顾及诸多方面,更要有广泛的适应性。

五、中学体育教学内容的选择原则

(一)科学性与健身性原则

科学性与健身性原则是指教学内容要符合中学生的身心发展特点,促进学生的生长和发育,有效地促进身体健康,达到健身目的。

(二)实效性与教育性原则

实效性与教育性原则就是所选择的教学内容要有利于促进学生的身心健康,选择教学内容要能体现体育活动育人的价值。

(三)趣味性原则

趣味性原则是我们选择中学教学内容时必须予以重视的,因为只有学生对所学的内容产生兴趣,他们才能全身心地投入其中,运动的爱好和习惯才会逐渐形成。

(四)安全性与可行性原则

安全性与可行性原则是学生运动健身的前提,在选择中学体育教学内容时,要充分估计学生的生理条件、运动设备的条件是否安全可行,教师的教学能力、学生的实际身体情况是否可行,危险性大、易发生伤害事故的内容和规则是否可行。同时,上课前认真做好各种运动设施、器材等的检查,做到防患于未然。

(五)创新性与整体性原则

创新性与整体性原则是指在中学体育教学过程中,教师要运用系统论的观点指导体育教学工作,要借助新技术大胆创新,与学生实际活动能力有机联系,对学生的身心问题作全面考察和系统分析,防止和克服体育教学工作过程中的片面性。

(六)与社会体育和地区体育特色相结合原则

与社会体育和地区体育特色相结合原则是指所选的体育教学内容应尽可能体现当地的体育特色。学校体育教育最终是为学生的终身体育锻炼服务的,因此在选择中学体育教学内容时,也要尽可能与当地流行的体育项目相结合。

六、中学体育教学内容的选择与组织

要结合学校和教学实际,考虑教学对象的身心发展特点,结合教学目标,在分析体育教材内容的基础上,对教学内容进行精选。

(一)中学体育教材内容的选择依据

体育教师、学生、体育教材内容、体育教学环境这四个要素都包含在体育教学体系中。体育教材内容的选择应立足于教师、学生和相对稳定的教学环境。

1. 以"健康第一"为指导思想

体育教材内容是实现体育教学目标的载体,我们在选择体育教材内容时,要分析其是否体现了"健康第一"的指导思想,无论是现代竞技体育项目、新兴体育活动内容、中华传统体育类内容或体育游戏等,只要有利于促进学生健康,都可以成为学校新体育课程教学的教材内容。

2. 以体育教学目标的实现为宗旨

实现体育课程目标的主要途径之一是体育教学，体育教学目标是课程目标在体育课堂教学中的具体化，教材内容是实现体育教学目标的载体。体育教材内容具有复杂性、多样性、灵活性，以及多功能性。在体育教学设计中，体育教学的效果会受到体育教材内容设计的影响。因此，我们选择和设计体育教材内容应充分考虑其对体育教学目标的载体作用。

3. 遵循学生的身心发展规律

不同年龄阶段的学生在身体素质、形体形态、身体机能、认知、情感、个性心理特征、思维方式等方面有明显差异。对于不同年龄阶段的学生，为了使他们通过学习达到不同学段目标，需要师生共同设计和构建教学内容。因此，在具体的体育教材内容的设计上，需要选择、改造或创编适合特定年龄学生身心特点的内容，为提高体育教学质量提供先决条件，从而有效地完成教学任务。

4. 了解学生的兴趣爱好和发展需求

考虑到教材内容必须满足学生作为课堂教学主体的兴趣爱好和不同需求，体育课程标准没有规定具体的体育教材内容。学生的生理、心理特点决定了他们在不同阶段会产生不同的兴趣，对体育运动的需求也会不同。如水平四阶段，大部分同学热衷于篮球、足球、羽毛球、乒乓球等；随着年龄的增长，女同学们开始喜欢各种温文尔雅、节奏感十足的舞蹈，而男同学们对球类竞技项目的热爱则与日俱增。因此，在新课程理念下的体育教学中，我们在选择体育教材内容时，要把学生的兴趣爱好和发展需求作为重要依据，使体育课堂教学最大限度地满足学生的兴趣爱好和发展需求。

5. 结合不同地区和学校的实际教学条件

由于体育教学的特殊性，往往需要借助一定的体育场地、设施、器材、设备，才能使体育教材的载体作用得到有效发挥。由于我国地域辽阔，民族众多，经济文化发展的地域性差异很大，体育课程标准只规定了课程目标体系，并没有具体给出体育教材内容。因此，在体育教学中，要根据本地区、本学校的实际情况,在教学目标体系的统领下,真正做使体育教材内容的设计和选择更加符合当地和本校的实际情况。①

(二)中学体育教材内容的基本特征

1. 健身性

体育传统教学是将竞技体育项目作为体育教学的主要教材内容,并将这些体育项目的教学通过竞技性的训练手段加以落实。竞技运动以挖掘人的最大潜能为目标,其追求的是技术的完善和成绩的提高,而不是以健身为主要目的,甚至以牺牲人的健康为代价。体育课程是以"健康第一"为指导思想的,所以,教材内容应促进学生健康,健身是基本要求之一。

2. 趣味性

学生只有对所学的内容产生兴趣,才会养成体育运动的爱好和习惯。体育教学内容是否有趣味性,要站在学生的立场去考量。当然,这并不是说竞技性的田径项目对于学生来说没有多大的趣味性,我们就不去选择它们作为教学内容,我们完全可以把这些教学内容用丰富多样的教学手段和方法教"活"起来,让学生喜欢并参与到这些体育项目中来,达到学有所成的目的。

3. 实效性

所谓实效性就是指体育教材内容要对学生的全面健康发展有促进作用。体育教材的内容,有的教育效果比较好,有的教学效果比较差。比如说推铅球,它是一种发展力量的教学内容,但是推铅球的教学内容无论是从组织教学的角度、练习密度的角度,还是从场地器材的角度,对学生力量的发展效果都是很有限的。发展学生的力量有多种途径,可以选择一些有效的、有利于学生发展实力的途径和手段。总之,要依据体育教学目标,充分考虑学校和学生的实际情况,使教材内容有效地服务于教学目标的实现。

---

① 杨雪芹,刘定一.体育教学设计[M].桂林:广西师范大学出版社,2005:68-71.

4. 简易性

各地和各学校的情况千差万别,许多偏远地区和农村建设体育场地、添置体育器材等,都拿不出足够的资金。因此,体育教材内容应可以使学生在体育设施简陋的情况下也能学会并参与到体育活动中去,应尽量考虑那些简便易行的教学内容。同时,还应创造性地发挥现有场地、设备在开展体育教学时的多功能作用。

5. 地域性

由于我国地域辽阔,传统体育项目众多,体育与健康课程标准强调发挥本土教学内容的特色。我们可以取其精华,为我所用。滚铁环、抽陀螺、放风筝、荡秋千、斗鸡、骑马、抢花炮、叼羊、摔跤、舞蹈等一些在民间或少数民族中流行的体育或游戏项目,完全可以进入课堂教学,进入体育教材。这不仅能让同学们了解中华优秀传统文化,增强民族自豪感,而且能激发同学们对体育活动的参与兴趣,使同学们的身体健康状况得到很好的改善。另外,要根据不同气候、季节的特点,在充分利用和开发体育资源的基础上,选择适宜的地域性体育项目作为体育教材的内容。[①]

(三) 中学体育教学内容的组织[②]

体育教学内容的组织可以从宏观和微观两个方面来进行分析。

1. 中学教学内容的宏观组织

教学内容经过各种各样的组织形成多种多样的课程类型。体育课程作为一种特殊的教学课程,从宏观方面可以分为学科课程和活动课程。

学科课程是以文化知识为基础,按照一定的价值标准,从不同的知识领域选择一定的内容,根据知识的逻辑体系,将所选出的知识组织而成的课程。活动课程与学科课程相对,又称"经验课程""儿童中心课程"。它是打破学科逻辑组织的界限,以学生的兴趣、需要和能力为基础,通过学生自己

[①] 杨雪芹,刘定一. 体育教学设计[M]. 桂林:广西师范大学出版社,2005:68-71.
[②] 张新. 中学体育教学设计[M]. 北京:科学出版社,2012:26-29.

组织的一系列活动而实施的课程。

2. 中学教学内容的微观组织

从微观上看,教学内容的组织是一项较为复杂的工作。

(1)纵向组织与横向组织。

纵向组织又称序列组织,是指按照一定的准则以先后顺序排列教学内容。横向组织是将各门学科的知识横向地联系起来,以便让学生有机会更好地将各门学科的知识联系起来,从而更好地探索社会和个人最关心的问题。

(2)逻辑顺序与心理顺序。

教学内容的组织既要考虑逻辑顺序又要考虑心理顺序。所谓逻辑顺序,就是科学知识自身系统和内在逻辑联系;所谓心理顺序,是指儿童的心理发展和心理活动顺序。一方面,教学内容的组织应该考虑科学本身的逻辑顺序。学科知识内在联系正是客观事物内在联系的反映。另一方面,学生的心理发展和心理活动也是有顺序的,学生的心理发展有着不同于成人的特点,其心理活动有着从简单到复杂、从低级到高级的顺序。

(3)直线式与螺旋式。

教学内容的组织方式有直线式和螺旋式两种。所谓直线式,是指将一门课程的内容组织成一条在逻辑上前后联系的直线,前后内容基本上不重复。所谓螺旋式,是指在不同阶段上重复呈现特定的教学内容,但逐渐扩大范围和加深程度,使之呈"螺旋式上升"的形态。

3. 中学体育教学内容的组织方式

目前我国关于体育教学内容的组织形式主要采用毛振明提出的四种组织方式:充实螺旋式(多吃多餐型)、单薄螺旋式(少吃多餐型)、充实直线式(一次吃饱型)、单薄直线式(一次品尝型)。

(1)充实螺旋式(多吃多餐型)。

这是在很多年级出现的,用大单元进行教学的一类教材。这种教材是所谓重中之重、精中之精的教材,是让学生掌握好1至2项体育项目的教材,也是体育教学把目标瞄准终身体育的教材:社会上流行的、学生喜欢的,学校条件允许的,体育教师可以教的。例如篮球、乒乓球、羽毛球、足球,还有一些地区的滑冰、摔跤、武术、排球、踢毽子等就属于这类教材。

(2)单薄螺旋式(少吃多餐型)。

这是在很多年级都存在,用小单元或穿插在其他教学内容的单元中作为副教材或辅助内容出现的一类内容,是那些"不需要深教,但需要常练"的运动项目,如跑、跳、投可以融合在篮球、足球、排球等项目的学习过程中练习。

(3)充实直线式(一次吃饱型)。

这是只在某个年级出现,用大单元进行教学的一类内容,这种内容也可以有一定的比例。我们让学生初步学好一些项目,打下好的基础,将来工作以后,遇到相应机会时,他们就能很快地参与进去。

(4)单薄直线式(一次品尝型)。

这是只在某个年级出现,用小单元进行教学的一类教材,是介绍性、体验性教材以及知识教材。

如果将以上四种教材互相搭配的话,我们的体育教学就会更加具有实效性。

七、中学体育教学内容的案例分析

【案例】

蹲距式跳远——助跑与踏跳(水平四七年级)

第一步,激趣引导。在教学过程中,教师示范完整的急行跳远动作,并设问:脚是如何上板的?落地的姿势又是怎样的?引导学生带着问题认真观察,动脑思考。从教学过程而言,学生基本上能够完成老师要求的任务,在执行的过程中,不少学生会觉得太累,甚至到后面就慢跑了。由于平常的热身基本是以慢跑为主,而本次课以中强度的运动量持续地进行跳跃,学生由于过于兴奋,没按照老师要求的单跳双落进行,而是跳得太高,跑得太急,导致运动量有所增加,因此在引导的过程中应适当地进行调整。学生在开始就太累,会失去兴趣,所以要注重引导,激发他们的兴趣。

第二步,设疑探究。教师提出:怎样做到起跳用力,落地平稳呢?引入轻巧落地的教学内容。先让学生自己去体验从高处落地的感觉,并且能较好地保持身体姿势,学生积极参与,最后展示自己的成果。在实践过程中,不少男同学很快就掌握了单跳双落的技术,女生则相对差些,男女的差异是本堂课教学中的一大难点,对男生相当简单,对于女生又有难度。通过对比观察,大家能够把自己的感受讲出来,并应用到实践中把问题展示出来,且能够给予很好的解决。

第三步,在学生掌握了起跳与落地的动作之后,教师便提高练习的难度,将两者结合起来,做走几步或慢跑几步单脚起跳,双脚落地的跳远动作,让学生流畅地做出完整动作。随后,教师提出:想挑战自己吗?让学生在助跑踏跳中,能踩好踏跳点,学生进行展示练习。在提高部分过程当中,提高难度,对学生是一个更好的挑战与激励。男生整体感觉会比较简单,所以就把距离拉远,助跑距离长了,学生的动作也更加清晰明了,女生则根据实际情况,适当地选择自己合适的助跑距离,教师在练习中多给予指导与帮助。在提高部分,学生基本上都能够很好地完成本节课的任务,个别学生不太清楚的,教师除了给予更多的指导之外,还要在课外加强指导和布置一些必要的训练任务。

第四步,游戏。这是一个综合活动性的游戏,游戏中涉及跑跳、跳跳球,大大提高了学生的积极性,增加了练习密度和运动负荷。本节课的游戏,是结合大课间活动的跳跳球进行的接力,学生积极参与,但是不足之处在于有个别学生不会跳,拖了整队的后腿。这是在团队比赛中常常会遇到的,又不好解决的问题。如果破坏规则,对差生特殊照顾,那么就有失公平;如果严格执行规则,则此组必输无疑,也存在不公平的地方。后来,就采用教师帮助学生的方法,完成比赛,抓点规则的空档,并在游戏之后进行一些思想工作和教育,以安抚那些有不平之心的同学。

第五步,舒展身心。让学生在愉悦、清和的音乐声中跟随教师一起做放松操,让学生放松身心,最后畅所欲言总结全课。放松是必不可少的环节,学生之间可以互动、交流,也可以让学生在一定运动之后尽快地恢复过来。

案例点评:

本课以新课程标准为依据,坚持"健康第一,学生为本"的指导思想,尊重学生的主体地位和个体差异,为学生提供有利的学习机会,在教学中通过引导与启发结合直观的讲解与示范,采用各种不同形式的学练方法,引导学生在练习中积极探究和体验,营造快乐健康的课堂气氛,在深化基本技术的基础上,培养自主学习的意识,提高实践和创新能力,体验成功的快乐,培养良好的心理品质和团队精神。

【本章小结】

本章系统阐述了中学体育教学设计背景分析的相关概念、目的、特征,讲述如何针对体育学习者、体育学习需求、体育教学内容进行分析,以此帮助学生奠定学习基础。

【实践演练】

1. 体育学习需求的分析目的是什么?
2. 结合实际说明如何选择体育教学内容。
3. 力量素质的发展特点是什么?
4. 什么是体育教学内容?
5. 体育教学内容有哪些功能?
6. 体育学习需求分析的方法有哪些?

【拓展阅读】

[1]关北光,毛加宁.体育教学设计[M].成都:西南交通大学出版社,2016.

第三章 中学体育教学目标设计

> 知识导图

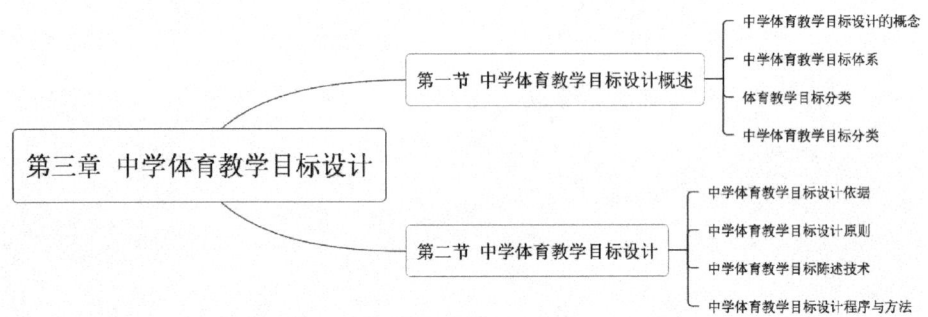

> 内容提要

本文阐述了中学体育教学目标设计的概念,中学体育教学目标层次体系,中学体育教学目标的分类,中学体育教学目标的陈述技术;掌握教学目标的设计方法,呈现设计案例,帮助设计者从理论认识到实践行为,明确体育教学目标设计原理、程序及方法。

> 学习目标

1. 能说出体育教学目标设计的概念。
2. 了解布鲁姆关于教育目标的分类系统和加涅学习结果目标分类系统

基本内容,了解我国关于教学目标分类的基本内容。

3. 能说出体育教学目标设计依据。

4. 基本掌握行为动词的使用。

5. 能举例说明体育教学目标设计程序与方法。

6. 能举例说明体育教学目标陈述技术。

7. 能对一节中学体育课教学目标进行恰当的分析。

8. 能科学地设计一节中学体育课的教学目标。

第一节 中学体育教学目标设计概述

一、中学体育教学目标设计的概念

体育教学目标设计是将体育教学中学习者通过参与学习体育与健康知识、运动技能,实现学生的体育参与意识和行为表现、技能掌握、整体健康促进所要达到的行为结果、体验性或表现性结果,用具有可测量性、可观察性和可操作性的目标条目准确地表述出来的过程。[①]

中学体育教学目标设计是学校或体育教师依据体育与健康课程标准提出的目标,结合学校实际情况和学生主观的学习需要分析,依据主教材的分析,用准确、全面、具体且可操作、可测量的结果或标准表述出来的,在学习体育知识和动作技能后学生将达到一种什么样的行为状态的设计过程。

二、中学体育教学目标体系

教学目标的内涵是教学活动要达到的预期结果,外延是各类学校教学目标、课程目标、单元目标和课时目标,也就是教学目标的具体化的表现。课程标准是国家宏观层面制定的指导性目标,作为体育教师,还应该在课程目标的指导下,根据学校的具体情况,将课程目标逐步细化为具体的学习目

---

① 杨雪芹,赵泽顺.体育教学设计[M].桂林:广西师范大学出版社,2014:80.

标体系,一般包括学年目标、学期目标、模块/单元目标、课时目标。课程目标逐步细化到课时目标的过程,也是课程目标与本地、本校和学生实际结合的过程。

表3-1 普通高中体育课程中的目标体系①

课程目标体系		呈现方式	制定目标的主要依据
课程标准中的课程目标体系	课程目标	标准制定	学生全面发展的需求
	学段目标	标准制定	课程总目标
	水平目标	标准制定	学段目标和学段特点
教学中的学习目标体系	学年目标	学校设定	水平目标和学校实际
	学期目标	学校设定	学年目标和不同时期的任务和情况
	模块/单元目标	教师设定	学期目标和不同单元之间的联系
	课时目标	教师设定	单元目标和学习规律

体育教学目标由多个层次的目标组成,包括超学段目标(也被称为课程目标)、学段目标(3~6年)、水平目标(2~3年)、学年目标、学期目标、模块/单元目标、课时目标。

(一)超学段目标(12~14年)

一般把超学段的体育教学目标称为学科目标或课程目标,它是超越各个学段学生年龄特征的,概括体育教学最本质功能的最上位的教学目标。②

(二)学段目标(3~6年)

学段目标是根据学校体育课程目标对各个学段体育教学结果的不同规定,它是各个阶段都必须完成的目标。

---

① 季浏,钟秉枢.普通高中体育与健康课程标准(2017年版2020年修订)解读[M].北京:高等教育出版社,2020:33.
② 毛振明.体育教学论(第三版)[M].北京:高等教育出版社,2017:28.

(三)水平目标(2~3年)

水平目标是依据体育课程标准划分的不同水平,规定学生在体育健康知识与技能、体能、健康行为、体育品德等方面应该达到的要求。

(四)学年目标

学年目标是各学校依据国家规定的课程标准,结合学校实际和学生年龄特点,制定的年度体育教学计划中的目标。

(五)学期目标

学期目标是各学校的体育部门和体育教师根据年度教学目标制定的学期体育教学计划中的目标。

(六)模块/单元目标

模块/单元目标是按照学期教学工作计划中确定的课次顺序,以某个年级某项主要教材内容为中心,制定的模块/单元体育教学计划的教学目标。

(七)课时目标

课时目标是根据学期教学工作计划和单元教学工作计划,针对班级具体情况而编写的每次课的具体执行教案的教学目标。

体育与健康课程标准为中学体育教学目标体系的确立提供了思路和借鉴。中学体育教学目标可分为宏观、中观和微观三个层面。其中,宏观层面包括学段体育教学目标和水平体育教学目标;中观层面包括学年体育教学目标和学期体育教学目标;微观层面包括模块/单元体育教学目标和课时体育教学目标(如图3-1所示)。这三个层面构成了中学体育教学目标体系。

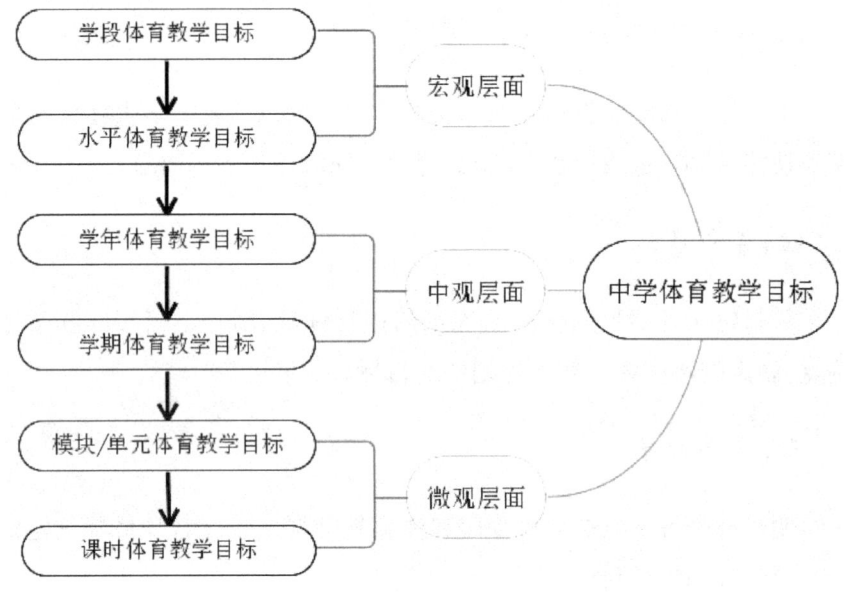

图 3－1　中学体育教学目标体系

三、体育教学目标分类

(一)典型的目标类型划分方式

划分目标类型的目的在于使教学结果可清楚鉴别和准确测量,这是教师全面、准确把握教学目标的前提。以下目标类型划分是比较典型的划分方式:

1. 布鲁姆的分类

20世纪50年代美国著名心理学家布鲁姆提出了教学目标的分类理论,将教育目标按照预期所发生变化的行为分为三个领域——认知领域、动作技能领域和情感领域,又对三个领域的教学行为逐层分析,形成了不同的学习水平,使教学结果更易清楚鉴别和准确测量。

表 3-2　布鲁姆等人对三个领域中不同学习水平的描述①

教育目标			
	认知领域 从低到高	知识	对先前学习过的材料的记忆
		领会	能把握材料的意义,借助转换、解释、推断来对其进行领会
		运用	能将习得的材料应用于新的具体情境,包括概念、规则、方法、规律和理论的应用
		分析	能将整体材料分解成它的构成成分并理解其组织结构,包括成分分析、关系分析、组织原理分析
		综合	能将部分组成一个新的整体,包括进行独特的交流、制订计划或操作步骤、推导出一套抽象关系
		评价	对材料做出价值判断的能力,包括按照材料的内在或外在标准进行价值判断
	动作技能领域	知觉	运用感官获得信息以指导动作
		定向	对稳定的活动的准备,包括心理定向、生理定向和情绪准备
		有指导的反应	复杂动作技能学习的早期阶段,包括模仿和尝试错误
		机械动作	学生的反应已成为习惯,能以某种熟练水平完成动作
		复杂的外显反应	包含复杂动作模式的熟练操作
		适应	技能的高度发展水平,学生能修正自己的动作模式以适应特殊的装置或满足具体情境的需要
		创新	创造新的动作模式以适合具体情境,强调以高度发展的技能为基础的创造能力

---

① 陈晓慧.教学设计(第 2 版)[M].北京:电子工业出版社,2009:121.

续表

教育目标	从低到高 情感领域	接受	学生察觉、愿意接受、有控制或有选择地注意
		反应	学生主动参与
		价值化	学生将特殊的对象、现象或行为与一定的价值标准相联系
		组织	将许多不同的价值标准组合在一起,克服它们之间的矛盾、冲突,并开始建立内在一致的价值体系
		价值与价值体系的性格化	个人通过长期控制自己的行为以致发展了性格化生活方式的价值体系

2. 加涅的分类

美国当代著名的心理学家加涅的学习结果分类系统是指导教学目标设计的具有实用价值的学说。加涅在1965年编著的《学习的条件》一书中将人类习得的性能划分成五类,也就是五类学习结果,包括言语信息、智慧技能、认知策略、动作技能、态度。

言语信息是指可用言语表达的信息,是回答世界"是什么"的陈述性知识,是一个人能用口头或书面语言,通过文字或绘画来陈述或告诉一个事实或一系列事件的能力。

智慧技能是指个体运用符号或概念与环境相交互的能力,是回答"怎么办"的问题。智慧技能的学习在学校学习中占核心地位。智慧技能中带有明显的层级关系,从低级到高级依次为:辨别—形成概念—规则—高级规则。

认知策略是指学习者用来选择和调节自己的注意、学习、记忆与思维方式等内部过程的技能,以学习者自己的认知过程为对象。认知策略在学习者的认知过程中起监控作用,是回答"怎么学"的知识。

动作技能是指人类习得的有意识地利用身体动作去完成一项任务的能力。其行为结果表现为身体动作的敏捷、准确、有力和连贯等方面,是回答"怎么操作"的知识。

态度是一种习得的影响个体行为选择的相对稳定的内部反应倾向,回答"怎样对待"的问题。

加涅的学习结果也可以按布鲁姆教学目标的三个领域进行分类。

表3-2 布鲁姆教育目标分类与加涅的学习结果分类比较①

布鲁姆教育目标的分类	加涅的学习结果分类

认知领域
1.知识
2.心智技能与能力
  领会
  运用
  分析
  综合
  评价
情感领域
动作技能领域
	认知
	1.言语信息
	2.智慧技能(或能力)
	  辨别
	  概念
	  规则
	  高级规则
	3.认知策略
	态度
	动作技能

布鲁姆的"认知、运动技能、情感"目标分类对我国目前体育教育教学目标的分类及制定具有较大的启示。课程与教学研究领域、教育心理学领域,以及测验评价领域的专家一直都没有停止过对布鲁姆认知目标分类的研究和改进工作,但这种分类缺少促进学生身体发展的目标,因此,体育教学目标分类不能照搬布鲁姆、加涅的教学目标分类体系,应在其基础上进行调整、完善。

(二)体育与健康课程标准的分类方法

知识与技能、过程与方法、情感态度与价值观是体育与健康课程标准确定教学目标的三个维度。

---

① 皮连生.教学设计(第2版)[M].北京:高等教育出版社,2009:80.

1. 知识与技能目标

知识与技能就是学生通过学习该节课应该掌握的知识,应该培养的能力。知识包括学科知识、意会知识、信息知识,是人对客观事物认识和经验的总和;技能分为基本技能、智力技能、动作技能、自我认知技能。

2. 过程与方法目标

过程与方法是学生获得新知识的载体。所谓过程,其本质是以学生认知为基础的知、情、意、行的培养和发展过程,是以智育为基础的德智体全面培养和发展的过程,是使学生的兴趣、能力、性格、气质等个性品质全面培养和发展的过程。所谓方法,是指学生在学习过程中采用并学会的方法。

3. 情感态度与价值观目标

情感是人对外界刺激肯定或否定的内心体验和心理反应,表现出来的喜怒哀乐就是态度,价值观是对人和事物积极作用的评价和取舍的观念,它们是人的素质中的非智能因素。

知识与技能目标立足于学生认知,过程与方法目标立足于学生理解与运用,而情感态度与价值观目标立足于学生的情感与学习态度。三维的课程目标应是一个整体,知识与技能、过程与方法、情感态度与价值观三个方面互相联系,融为一体,是一个问题的三个方面,而不是独立的三个目标。

《义务教育体育与健康课程标准(2011年版)》依据三维课程目标,结合体育学科特点,2012年之前建构了"运动参与、运动技能、身体健康、心理健康、社会适应"五个领域与目标,2012年之后略调整为"运动参与、运动技能、身体健康、心理健康与社会适应"四个学习方面的目标。《普通高中体育与健康课程标准(2017年版2020年修订)》和《义务教育体育与健康课程标准(2022年版)》提出学科核心素养是指学生通过体育课程学习而逐步形成的正确价值观、必备品格和关键能力,包括运动能力、健康行为和体育品德等方面。体育课程围绕核心素养,体现课程性质,反映课程理念,确立课程目标。

运动能力指学生在参与体育运动过程中所表现出来的综合能力。运动能力包括体能状况、运动认知与技战术运用、体育展示或比赛三个维度,主要体现为基本运动技能、体能、专项运动技能的掌握与运用。

健康行为指学生增进身心健康和积极适应外部环境的综合表现。健康行为包括体育锻炼意识与习惯、健康知识与技能的掌握和运用、情绪调控、环境适应四个维度,主要体现为养成良好的锻炼、饮食、用眼、作息和卫生习惯,树立安全意识,控制体重,远离不良嗜好,预防运动损伤和疾病,消除运动疲劳,保持良好心态,适应自然和社会环境等。

体育品德指学生在体育运动中应当遵循的行为规范和体育伦理,以及形成的价值追求和精神风貌。体育品德包括体育精神、体育道德和体育品格三个维度。体育精神主要体现为积极进取、勇敢顽强、不怕困难、坚持到底、团队精神等;体育道德主要体现为遵守规则、尊重裁判、尊重对手、诚信自律、公平竞争等;体育品格主要体现为自尊自信、文明礼貌、责任意识、正确的胜负观等。

核心素养的上述三个方面密切联系、相互影响,在体育教育教学过程中得以全面发展,并在解决复杂情境的实际问题过程中整体发挥作用。①

《义务教育体育与健康课程标准(2022年版)》提出将核心素养的培养贯穿在学年、学期、单元、课时等各层次的学习目标、教学内容、教学情境、教学方法、学习评价等的设计中。《普通高中体育与健康课程标准(2017年版2020年修订)》提出高度重视培养学生的学科核心素养,注重设置体育与健康知识与技能、过程与方法、情感态度与价值观有机整合的课程目标和课程结构。

在进行课堂体育教学时,应将学科核心素养融入课堂教学设计与课堂教学之中。应从体育学科核心素养与体育课程目标中遴选出体育课堂教学目标。"知识与技能、过程与方法、情感态度与价值观"目标需要结合体育学科核心素养与体育课程目标的基本要求。

根据体育课堂教学目标撰写的习惯、体育学科核心素养的引领、体育课

---

① 中华人民共和国教育部.义务教育体育与健康课程标准(2022年版)[M].北京:北京师范大学出版集团,2022:5-6.

程目标的要求、不同水平学生的差异,建议体育课堂教学目标设计思路为四个层次:①认知目标(健康认知与运动认知):具体参考指标可根据不同水平学生特点与教材性质,选择相应的健康知识、运动原理、环境适应、锻炼意识、运动安全等方面。②运动技能目标(技战术与运用):具体参考指标可根据不同水平学生特点与教材性质,选择组合式技战术、比赛情景的技战术等方面。③体能目标:具体参考指标可根据不同水平学生特点与教材性质,选择相应的身体基本活动能力与身体素质等方面。④体育品德目标:具体参考指标可根据不同水平学生特点与教材性质,选择勇敢顽强、遵守规则、公平公正、合作互助、正确胜负观等方面。①

表3-3 体育核心素养与体育课程目标融入课堂教学的参考指标②

	运动能力	健康行为	体育品德
参考指标	体能、技战术(与技术相关的知识与原理、组合技术教学、基于比赛的技战术教学)	健康知识、适应外部环境、预防运动损伤、锻炼意识与习惯	勇敢顽强、遵守规则、公平公正、合作互助、正确胜负观

四、中学体育教学目标分类

借鉴董翠香《小学体育与健康教学设计》第四章小学体育与健康教学目标的分类观点,综合上述目标分类体系的共性之处,中学体育教学目标应依据体育学科核心素养和现有的课程三维目标体系,针对体育课程的特点来进行分类,即从认知、运动技能、体育情感和体能四个领域来进行分类。认知、运动技能和体育情感领域目标层次分析主要以布鲁姆的目标分类学为主。

---

① 邵伟德,刘昕,邹旭铝,等."体育核心素养与课堂教学设计"专题讨论六人谈(一):体育核心素养与课堂教学目标设计[J].体育教学,2022(2):13.
② 邵伟德,刘昕,邹旭铝,等."体育核心素养与课堂教学设计"专题讨论六人谈(一):体育核心素养与课堂教学目标设计[J].体育教学,2022(2):13.

(一)体育认知领域的教学目标分类

体育认知领域的教学目标主要体现在学生对运动和健康相关知识的掌握与运用上。布鲁姆《教育目标分类学:第一分册 认知领域》把认知领域的目标分为六个类别。2001年出版的《学习、教学和评估的分类学:布卢姆教育目标分类学修订版》认为,认知过程涉及学习时要掌握的学业行为表现,包括六个类别,即记忆、理解、运用、分析、评价和创造。这是依据认知复杂程度由低到高来排列的。

记忆是从长时记忆系统中提取有关信息,主要是对已学知识的回忆。例如,知道所学运动项目的名称,知道单手肩上投篮有哪几个部位发力,能说出踢足球时脚触球的部位。

理解是从口头、书面和图画传播的教学信息中建构意义。例如,通过图片,学生对某一运动项目有初步的认识,能根据动作的形式对动作进行分类。

运用是在给定的情境中执行或使用某程序。例如,能在体育教师指导下阐述排球垫球动作要领,能应用"鞭打动作"进行网球发球练习,认识快速跑技术在生活实践中的运用。

分析是把材料分解为它的组成部分,并确定部分之间如何相互联系,以形成总体结构或达到目的。例如,跳远技术分为助跑、起跳、腾空和落地四个环节,能分析哪个环节是关键环节。

评价是依据标准作出判断。比如,判断学习某项运动项目的价值,能对同一种项目不同练习方法进行比较、分析和评价等。

创造是将各要素加以组合,以形成一致的或功能性的整体,将要素重新组织成为新的模式或结构。比如,通过对某些技术的综合运用,形成新的突破。

(二)运动技能领域的教学目标分类

以布鲁姆为首的委员会未完成动作技能领域的教育目标分类。该领域的目标分类是由其他心理学家完成的。这里介绍辛普森等在1972年的分类。该分类将动作技能教育目标分成七级。

1. 知觉

知觉指运用感官获得信息以指导动作。例如，通过观看微视频，学生对篮球项目有初步的认识。

2. 定向

定向指对稳定的活动的准备，包括心理定向（心理准备）、生理定向（生理准备）和情绪准备（愿意活动）。知觉是其先决条件。例如，了解动作技术的基本要领、结构、动作技术关键等，初步进行练习。我国学者把知觉和定向阶段称为"体育技能学习的认知与定向阶段"。

3. 有指导的反应

有指导的反应指复杂动作技能学习的早期阶段，包括模仿和尝试错误。通过教师或一套适当标准可判断操作的适当性。例如，能在体育教师指导下完成前滚翻动作。

4. 机械动作

机械动作指学习者的反应已成为习惯，能以某种熟练和自信水平完成动作。这一阶段的学习结果涉及各种形式的操作技能，但动作模式并不复杂。例如，能准确地进行网球前场截击球。

5. 复杂的外显反应

复杂的外显反应指包含复杂动作模式的熟练的动作操作。操作的熟练性以迅速、精确和轻松为指标。例如，能准确、迅速地进行足球正脚背运球。

6. 适应

适应指技能的高度发展水平。学生能修正自己的动作模式以适应特殊的装置或能满足具体情境的需要。例如，能够在篮球比赛中准确地完成运球上篮，能根据体操摆腿原理完成单杠屈伸上动作等。

7. 创新

创新指创造新的动作模式以适合具体情境，强调以高度发展的技能为基础的创造能力。例如，能根据已学的啦啦操基本动作及队形变换方法，创编一套啦啦操组合动作。

(三)体育情感领域的教学目标分类

情感是对外界刺激作出的否定或肯定的心理反应。体育情感领域的教学目标主要体现在学生的情绪调控、锻炼习惯、适应能力、体育品格、体育精神、体育道德等方面。

1. 接受或注意

"接受"是情感的起点,指愿意注意特殊的事件或活动。从教的方面来看,其任务是指引和维持学生的注意。学习结果包括从意识到事物存在的简单注意到学生的选择性注意。例如,愿意参与班级体育活动,认识到体育与健康课程的重要性。

2. 反应

"反应"比"接受"更深一层,是指学生主动参与。这类目标与教师通常所说的"兴趣"类似,强调对特殊活动的选择与满足。例如,按照体育教师要求完成学习任务;参加分组练习、热心参加体育课余活动,遵守比赛规则等。

3. 价值化

价值化指学生将特殊的对象、现象或行为与一定的价值标准相联系,包括接受某种价值标准,偏爱某种价值标准和为某种价值标准做奉献。价值化与教师通常所说的"态度"和"欣赏"类似,可以表现为愿意改进与团体交往的技能,为发挥集体的作用而承担义务等。例如,积极参加小组体育活动,要以优异的运动成绩为班级争光等。

4. 组织

组织指将许多不同的价值标准组合在一起,克服它们之间的矛盾、冲突,并开始建立内在一致的价值体系。重点是将许多价值标准进行比较、关联和系统化。例如,先完成体育作业,然后再去玩等。

5. 价值与价值体系的性格化

价值与价值体系的性格化指个人能用新的价值标准约束自己的行为。其行为是普遍的、一致的和可以预期的,是情感教育的最高境界,是指内化了的价值体系变成了学习者的性格特征。但强调学生行为的典型性和性格化。这阶段的教学目标着重关注学生的一般适应模式(包括个人的、社会的和情绪的)。例如,保持良好的体育生活方式,在团体中表现出合作精神,在比赛中遵守竞赛规则、尊重对手等。

(四)体能领域的教学目标分类

体能指各器官系统的生理功能及其在体育活动中所表现出来的能力。体能的发展随着年龄的增长而变化,表现出明显的年龄特征和性别差异。中学体育课程的最终目标是增进学生健康、增强学生体质。在以往的研究中通常将体能分为与健康相关的体能和与运动技能相关的体能,分别为健康体适能及技能体适能。健康体适能和个体的生活能力、健康水平有着密切的关系,包含心肺适能、肌肉适能、柔韧性、身体成分。其中心肺适能是指机体进行长时间运动的能力。肌肉适能由两部分构成:肌肉力量及肌肉耐力。柔韧性则是我们可以将动作幅度扩大的能力。技能体适能则是指个体参与各种体育运动的基础,包含速度、爆发力、耐力、力量、灵敏性等。各项体能的发展是相互影响和促进的。

表3-4 体能的分类[1]

体能的分类		定义
与健康相关的体能	身体成分	和非脂肪物质相对的体脂含量,用百分比表示
	心肺耐受力的最大能力	心肺系统保持大肌肉群持续一定时间工作或进行身体活动
	柔韧性	一处关节或关节枢纽所能运动的范围
	肌肉力量	肌肉或肌肉群在一次收缩克服阻力时所产生的最大力量
	肌肉耐力	肌肉或肌肉群在克服阻力时重复收缩或长时间收缩的能力

---

[1] 潘绍伟,于可红.学校体育学(第三版)[M].北京:高等教育出版社,2015:33.

续表

体能的分类		定义
与技能相关的体能	灵敏性	快速控制改变方向的能力
	平衡性	在静止或运动时保持均衡的能力
	协调性	平稳、高效运动的能力
	爆发力产生的能力	快速产生力量的能力,是力量和速度的结合,通常在短时间内突然产生
	反应时间	开始刺激和身体对刺激做出反应所用的时间
	速度	快速移动身体的能力

发展学生与健康有关的体能,也要重视与运动技能有关的体能的发展。《义务教育体育与健康课程标准(2022年版)》对体能方面的目标进行了规定,掌握各种体能的学练方法,积极参与各种体能练习,达到《国家学生体质健康标准(2014年修订)》的相应要求,针对水平二、水平三、水平四分别设置体能的课程内容。课程内容包括体能学练,主要针对改善身体机能,发展心肺耐力、肌肉力量、肌肉耐力、柔韧性、反应能力、位移速度、协调性、灵敏性、爆发力、平衡能力等,为学生增进体质健康和学练专项运动技能奠定良好基础的内容。《普通高中体育与健康课程标准(2017年版2020年修订)》课程目标中的分目标是:学生运动能力发展的重点是发展体能,运用技能和提高运动认知。课程内容包括掌握并运用发展心肺耐力,发展上肢、下肢、肩部、躯干柔韧性,发展肌肉力量和肌肉耐力,发展灵敏性,发展平衡能力,发展协调性,发展爆发力,发展速度,发展反应时等。水平体育教学目标、学段体育教学目标、学年体育教学目标、学期体育教学目标的体能教学目标的表述没有太大差异,都比较笼统,学年和学期的体能教学目标,要将水平的体能目标进行分解。但单元和课时的体能教学目标的表述应明确、具体,具有针对性和可操作性。单元和课时的体能教学目标可以结合具体的运动技能和体能教学内容来制定。

因此,在进行体育课时教学目标设计时,体育教师可以利用次数、距离、时间、高度、远度等身体练习要素来设计体能教学目标。例如,女生800米的时间,学生 30 秒快速跳绳或踢毽子的个数等。中学体育课堂教学经常使用的体能教学目标主要包括灵敏性、速度、力量、心肺耐力等(见表 3-5)。

表 3-5 体能教学目标举例

体能	内容	课时教学目标举例
灵敏性	十字象限跳、折返跑、障碍跑等	能在 18 秒之内完成 50 米折返跑
速度	50 米跑、快速仰卧起坐	学生 30 秒快速跳绳次数 60 个
力量	俯卧撑、双杠支撑臂屈伸、单杠斜身引体、举哑铃、纵跳摸高、仰卧起坐等	女生能连续做 20 个仰卧起坐
心肺耐力	定时有氧跑、50 米×8 往返跑等	女生能在 5 分钟内完成 800 米跑

第二节 中学体育教学目标设计

一、中学体育教学目标设计依据

体育教学目标是依据体育教学目的而提出的预期成果。体育教学目标设计应主要基于体育课程标准在该水平或学段的目标定位,依据体育与健康课程标准、体育课程教材、体育课程学习者等因素展开。

(一)体育与健康课程标准

体育与健康课程标准是国家教育主管部门制定的对学生在体育健康素养方面所应达到水平的基本文件,体现了国家对不同学段学生在体育健康知识、身体健康、运动技能、心理健康和社会适应能力等方面的基本要求。体育与健康课程标准是体育教学目标设计的直接依据。对体育与健康课程标准的研究是科学的设计体育教学目标的前提,是实现体育课程目标的基本保证。依据体育与健康课程标准和教学内容,结合教学实际,对体育教学目标进行科学的设计,确定教学目标。

(二)体育课程的教材

这里的教材不仅仅是指教科书,还指能使学生达到体育课程所规定的体育课程目标的内容载体,是教师和学生学习的工具。体育课程倡导教师和学生是教材编写与设计的参与者,教材成为作者、编者、教师、学生之间共同对话的文本。教师要挖掘教材中隐含的体育实践能力培养要求,完善和细化教学目标。

(三)体育课程学习者

了解学生的基本情况是进行教学设计的前提,教学只有建立在学生现实发展水平的基础上,教与学才能有效进行。学情分析就是考虑"谁学"的问题,为教学内容的选择和组织、学习目标的编写、教学活动的设计、教学方法与媒体的选择和运用等提供依据。了解学生的现实发展水平,准确把握教学起点,是体育教学设计的一项重要内容,要依据学生的知识储备与学习能力、学校教学条件和当地教学资源等情况,从内容维度、时间维度和学习的性质三方面考虑学生的需求等调整教学目标。

二、中学体育教学目标设计原则

(一)整体协调性原则

整体协调性是说三大体育学科核心素养目标不是孤立存在的,它们相互联系、相互促进,成为不可分割的有机统一整体。在进行体育教学目标设计时,要全面考虑"运动能力、体育品德、健康行为"三大体育学科核心素养目标在体育教学中的实现。体育教学不仅仅是使学生学习和掌握运动技能、提高体能,而且要有效地增进学生的身心健康,培养学生良好的个性和品质。教学目标设计时,既要照顾学生的整体水平,又要照顾个性差异。体育教学目标的设计要根据具体的教学内容、教学进程、学生实际,体现各领域目标的整体性。

(二)难度适中性原则

难度适中性是指体育教学目标要难度适中,"要把知识的果实放在学生跳一跳才能够得着的位置"。恰当的体育教学目标能激发学生的求知欲,产生学习需要,形成学习动机,产生学习兴趣,提高学习效果。难度适中的目标不但给学生提供发展的空间,而且能激发学生的好奇心、求知欲和积极的思维方式,使学生通过努力获得知识、技能,保持学生对课堂的兴趣。

(三)连续性与层次性原则

连续性与层次性原则是指体育教学目标要有层次、有秩序。体育教学目标是通过学期目标、单元目标、课时目标的实现,最后得以实现的,在不同水平、不同学年、不同学期、不同单元,先后出现的课之间,既有一定的独立性,又相互联系、相互影响。要做到前面设计的目标为后面的目标奠定基础,后面设计的目标是在前面目标基础上的发展与深化。无论是运动能力目标、体育品德目标、健康行为目标,还是细化的体育认知目标、体育品德目标、运动技能目标、增强体能目标,都有一个从低到高的层次、目标。

(四)操作性原则

操作性原则是指教学目标应是明确、具体、可观察、可测量的,明晰地表述预期学习结果的外显行为变化。为了保证教学目标的可操作性,要注意以下几点要求:第一,教学目标的行为主体是学生,而不是教师;第二,教学目标要用教学活动的结果而不能用教学活动的过程或手段来描述;第三,教学目标的行为动词是具体的,而不能是抽象的。所谓具体,是指这一动词所对应的行为或动作是可观察的,如"说出""列举""区分""解释""使用""分析""归纳""设计""计算""绘制"等,尽量避免使用含糊笼统的行为动词。

三、中学体育教学目标陈述技术

体育教学目标究竟应该如何写?写哪些内容?写到何种的清晰程度?不同层面的教学目标,其表述方式也略有不同。一般来说,宏观层面的教学目标表述相对抽象,陈述较为宽泛;中观层面的教学目标表述相对具体;微观层面的教学目标表述应清晰、明确、具体可操作。中学体育教学目标的表述方法可分为行为主义目标陈述法、格朗伦的内外结合目标陈述法、艾思纳的表现性目标陈述法三种。

（一）行为主义目标陈述法

行为主义目标陈述法侧重于用可观察、可测量的外显行为来描述。1962年美国当代著名教学目标研究专家马杰出版了《准备教学目标》，此书被誉为"陈述教学目标中发起的一场革命"。马杰根据行为主义心理学提出行为目标的理论与技术，好的行为目标具有三个要素：通过教学后，学生能做什么（或说什么）；规定学生行为产生的条件；规定符合要求的作业标准。行为目标的优点非常清楚，它告诉人们，分析能力意味着什么以及如何观察和测量这种能力。行为目标强调学习之后的行为变化和变化的条件。在教学设计的实践中，有的研究者认为有必要在三要素的基础上增加对教学对象的描述。一个规范、明确、具体、可测量、可评价的教学目标表述应包含四个要素：行为主体、行为动词、行为条件、表现程度，一般把这个模式称为"ABCD"模式。

1. 行为主体

行为主体就是学习行为的主体，即学生，而不是学习结果的教师。行为目标描述的应是学生的行为，而不是教师的行为。因此，正确的行为目标开头都应是"学生应该……"，书写时可以省略，但是，目标制定者心中必须装有学生主体。表达应是"学生了解……""学生能够……""学生说出……"等。现实中存在行为主体错位问题，如"培养学生、发展学生、使学生、帮助学生"等，这些行为主体均为教师而非学生。

2. 行为动词

行为动词是目标中最基本的成分。行为的表述应具有可观察、可测量的特点，应使用明确的行为动词来描述，主要用以表述学生所形成的可观察、可测量、可评价的具体行为。行为动词对学习目标的达成起着直接的导向作用，在选择时应尽量做到标准、明确、具体、适宜。一般将其分为以下四类:认知类的行为动词,技能类的行为动词,情感类的行为动词,身体健康类的行为动词。

(1)认知类的行为动词。

①了解水平的行为动词,如指出、说出、关注、背诵、收听(看)、懂得、观赏、辨认、回忆、选出、列举、阅读、知道、了解、复述、描述、识别、再认等。

②理解水平行为动词,如区分、评价、解释、调查、分析、说明、收集、讨论、描述、阐明、比较、分类、归纳、概述、概括、判断、区别、提供、转换、推断、检索、整理等。

③运用水平行为动词,如应用、使用、设计、解决、撰写、拟定、检验、计划、总结、推广、证明、测试、评价等。

(2)技能类的行为动词。

①认知定向阶段行为动词,如模拟、重复、再现、学习、运用、掌握、做出、会做、模仿、跨越、钻(绕)过等。

②联系形成阶段行为动词,如完成、改善、改进、表现、提高、增强、制定、解决、安装、绘制、尝试、实验应用、自编自练等。

③自动化阶段行为动词,如联系、转换、灵活运用、举一反三、触类旁通等。

(3)情感类的行为动词。

①接受(注意)水平行为动词,如经历、感受、参加、参与、尝试、寻找、讨论、交流、合作、分享、参观、访问、考察、体验、接触等。

②反应与评价水平行为动词,如展示、不妨碍、调控、关爱、遵守、拒绝、认可、认同、承认、接受、同意、反对、欣赏、称赞、喜欢、讨厌、感兴趣、关心、关注、重视、采用、采纳、支持、尊重、克服、拥护、帮助等。

③个性化水平行为动词,如形成、养成、具有、热爱、树立、建立、坚持、保持、确立、追求等。

(4)身体健康类的行为动词,如发展、完成、从事、提高、增强、控制、进行、利用等。

行为动词应该具有科学化、多样化、层次性的特征。

【案例】

行为动词的层次性

水平一:初步掌握简单的技术动作。

水平二:会做简单的组合动作。

水平三:初步掌握运动基本技术。

水平四:发展运动技战术能力。

水平五:提高一两项运动的技战术水平。

水平六:组织和参加小型体育比赛。

编写课时教学目标一般用动宾结构,行为动词说明学习的类型,宾语说明学习的内容。如"说出""列举""做出"等具体行为动词,再加上说明学习内容的宾语,这样构成的教学目标是可观察、可测量的。

案例1:(能)说出行进间运球的动作要领。

案例2:(能)做出行进间单手投篮的动作。

案例3:(能)列举2~3种形式的爬的动作。

3. 行为条件

行为条件是指影响学生产生学习结果的特定限制或范围,即评定学习结果的约束因素(包括环境、人、设备、信息、时间、问题明确性等因素),是目标表述句中的状语。在中学体育教学目标中对行为条件的表述主要有六种:

(1)时间和速度是运动强度和运动量条件,如"在5分钟内""用不低于80%的速度"等。

(2)环境因素包括对学习空间和地点的限制,空间、光线、温度、气候、室内、室外、安静或噪音等。如:"在安全的环境中""在投掷或球类游戏中""在日常学习和生活中""在沙坑里""在台阶上""在规定区域内"等。

(3)作业条件因素包括器材的高度和重量的规定及相关替代物,如:"用实心球向前(后)抛""在降低高度的跨栏架上"以及其他辅助手段等。如:"在教师指导下""在他人指导下""在同学的帮助下跳过山羊"等。

(4)教学组织形式因素,如:"自主练习""按顺序轮流使用(练习)""小组集体进行""与同学合作""在游戏中"等。

(5)信息因素包括是否给学生提供相关的资料、图表、书籍、图像资料、音像资料、信息技术、笔记、词典等,如:"通过微信群""从报刊中""从电视中""收听(或收看)有关体育节目""阅读报纸、杂志中有关……""借助人体解剖图说出……"等。

(6)完成行为的情境如:"在徒手操、队列等练习中""参加较剧烈的游戏或运动时""在课堂(小组)讨论时,能讲述……"等。

4. 表现程度

表现程度是指学生对学习目标所达成的最低标准或基本要求,用以衡量或评价学习表现或学习结果应达到的程度,是指评定行为的最低依据,是学生对目标预期所能达到的最低表现水准,一般采用定量指标或标准,表述完成行为的时间限制,如"5分钟内跑完……米";表述准确性,如"篮球投球80%投中率";表述成功的特征,如"引体向上一组,至少完成5次传球,完成的动作85%以上正确"等。但对心理健康、社会适应类表现程度的表述多采用定性的语言,如"初步""乐于""不害怕""良好""合理""自觉""正确""主动""观察并说出""体验""较熟练地""基本掌握"等,以便能包含复杂的、高层次的情意行为。但应尽可能用通过教育观察或学生自我感受可以做出判断的语言来表述,少用抽象的语言。

表3-6 行为目标表述法举例

要素	主要问题	举例
行为主体	完成行为的对象	女学生
行为动词	做什么	跳绳
行为条件	在什么条件下完成	能在15秒之内完成
表现程度	做到什么程度	30次

【案例】

<u>水平六的男生</u> <u>在熟练掌握</u> <u>篮球教学中的传切配合后</u>
　　　A　　　　　　C　　　　　　　　B

<u>提高自觉运用战术的意识</u>。
　　　　D

(二)格朗伦的内外结合陈述法

内外结合陈述法,即内部过程和外显行为相结合的描述方法。该方法由美国的教学评价专家格朗伦教授于1978年在《课堂教学目标的陈述》中提出。学习的实质是内在心理的变化,因此教育的真正目标不是具体的行为变化,而是内在能力或情感的变化。而那些内在的心理变化,如理解、欣赏、热爱、尊重等,不能直接进行观察和测量。为了能间接地测量、观察这些内在心理变化,需要列举反映这些内在变化的行为样品,使这个目标具体化。

该目标表述分为两步,先用诸如记忆、知觉、理解、运用、分析、创造、欣赏、热爱、尊重等描述内部心理过程的术语陈述一般教学目标,然后用可观察的学生表现使之具体化。既保留了行为目标表述的优点,又避免了行为目标只顾及具体行为变化而忽视内在心理过程变化的缺点。它既适用于认知目标的表述,也适用于情感目标的表述。如知道步伐练习的锻炼价值(内部心理描述),能说出利用绳梯练习发展灵敏性的两个例子(具体外显行为例子);体会适宜的运动负荷(内部心理描述),能在每次合作游戏结束后测量脉搏做前后比较(具体外显行为例子);理解与同学合作的意义(内部心理描述),能说出4×100米比赛跑速快与慢的原因(具体外显行为例子)。在体育活动中表现出克服困难的意志品质,可以阐述为"克服运动中的极点的反应,坚持完成任务的体验"。

(三)艾思纳的表现性目标陈述法

艾思纳的表现性目标陈述法是行为目标表述法和内部心理过程与外显行为相结合的目标表述法,主要适用于知识和运动技能、体能发展目标的表述。人的认识和情感变化不是参加一两次教育活动就能达到的,教师也很难预计一定的教育活动后学生的内在心理过程将会出现什么变化,如高级认知策略和心理智能的提高,情感态度与价值观的培养等都不是通过几节课的教育就能实现的。为此,美国课程学者艾思纳针对情感领域的教学提出了表现性目标陈述法。"该种目标陈述要求规定学生应参加的活动,但不明确规定每个学生应从这些活动中习得什么或相应的行为,主要强调组织有情境的活动让学生表现",为在经过一定时间的体育活动后对学生的认识和情感变化的表述和评价提供了依据。例如,体育道德教育方面的一个表现性目标可以这样陈述:"学生能认真参与游戏比赛,并能对比赛中不文明和违反规则的行为进行讨论。"为了表述经过支撑跳跃教学后学生自信心的变化,可用"描述出支撑跳跃(跳山羊)练习前后的心理感受"来表述。需要注意的是:这种目标有更多的灵活性与开放性,更符合学生心理变化,但运用时只能作为目标具体化的一种补充,否则,会使教学目标模糊、空泛,起不到导教、导学和导评的作用。

四、中学体育教学目标设计程序与方法

体育教学目标设计程序与方法可分为:解读课标、分析教材、完善学情、建立目标等四个步骤与方法。

(一)深刻解读课程标准,明确核心素养目标

体育与健康课程标准具体规定了学生在每一部分课程学习结束后应达到的基本要求,但它不是详细、具体的教学目标,而是对学生学习效果宏观的、共同的和统一的基本要求。所以,教师在日常教学中设计教学目标时,需要以课程标准规定的整体目标为依据,对其内容进行分解,初步确定每节课的课程目标。

(二)仔细分析教材,构建知识结构

体育教材内容是进行体育教学的"物质基础",它与教学目标设计有直接关系,是进行体育教学目标设计的"物质载体"。因此,需要挖掘体育教材中隐含的知识、能力、情感培养要求,分析其体育学科核心素养的培养价值,

结合课程标准,完善和细化教学目标。分析教材时,要确定知识点,构建知识结构。知识点是课时教学内容中相对独立的与其他知识项目不交叉的若干要素,知识点的划分有粗有细,其标准是依据内容的学科逻辑与教学需要,将课时教学内容分解成知识点,画出知识结构图,这是编制教学目标的基础工作。

(三)完善学情分析,把准学生情况

对学生的知识基础、学习方法和学习能力进行分析是体育教学设计的必要环节和重要的基础工作,也是体育教学能够顺利进行的有力保障。学生是有差异的,设计教学目标时,必须充分考虑学生情况,根据学生情况,将依据课程标准和教材制定出的教学目标进行适当调整。

(四)构建教学目标

在新课程要求下,布鲁姆认知目标、技能目标、情感目标三维目标已不适应当下课程改革的要求,"知识与技能、过程与方法、情感态度与价值观"目标虽比布鲁姆三维目标更先进,但需要结合体育学科核心素养与体育课程目标的基本要求。因此,要依据体育学科核心素养的内涵、层次要求和体育课程目标,设计具体的教学目标。

设计将各个教学目标类别化和层次化。类别化是按照有关目标分类理论,将已经确定的目标表述归入有关的领域或类别,比如将教学目标归入认知、体育品德、动作技能、体能四个领域。层次化即根据目标层次性要求,使教学目标的表述应反映学习结果的层次性。比如可将水平教学目标、学年教学目标、学期教学目标、单元教学目标设计按照运动能力、健康行为、体育品德三个方面的体育学科核心素养进行设计,课时教学目标则采用认知、运动技能、体能、体育品德四个层次目标进行设计,易于操作。

【案例】

一

一、教学内容:七年级足球——脚内侧踢球

二、课时教学目标

1. 学生能简单地说出脚内侧踢球的动作方法,85%的学生能把定位球用脚内侧从相距3米的地方踢入2米宽的球门里。

2. 参与足球游戏,坚持完成体能练习,发展灵敏、协调、速度、快速反应等身体素质,通过多次重复的练习,学生的位移判断力得到发展。

3. 享受足球游戏带来的挑战和乐趣,感受合作学习的重要性,发展果敢、坚韧的心理品质。

二

一、教学内容:排球正面双手垫球

二、课时教学目标

1. 学生基本掌握排球正面双手垫球的基本技术和练习方法的知识,90%以上的学生能够接同伴手抛球并垫球过网,80%的学生可以用靠近腕关节以上10厘米处,较协调地运用全身力量将球垫出。

2. 促进学生身体素质发展,增强体质,提高学生在运动中的反应能力。

3. 通过个人练习和团体练习,发展学生对垫球技术学习的兴趣和主动性、探究性;培养学生团队协作能力及交流互动能力。

三

一、教学内容:鱼跃前滚翻

二、课时教学目标

1. 90%的学生了解鱼跃前滚翻的动作技术结构,并能说出与前滚翻动作的区别,能叙述鱼跃前滚翻的翻滚技巧。80%的学生通过挂图展示、提高难度练习,小组合作练习,熟悉鱼跃前滚翻动作,具有明显的腾空过程。

2. 促进学生的灵敏性、柔韧性等身体素质发展,增强腰腹肌力量,协调能力。

3. 通过模仿和游戏练习,增强团结协作、克服困难、挑战自我、超越自我的精神。

【本章小结】

本章阐述了中学体育教学目标设计概念,体育教学目标体系包括超学段体育教学目标、学段体育教学目标、学年体育教学目标、学期体育教学目标、模块/单元体育教学目标、课时体育教学目标,中学体育教学目标的分类包括认知领域、运动技能领域、情感领域、体能领域的教学目标,中学体育教学目标的陈述等知识。课程学习后,学生能了解体育教学目标设计依据和原则,掌握体育教学目标设计程序与方法,能对一节中学体育教学目标进行恰当的分析,能科学地设计中学体育课的教学目标。

【实践演练】

1. 什么是体育教学目标设计?
2. 举例说明行为教学目标的构成要素有哪些。
3. 举例说明体育教学目标设计程序与方法。
4. 针对当前体育课程改革的要求,制定情感目标。
5. 举例说明体育教学目标陈述技术。
6. 对一节中学体育课体育教学目标进行分析。
7. 设计一节中学体育课的教学目标。
8. 分析下列案例中,课时教学目标存在的问题。

【案例】

一

一、教学内容:行进间单手肩上投篮

二、课时教学目标

1. 知识与技能目标:建立行进间单手肩上投篮的动作概念,了解行进间原地单手投篮的动作要领。

2. 过程和方法目标:通过自主练习、小组合作练习等练习方式,能初步展示行进间单手肩上投篮的基本动作技巧,了解增强灵敏、速度等身体素质的方法。

情感态度与价值观目标:在协作练习中,培养团队合作精神和果断、顽强的意志,克服困难不断向新目标发出挑战。

二

一、教学内容:弯道跑

二、课时教学目标

1. 运动参与目标:能积极参与到弯道跑的学习当中。

2. 运动技能目标:能够正确展示弯道跑的技术动作,提高跑步技术动作水平。

3. 身体健康目标:通过弯道跑练习发展速度素质,并知道其他发展速度素质的练习方法。

4. 心理与社会适应目标:感受与伙伴进行游戏时团结协作的快乐,树立自信心,获得坚强的意志品质。

三

一、教学内容:少年拳第二套5~8动

二、课时教学目标

1. 复习少年拳第二套1~4动,使90%的学生基本掌握少年拳二套5~8动知识与技能;预习9~10动。

2. 发展灵敏、协调、力量等身体素质,提高快速反应能力。

3. 加强武德修养,培养同伴间友好相处、团结协作的优良品质。

【拓展阅读】

[1]皮连生.教学设计(第2版)[M].北京:高等教育出版社,2009.

第四章　中学体育教学策略设计

> 知识导图

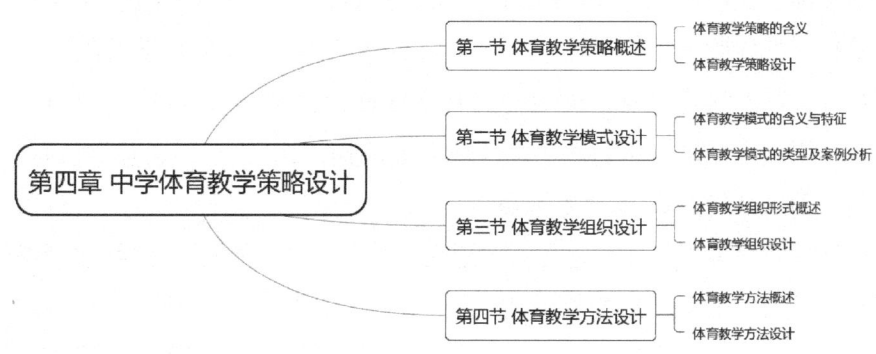

> 内容提要

本章阐述了体育教学策略的含义与特征、体育教学模式设计、体育教学组织设计及体育教学方法设计，便于帮助教师将教与学的策略运用到具体教学活动中，使教与学的各个环节紧密而有效配合，以提高教学质量。

> 学习目标

1. 能描述对体育教学策略的理解。
2. 能描述体育教学模式的含义及特征。
3. 能合理选择并灵活运用不同的体育教学模式。

4. 能描述体育教学组织形式的含义与类型。

5. 能说出体育教学组织设计的方法与原则。

6. 能合理选择不同的体育教学组织形式。

7. 能说出选择体育教学方法的依据。

8. 能合理选择并灵活运用不同的体育教学方法。

第一节 体育教学策略概述

一、体育教学策略的含义

教学策略是指以一定的教学思想为指导,在特定的教学情境中为实现教学目标,完成教学任务而制定并在实施过程中不断调适、优化,以使教学效果趋于最佳所采用的方法、步骤、媒体和组织形式等,是教学措施构成的综合性方案。它是实施教学活动的基本依据,是教学设计的中心环节。其主要作用就是根据特定的教学条件和需要,制定出向学生提供教学信息,引导其活动的最佳方式、方法和步骤。①

体育教学策略是以一定的教学思想为指导,为实现教学目标,教师在体育教学活动中根据实际的教学情境而采用的有效教学的程序、方法、步骤、技巧及调控方式。体育教学中教师如何教的问题,涉及体育教学策略的设计。要达到体育教学有效,不仅要确定教学目标、安排教学内容、选择教学方法和手段、组织形式,而且要全面考虑如何把这些要素系统地结合,使其为达到有效教学发挥最佳作用。这是体育教学策略设计的关键所在。

体育教学策略设计是体育教学设计的重要组成部分,是决定教学设计方案质量的核心环节,包括对体育教学模式、教与学的方法、教学组织形式、教与学的活动、教与学的顺序、教与学的节奏、教与学的时空安排等要素的总体优化。

体育教学策略设计就是解决教师如何教的问题,其目的是更好地完成

---

① 高守清.体育教学策略理论与实践[M].兰州:甘肃民族出版社,2009:4.

体育教学目标。在新课程理念下,体育教学策略设计应注重学生的个体发展,提高学生的自主学习能力,培养学生的竞争意识与合作意识。

二、体育教学策略设计

(一)教学策略的特征

1. 综合性

教学策略是针对具体的教学需求和条件,从整体上对构成教学的全过程及其要素进行综合考虑,以组成有效教学的综合性方案。它为教学理论和经验应用到教学实践中架设了桥梁。

2. 操作性

任何教学策略都是针对教学目标的具体要求制定的,具有与之相对应的方法、技术和实施程序。教学策略要转化为教师与学生的具体行动,就要求教学策略必须是可操作的。

3. 指向性

教学策略是为了解决现实的教学问题,掌握特定的教学内容,达到预定的教学目标,收到预期的教学效果。教学策略必须具有指向性。只有在具体的条件范围内,才能发挥某个教学策略的价值。

4. 灵活性

教学策略对于需要解决的教学问题不是绝对的对应关系。同一个教学策略对不同的学习群体会产生不同的教学效果,而不同的教学策略面对同一学习群体也会有不同的效果。教学策略随着教学目标、内容和教学对象的变化而改变,这就需要教学设计者依据实际状况进行调节,灵活设计出多种风格和特色的教学策略。

5. 调控性

由于教学活动元认知过程的参与,因此教学策略具有可调控的特点。教学活动的元认知就是教师对自身的教学活动的自觉意识和自觉调节,教师能够根据对教学的进程及其各种要素的认识反思,及时把握教学过程中的各种信息,及时反馈和调整教学的进程及师生相互作用的方式,推进教学的有效开展。调控性表现了教师对教学活动的及时把握和调整,表现了教学活动的动态性。

(二)教学策略的基本因素

1. 指导思想

教学策略的研究、制定和实施,因对于教与学关系的不同认识导致呈现不同策略。教师作为教学策略的设计者,其观念不可避免地具有一定的局限性。因此,我们设计教学策略要做到全面认识、分析及研究,以避免片面性。

2. 实施程序

教学策略是针对一定教学目标而组织起来的程序化设计,有其自身的构成和序列。教学策略的实施程序没有定式,但可以提取一些共同的要素。这些要素在各教学策略实施程序中的地位及排列顺序是不同的,某一要素可能相对独立而成为某个特殊环节,或可能融于其他环节乃至全过程中,或可能与另一要素联成一体。在安排程序时能否给出和怎样给出转化条件并做出程序化的安排,取决于教师对教学过程中学习与实践、语言与思维、抽象与形象、逻辑与直觉等关系的认识及处理方式。

3. 行为技术

教学策略的实施程序在执行时要保证有效性和可靠性,必须提出明确、易行的行为技术或操作要领。例如,美国现代教育家布鲁纳认为:矫正学生的学习结果,或者对学生提供其他帮助,必须是在学生得到试验结果,并拿它跟希望获得的结果进行比较的时候。若过早,学生不理解;若过迟,则无法对下一步活动起到指导作用。

4. 效用评价

教学中至关重要的一个要素,就是效用评价。要做好对学习的效用评价,教师就需要根据教学目标和教学内容,制定出检查和评价学生学习结果的细则标准。教学策略是一个复杂的、多层次的、可调节的动态系统,其特性的形成和体现有赖于教学策略内部的有效性评价。它随时检测、调节甚至校正着教学策略实施的结果和途径,通过评价、比较和修正,使教学策略实现其优选性。教学策略有效性评价的标准,在于它与教学目标的一致性、与教学情境的协调性、与教学对象的沟通性、与教学过程的同步性及对教师施教的便利性,从而使教学策略体系内部高度协同一致,达到其整合性的要求。

(三)体育教学策略设计要求

教学策略设计是围绕"解决什么问题,采用什么措施"来进行的。中学体育教学策略设计除了应包括体育教学策略的基本要素,还应包括中学生体育教学这一背景因素,其要求如下:

1. 注重学生个体发展设计

教师的教最终是为了学生能够更好地学,教学策略设计要关注学生的个体差异。选择和制定教学策略要考虑中学生的已有知识、能力、智力、学习态度、学习气氛等多个方面的条件,以及每个学生在技能、体能、兴趣等方面存在的差异性。因此,在体育教学策略中不要给学生规定统一的要求,应让学生有自主选择学习内容与活动的空间,以调动学生的学习积极性,从而达到良好的教学效果。

2. 注重学生自主学习设计

自主学习是以学生作为学习主体,发挥学生的积极性、主动性、能动性,充分体现学生的自主探索、自主发现,重视学生创造性思维的培养。体育课程的课堂教学策略设计可以在很多方面体现自主学习方式。例如,学生可以有选择学习内容、学习方法、学习进度的权利。学生在课堂上可以充分感受到主人翁的地位,感受到自己的权利、自由,形成积极主动的学习态度,使其在获得基础知识与基本技能的同时,学会自主学习,形成正确价值观。

3. 注重学生竞争与合作学习设计

体育运动中时时有竞争,处处有合作。体育本身就是竞争,尤其以合作的方式赢得竞争的胜利更能加强学生之间的情感交流,培养学生竞争与合作精神。因此,在体育教学策略设计中,体育教师应多给学生提供相互竞争、相互配合的机会,从而培养学生相互帮助与合作的精神。

4. 注重学生全面发展设计

好的体育教学在于能否让学生在知识、能力、行为、健康诸方面得到全面发展与提升。知识、能力、行为是促进健康的前提,丰富的健康知识、较强的运动能力、良好的健康行为,能够共同促进健康。因此,教学策略设计"以学定教"的观念要求在课堂教学中充分把握学生学情,注重为每个学生设计,合理把握教师主导作用和学生主体作用的有效发挥,以促进每一个学生全面健康发展。

第二节 体育教学模式设计

一、体育教学模式的含义与特征

(一)体育教学模式的含义

"模式"是指某种事物的标准形式或使人可以照着做的标准样式。学者们对教学模式的含义研究有如下观点:有观点认为,教学模式是教学过程的变式,教学过程的不同变式,就形成不同的教学模式。一种是教师系统地传授书本知识的模式,另一种是教师辅导学生在活动中学习的模式,其余都是介于这两种之间的教学模式。有观点认为,教学模式是在教学实践中形成的一种设计和组织教学的理论,这种理论以简化的形式表达出来。它包括主题、目标、条件、程序、评价等五个互相依存和互相作用的要素,各个要素的具体内容不同就形成不同的教学模式。有观点认为,教学模式是在一定的教学思想指导下,围绕教学活动中的某一主题,形成相对稳定的、系统化和理论化的教学范型。还有观点认为,教学模式是体现某种教学思想的教学程序,它包括相对稳定的教学过程结构和相应的教学方法体系,主要体现在教学单元和教学课程的设计和实施上。因此,可以把教学模式理解为在一定教学思想或教学理论指导下建立起来的,较为稳定的教学活动结构框架和活动程序。作为结构框架,突出了教学模式在宏观上把握教学活动整体及各要素之间的内部关系的功能,作为活动的程序则突出了教学模式的有序性和可操作性。

体育教学模式是在某种体育教学思想和理论指导下建立起来的体育教学的程序,它包括相对稳定的教学过程结构和相应的教学方法体系,主要体现在体育教学单元和教学课的设计和实施上。体育教学模式概念由三个基本要素组成,即教学指导思想、教学过程结构及相应的教法体系。教学指导思想体现了教学模式的理论性,教学过程结构体现了教学模式的稳定性,教学方法则体现了体育教学模式的直观性和可操作性。体育教学模式作为教学的基本结构,是教师在教学实践中的操作框架及其理论核心。教学指导思想和教学目标是选用体育教学模式的首要因素,任何体育教学模式都是在教学指导思想的指引下为实现教学目标而服务的。

2021年教育部办公厅印发《〈体育与健康〉教学改革指导纲要(试行)》,要求落实立德树人根本任务,树立"健康第一"教育理念,指导如何实现"享受乐趣、增强体质、健全人格、锤炼意志",强化"教会、勤练、常赛",构建科学、有效的体育课程教学新模式,帮助学生掌握1至2项运动技能,促进青少年学生体育核心素养的形成,为实现"健康中国""体育强国"做出体育学科的贡献。体育课程发展与改革的最终目的是促进学生健康。因此我们在选用体育教学模式上应以学生为中心,培养学生体育健康素养,促进学生健康发展,全面提高学生的综合素质。

(二)体育教学模式的特征

1. 理论性

任何一种体育教学模式都是以一定的体育教学理论和教学思想作为其构建的理论依据,也必定反映某种体育教学指导思想。因此,体育教学模式设计需要将各种教学理论和教学思想运用与转化在整个单元或每一节课设计的始终,这种对教学思想及理论的依存关系,呈现出教学模式的理论性。

2. 稳定性

每一种体育教学模式的确立其教学过程与结构一般都具有稳定性的特征。所谓"教学模式",就是指无论在什么时候运用这种模式,其基本程序和主要环节都不应有大的变化,而是具有一定的稳定性。

3. 直观性

每一种体育教学模式都能以直观、简略的方式体现某种教学理论和教学思想,具有该模式鲜明的特点和独特教学效果。所谓新的特点和独特的教学效果一般都体现在整个课程安排的特殊结构或某个特殊的教学环节上,因此,应该是很鲜明的。这就使人们可以根据其特定的教学环节和独特的课程安排来判断是不是属于此种教学模式。

4. 整体优化性

一种新的体育教学模式的确立就是从体育教学系统的整体功能上改变,就是指在某一新的教学思想的指导下,密切围绕教学目标设计教学的各个环节,即将教学内容、教学过程设计、教学方法的选用以及教学评价方法的选定统合起来,提高整体效应,保证其设计整体上的系统性,形成教学程序的整体优化,达到体育教学效果的最优化。

5. 可评价性

任何一种成熟的教学模式确定必有其相应的评价体系。对体育教学模式的整体性评价,既体现了教学模式的教学价值导向,也体现了体育教学组织过程的可行性。因此,任何一个教学模式都应对实施这个教学模式的教师给予明确的教学评价,这不仅仅是对该教师教学模式设计与认知能力的评价,也是对教师参与、认知和学习能力的评价。

(三)体育教学模式的构成要素

体育教学模式是整个体育教学论的缩影,有其相对稳定的系统结构,任何一种体育教学模式必然包括教学指导思想、教学目标、操作程序、师生关系、教学条件等五个相互依存、相互作用的要素。

1. 教学指导思想

教学指导思想是指体育教学模式赖以成立的体育教学理论或思想,它是在一定的体育教学观念下形成的,是体育教学模式的理论基础。任何一种体育教学模式都是以一定的教学指导思想为依据的,不同的教学指导思想形成不同的体育教学模式。

2. 教学目标

教学目标是一定的体育教学模式所要完成的特定教学任务或所具备的独特功能。任何体育教学模式都是为实现一定的体育教学目标服务的,不同的体育教学模式具有不同的体育教学目标指向,即需要完成不同的体育教学任务。

3. 操作程序

操作程序是体育教学活动的实施步骤和顺序以及各个步骤的要求。各种体育教学模式都有自己的操作程序,由此来确定体育教学活动中先做什么、后做什么。不同的体育教学模式有不同的操作程序。

4. 师生关系

师生关系是体育教学活动中师生之间的相互作用方式和师生之间的组合结构。体育教学活动中有多种多样的师生关系,较为典型的有三种:教师为主、学生为主、师生合作,其余都介于这三者之间。不同的体育教学模式体现出不同的师生关系,相同的体育教学模式由于不同的师生关系,又会形成不同的变式。

5. 教学条件

教学条件是运用某种体育教学模式所必备的教学条件,如教师水平、学生条件、教材、教学设备等。不同的体育教学模式其教学条件不尽相同,如果必备的教学条件不能得到满足,则体育教学模式就不能有效发挥作用,任何体育教学模式都是在特定的教学条件下才能有效运用。

二、体育教学模式的类型及案例分析

根据不同教学模式所要达到的目标,依据不同的教学原理,对体育教学模式进行分类。常见的体育教学模式如下：

(一)技能掌握式的体育教学模式

这种模式是一种以系统教学理论为基础,遵循运动技能形成的规律来安排和传授运动技能的体育教学过程。此教学模式在教学的单元设计是以某一项运动技术教学为主线,以一定难度的完成标准来判断单元的规模,多采用中大型单元,单元内的排列主要以技术的难易度为标准顺序。教学课的设计以技能的学习和练习为主线,侧重练习的次数和必要的运动量安排,注重对技能掌握效果的评价。该模式能充分发挥教师的主导作用,同时能调动学生学习的积极性,并能按体育学科的逻辑系统循序渐进地进行教学,使学生掌握较为系统的运动技术技能。缺点是较难发挥学生的主动性和创造性,不易做到区别对待。

【案例】

跨越式跳高

初一年级的跨越式跳高教学单元由8课时组成,教师按跨越式跳高技术难度依次排列,每次上课先进行一般性准备活动,再进行专项的跑跳练习。通过直观教学使学生对跨越式跳高技术形成感性认识,学生反复练习与教师指导纠错,建立动觉表象和正确的肌肉感觉,形成动作技能。最后进行技能学习情况总结评价,教师在对学生进行评价时要注意方式和方法,并找出存在的问题,起到教学反馈的作用。

(二)小群体学习式的体育教学模式

这种模式是指在教学过程中教师根据学生情况和教学需要,分组以小群体进行学习,每个小组制定本组的学习目标,通过小组内部交流学习、互相帮助,组与组之间互相比赛与展示,并进行评价,以增强学生交流和表达的能力,使学生全面发展的教学模式。此教学模式在单元的开始,教师都要根据学生的年龄、性别、素质、兴趣爱好等特点,将学生分成若干个学习小组,要求各小组要有本组的学习目标与学习计划。在单元的前半部分,教学一般以教师指导性较强的小组学习形式为主,学习内容是一样的;而在单元的后半部分,教学一般以自主性较强的小组学习形式为主,各组学习目标和内容是不尽相同的,教师加以指导;单元的前半段以学习活动为主,单元的后半段则以练习和探究活动为主;在单元结束时,一般有小组间比赛、小组内总结、发表感想和全班总结等教学步骤。小群体学习型的体育教学模式对于学生创新意识、合作竞争意识的培养有较好的效果,能有效促进学生之间相互的学习与合作。

【案例】

接 力 跑

初一年级接力跑教学单元由4课时组成。教学开始阶段,教师根据学生情况采取异质分组,分为4个学习小组,向学生讲解本单元的教学目标和教学内容,让各小组分别讨论本组的学习目标。在单元的前半部分,教师对全体学生讲解接力跑的要领并示范,并以全班练习和小组练习的形式让学生掌握传接棒的技术;在单元的后半部分,教师要求各小组根据本组的学习目标和组内同学的情况进行有针对性的自主学习和探究,同学之间相互帮助、共同思考,教师及时指导与关注,提供必要的学习建议。在单元结束前,教师组织小组间的接力比赛,在练习和比赛中让学生加深体会,并引导学生认识到日常生活和学习中互相配合的重要性。比赛后让各小组小结,教师进行全面总结。

(三)探究式的体育教学模式

这种模式是在教师的引导下,通过学生的自我探索尝试、自学自练和互帮互学,以培养学生体育能力为主导的体育教学过程。此教学模式在教学过程中将教材中的有关知识和原理进行归纳和整理后,组成"问题串"和"探究课题串",对每个问题和探究的课题都设有验证、讨论和归纳的方法,然后将几个大的问题分别设计在各节课中。其教学过程一般有问题提出、验证性学习、集体讨论、归纳问题和得出结论等几个主要的学习阶段,而运动的学习和练习则紧密地穿插其中,在教学中除教学法和练习法之外,还比较多地运用提问—回答、设疑—假说、验证—发现、讨论—思考、归纳—总结等教学方法。该模式有利于培养开发学生的自学能力,组织活动、裁判与比赛等各种体育能力,以培养学生能力为主线,为学生今后在任何条件下自觉进行身体锻炼,打下坚实的基础,获得体育教学的综合效益。

【案例】

短距离跑

初三年级短距离跑教学单元由6课时组成。教师提前设计问题:"什么是短距离跑?""短跑的要素有哪些?""步频和步幅对于跑速哪个更重要?""你的步频和步幅怎样?""你的同伴步频和步幅如何?""发展步频应该用什么方法?发展步幅应该用什么方法?""你和你同伴要改进什么?""如何改进?""改进得怎么样?"等关联问题,依次安排在每节课教学中。教师通过提出如何跑得快的问题,引导和启发学生带着问题进行主动探究与小组合作学习,实测自己的步频和步幅进行验证性学习,教师发挥主导作用,及时引导和学生积极主动探究学习相结合,使学生掌握短跑技术并学会各种跑的专门练习方法,提高学生自学能力。

(四)分层式的体育教学模式

这种教学模式是指教师在开展体育教学活动的时候要按照学生的具体情况、对知识的接受能力、身体情况以及潜力倾向等将学生分为不同的群体。教师根据每个群体的不同特性设立不同的教学目标,采用不同的教学方法来进行授课,从而使每个学生的成绩都能提升。体育教师应该按照学生所能接受的程度来开展体育教学,对教学内容进行层次划分,可以确保不同水平和不同体育素质的学生都能够学到一定的知识,掌握一定的体育技巧,使学生的身体得到锻炼,体育成绩得到提升。该模式的优点在于能够帮助教师兼顾到每一位学生的情况,能够确保每一位学生的成绩都能得到提高,在原有的基础上都能有所收获。通过分层教学法可以将拥有相同爱好的学生划分到一个群体里,这样不仅为学生搭建了满足不同发展方向与不同兴趣爱好的平台,还能够提升学生的人际交往能力,不仅能活跃课堂的教学气氛,还能为学生追求个性化发展创设条件。

【案例】

背越式跳高

高二年级背越式跳高教学单元由6课时组成。教师根据学生的实际情况将教学内容进行层次划分,例如,第一个教学内容是让学生掌握基础的助跑与起跳动作,锻炼学生的基础助跑与起跳衔接能力;第二个教学内容是让学生学会腾空过杆技术,锻炼学生腾空的控制能力;第三个教学内容是帮助学生熟练掌握背越式跳高的技巧,并进行跳高动作展示;第四个教学内容是教导学生能够完成完整的跳高动作,并能在跳高过程中达到一定的高度。不同层次的优秀生技术展示与教学比赛呈现,调动学生学习跳高的积极性和兴趣,提升体育教学的效果。

(五)情景式的体育教学模式

这种教学模式是教师根据教学内容和学生的实际,通过设置相关的故事情节、场地器材和情感氛围,优化学生体育学习的情境,从而发展学生基本活动能力,发展学生兴趣的一种教学模式。教师可以创设游戏情景、音乐情景、故事情景、多媒体呈现情景等建立情景教学模式。该模式适合对热衷模仿、想象力丰富、形象思维占主导的低年龄段学生进行教学。

【案例】

障　碍　跑

初一年级障碍跑教学,教师利用学校的场地条件,创设"逃生"的情景,将翻过(跳箱)—跳过(栏架)—踩(石头)—爬过(标志物)的运动和障碍跑结合起来,需要越过各种障碍,逃离现场,到达安全地带。按水平分组练习,学生可根据自身情况选择适合的障碍物参与练习。让学生边学边练,使学生在想象中既学会动作,又体验克服困难的精神,从而提高学习的积极性和主动性,加深对所学内容的记忆和实践运用。

(六)自主性的体育教学模式

这种教学模式是指注重尊重学生的主体地位,体现学生在体育教学中学习的主体性、主动性,为学生制定学习目标,给学生以自主学习的空间和机会,同时强调教师的主导作用和学生的主体作用并重,积极调动学生的内部机制,通过自主学习使所有学生共同达到教学目标的一种模式。该教学模式设计应该突出学生发挥主体性的教学环节。

【案例】

耐 久 跑

初二年级耐久跑教学单元由8课时组成。教师设计四组耐久跑学习方案:第一组三分钟集体跳绳;第二组800米跑,3组;第三组300米跑,3组;第四组,异程接力100米跑+200米跑+300米跑,3组。教师宣布教学内容,学生根据教学内容与目标自行选择学习方案进行分组学习,分组练习提高。教师关注与引导强化教学中学生学习的自主性,可在不同单元采用多种方法进行训练。例如,游戏法、分层次教学法、比赛法等让学生体验到运动快乐又在"自由"氛围中完成学习目标。课程结束部分教师对课内所学内容进行归纳总结。

第三节 体育教学组织设计

一、体育教学组织形式概述

(一)体育教学组织形式的含义

体育教学组织形式指教师和学生为完成课堂特定的教学任务,按照一定要求组合起来进行活动的结构方式,即根据教学目标,将教学内容、教学方法与手段、教学的时间和空间、教学的场地与器材等要素进行合理安排与设计规划,并融入教学计划的各个环节。它要解决的主要问题是:教育者怎样把学生组织起来,通过教和学使师生紧密联系?怎样科学地利用空间、时间和其他教学条件来安排教学活动,使教师有效地教,学生有效地学,实现教学目标?在教学活动中,采用什么样的教学组织形式,需要教师进行合理的选择。

体育教学组织形式是体育教学任务和教学内容得以实现的基本保证,体育教学组织形式设计是否科学、合理,对体育教学活动的开展和教学效率产生直接影响。

(二)体育教学组织形式的类型及案例分析

1. 班级教学

班级教学是将一定数量的学生按照年龄或知识掌握程度编成固定的班级,根据课表安排,教师有计划地给全班学生上课的一种集体教学形式,这是我国学校教学的基本形式。其优点在于同时面对较多学生进行教学,能够最大限度地发挥教学的规模效益,提高教学效率;有利于发挥教师的主导作用,有利于教师系统地传授科学文化知识,便于进行教学检查与教学管理。但学生的独立性与自主性受到很大限制,不能很好地照顾学生个性的发展,难以因材施教。

2. 个别教学

个别教学是在学校课堂教学的基础上教师针对不同学生的实际情况进行个别辅导的一种教学组织形式。教学活动中每个学生对问题的理解和掌握程度是不同的,学生的知识水平与技能基础也不同,这就需要教师针对学生的特殊性进行个别辅导。个别教学对学习能力弱或者有运动天赋的学生会有更大的帮助,适合在学生人数少、教学内容简单的教学时采用。

3. 复式教学

复式教学是由一位教师在同一节课的时间里向两个或两个以上不同

年级学生进行教学的组织形式。它保留了班级授课制的特征,所不同的是,教师要在一节课的时间里安排几个年级的教学活动,采取直接教学和自动作业交替进行。复式教学优点在于最大化利用优秀师资和教学场地器材等,可提高学生自学能力,但教师负担重,直接教学时间少,不同年级的学生间干扰多,教学秩序难以维持。它适用于同级学生人数少、教师少、校舍和教学设备紧缺的农村、偏僻山区、少数民族地区,有利于这些地区体育教育的普及。

4. 现场教学

现场教学是教师组织学生到生产现场或事件发生的场所进行教学的一种形式。它是与课堂教学相联系的一种教学组织形式,不仅是课堂教学的必要补充,而且是课堂教学的继续和发展。这种教学组织形式便于向学生提供丰富的直接经验,使学生理论联系实际地进行学习,能培养学生运用知识的能力。现场教学最大的特色体现在教学的空间上,即教学活动在事件发生发展的现场中进行。根据现场教学的目的和任务,可以将现场教学分为两种类型:一种是根据学习某学科知识的需要,组织学生到有关现场进行教学;另一种是学生为了从事某种实践活动,到现场学习有关的知识和技能。

5. 分组教学

分组教学是教师将班内分为若干小组进行教学。教师应根据不同分组的特点及其优缺点进行选择。常用的分组教学的形式如下表:

表4-1 不同分组形式的特点及其优缺点

分组类别	特点	优缺点
同质分组	同一组学生在体能、运动技能等方面大致相同	尊重学生个体差异,可根据不同小组的学习能力提出不同的学习要求,激发学生学习积极性和兴趣。但容易让学生产生等级观念。教师应向学生说明这样分组的原因

续表

分组类别	特点	优缺点
异质分组	同一组学生在体能、运动技能等方面存在差异	学会相互尊重,有利于开展小组游戏和竞赛活动
友伴分组	同一组同学在平时的关系比较好	发挥个性特长,利于体现人际关系,发挥学生内在的运动潜能。但也容易使小组成员之间打打闹闹,偏离学习任务
随机分组	根据教学的需要教师采取随机分组。通常以排或列为单位进行分组	这种分组形式操作简单、快捷,但不能考虑学生的兴趣、爱好、能力,无法做到区别对待
帮教型分组	根据教学的需要,教师组织专业知识或技能强的学生指导和帮助其他学生	帮助者自我得到实践锻炼,为教师辅导教学工作减轻压力。但容易导致帮助者产生优越感,被帮助者产生自卑感

6. 走班制

走班制是指学生根据教学活动中预先制订的学习计划和自己的兴趣愿望,以"走班"为形式,"流动"到自己需要的班级进行学习的一种组织形式。走班制这种教学组织形式为因材施教、个性化培养提供了实践平台。目前,走班制有三种不同形式。第一种是学科教室和教师固定,学生流动上课,即固定教室和教师,学生根据自己不同的能力水平、发展趋向进行流动上课。例如,拓展类、研究类的课程,学生可根据自己的需要或选择流动上课,部分学生可以跳科、跳级,甚至免修等;部分学科教师可以挂牌讲课等。第二种是实行大、小班上课的多种教学形式,即讲座式的短线课程实行大班制授课,研究类的课程实行小班制,通过不同年级、班级学生的组合进行合作学习。第三种是小组合作学习的方式。这种方式不仅体现在课堂教学中,也体现在学生的自主管理、社团活动等德育课程中。

(三)选择体育教学组织形式应考虑的因素

体育教学组织形式主要受教学任务、教学内容、教学对象和教学条件等因素的制约。因此教师在选择体育教学组织形式时应考虑以下四个方面的因素：

1. 教学任务

根据不同的教学任务进行教学组织与实施。如果教学的主要任务是传授新知识,教师应该选择以班级教学的形式为主。如果是为培养学生的技能技巧,教师应采用以小组教学的形式为主。如果要完成多种教学任务,教师应将多种教学组织形式进行整合设计。

2. 教学内容

教学组织形式要围绕一定的教学内容而设计,不同的教学内容必须有与之相适应的教学组织形式。不同的教学内容,难易程度或复杂程度不同,可以采用不同的教学组织形式。如,学习复杂又难度大的运动技术时可以多选择个别教学、分组教学的形式;对于单一又枯燥的耐久跑教学可以选择分组游戏教学或分组竞赛形式教学。

3. 教学对象

教学对象是体育教学中的主体因素,不同年龄的教学对象其学习需求、认知水平与身体素质等方面存在差异。在选择体育教学组织形式时,教师必须顾及学生的发展需求、身心发展特点、学生规模等,采用合适的教学组织形式。如,对于已有运动技能、兴趣爱好和特长的学生,根据自己意向选择走班制教学,特别是为高年级学生体育选项课实行走班制。

4. 教学条件

选择教学组织形式时教师还应考虑教学的现有条件以及学校的文化背景等因素。教学的现有教学条件,如学校拥有的体育教学场地、设备、体育器材和器械及教学材料等,其构成教学组织设计的重要方面,这些物质资源缺乏会制约教学组织形式的选择。因此,教学组织设计要遵循经济、实用、高效的原则,提高使用效率。如,体育教学场地、器材的设计要保证体育教学过程的安全,便于调整和调动队列队形,以提高练习密度。随着教学技术的快速发展与进步,多种教学软件与媒体教学等人机直接对话的教学组织形式实施与开展,学校应该采用现代化教育技术手段辅助教学。此外,学校的文化背景不同,其学校体育文化与运动习俗等具有独特性,相应的体育课程资源也各具特色,在选择体育教学组织形式时应考虑在内。

二、体育教学组织设计

(一)体育教学组织设计的步骤

(1)根据各项具体的教学任务及教学目标,设计为在有限的教学时空内有效地完成教学任务而拟采用的队伍、队形的安排;结合课程的结构和具体的教学内容,设计不同活动之间转换所需的练习队伍、队形的调动与变换。

(2)依据所授课程的教材特征和教学对象的人数、身心特征、体育学习状态,思考符合教材和学生特点的不同教学组织形式的选择和切合实际的变动。

(3)从教学的安全性、实效性、灵活性等方面着手设计整堂课的队伍、队形以及具体教学组织形式的呈现方式的选择与变化,较好地发挥体育教学组织的纽带作用,优化课堂教学的组织、管理和学习效果。整堂课的教学组织总体设计应避免以下弊端:①队伍、队形的安排与组织形式的呈现过于单调甚至错误,不能较好地激发学生的积极性,导致教学秩序混乱、不安全,教学密度低,学生看不清教师的示范也听不清教师的讲解。②队伍、队形的安排与组织形式的呈现过于花哨,形式变化过多过快,容易导致走过场而浪费了队伍、队形的安排与组织形式的变化,进而影响教学任务的有效完成。

(4)设计者需要结合自身的教学经验、教学管理能力和施教水平,既要学会使用队伍、队形的安排与组织形式常规的运用,也要多学习、多思考同类教材、同类教学对象等相似的教学条件,其他设计者优质的设计成果,通过吸收、借鉴、创新等,提高自身的教学组织设计能力。

(二)体育实践课教学组织设计

在体育教学活动中,采用什么样的体育教学组织形式需要教师进行合理地选择与设计。体育实践课教学组织设计的内容主要包括课堂常规设计、教学场地与器材设计、队伍、队形的设计、教学组织形式设计、时间与负荷的设计。

1. 体育课堂常规设计

体育课堂常规是依据体育教学的规律与特点,为保证体育教学正常进行,对师生所提出的一系列基本要求。课堂常规的设计要根据体育教学目标灵活安排,引导学生设计自我管理的课堂常规,强化学生课堂规范意识。

课堂常规一般包括课前、课中、课后三个部分。课前常规设计教师要认真制订课时计划,熟悉教学程序,提前布置与检查教学场地和器材,了解学情。课中常规设计要求集合整队清点学生人数,师生问好,宣布教学内容与要求,提出服装与器材要求,安置见习生,强调安全注意事项,做准备活动等,这部分设计主要是为了让学生快速进入教学状态做好充分的准备;教师以身作则,把握课中学生思想动态,动态调控教学过程及学生的生理与心理负荷,及时纠正错误和改进教学。最后对本次课进行小结,布置课外作业。下课后师生及时收拾器材,教师做好课后小结,收集学生的反馈信息,进行教学反思。

2. 教学场地和器材的设计

教学场地与器材是实施体育教学不可缺少的物质保障。该项设计要遵循经济、实用、高效的原则,充分发挥场地与器材的潜在功能。设计体育教学场地和器材应该符合运动健康卫生和安全的要求,避免意外伤害事故;要有利于队伍调动、增加练习密度;有利于教师对全体学生的指导和管理;有利于学生之间的合作学习与帮助。

3. 队伍、队形设计

队伍、队形的安排与调动是体育教学的重要环节和重要组成部分。该项内容的设计要求体现合理性、实效性和简便性。设计队伍的安排与调动,既要熟练变换队形为教学目标服务,又能省时省力提高课程的密度,培养正确的身体姿势。设计队形时应该有利于教学顺序的安排,一方面队形有利于教师的讲解、示范、观察、指导与保护,另一方面有利于学生个人或小组的互相观察和帮助,使学生背光、背风、背沙、背干扰,并符合健康卫生与安全的要求。

4. 教学组织形式设计

体育教学组织形式的设计要考虑各项教学任务、教学内容、教学对象和教学条件等四个因素。要根据体育课具体的教学任务,有针对性地选择教学组织形式;要根据体育教材内容的特点、学生的实际情况和特定的教学环境,合理采用适宜的教学组织形式。不同的教学组织形式各有其优缺点和适用范围,需要综合运用、优化组合才能最大限度地发挥其优势。在教学的开始阶段,多以集体教学组织为主;在教学的巩固阶段,应以集体和个别教学相结合的组织为主;在自动化的领会阶段,应以个性化学习组织为主。2021年教育部办公厅印发了《〈体育与健康〉教学改革指导纲要(试行)》,其中明确提出体育课程改革要创新教学过程,打破传统的体育课堂教学组织形式的局限性,积极探索与适当增加"体育选项走班制"教学组织形式。义务教育阶段在原有按"行政班级授课制"完成必修必学内容学习的基础上,小学高年级可增加学生的自主选择性,选择自己喜爱的运动项目进行学习,有条件的学校可采用"体育选项走班制"组织教学。初中在"体育选项走班制"的基础上,可适当增加"体育俱乐部制",丰富完善组织形式,提高学生的参与兴趣,加强必修选学内容的学习。高中以"体育选项走班制"为主,通过"体育俱乐部制"组织形式,满足学生的运动兴趣和专项化发展需求。探索、增加与实施"体育选项走班制""体育俱乐部制"的教学组织形式,将成为今后中学体育课程教学组织形式完善与创新的重要内容与发展趋势。

5. 时间与负荷的设计

体育教学的时间包括教师教学的时间和学生学习的时间。在有限的课堂时间内规划好教师教学时间,同时保证和增加学生足够的活动与练习时间,让学生掌握更多的知识和技能,提高教学效率。各教学环节所用的时间根据教学具体情况进行适当的调整,使体育课堂时间安排合理。

体育教师应根据学生的具体情况,选择合适的练习内容和运动负荷。比如,学习新的技战术一般以中小负荷为主,巩固所学的技战术一般以中等以上负荷为主,教学实战一般为较大负荷。只有运动负荷保持适宜,才能收到较好的运动效果。运动负荷过小达不到锻炼的目的;运动负荷过大,又超出了学生身心所能承受的限度,影响学生学习效果,甚至对学生的身心健康不利。总之,应根据人体生理机能活动能力变化的规律和人体机能适应性规律,循序渐进,合理安排运动负荷。

综上所述,体育教学中教师要积极采用丰富有趣的教学组织形式,调动学生的主观能动性和积极性,提高学生的主动参与意识,充分发挥学生的主体作用。在教师的指导下,要给学生以自由想象与练习的时间和空间,通过多种形式、多种渠道,利用师生之间的信息交流,学生之间相互观摩,给学生自由练习、自我展示和体验运动乐趣的机会,使学生积极思维,积极琢磨,练习、尝试、体会,由不会到会,由不熟练到熟练,逐步形成和掌握正确的运动技术、技能。在一定的统一要求的基础上,使学生的一般发展、共同发展与特殊发展、差别发展相结合,从而尽可能地为学生学习和锻炼创造条件,满足和促进每个学生的个性需求。

(三)体育教学组织设计的原则

1. 教学关系民主化原则

体育教学过程是师生交流互动的过程,我们必须重视师生、生生的互动与动态发展,体现"以学生发展为本"的理念。体育教学是通过身体活动,在相对自由、体育教学环境开放的集体中开展,这决定了体育教学中师生交流与互动更频繁更复杂,需要营造师生平等、民主、合作等多向的交流情境,更注重营造师生的情感关系和谐。这有利于体育教学中民主、平等意识和观念的确立,为学生创造性思维和探究意识的培养提供条件和基础,使师生在积极的心理状态下进行有效教学。

2. 有效利用物质资源原则

物质资源是开展体育教学活动的必要条件,体育场地、设备、器材等是师生互动的中介和传递教学信息的重要载体。因此,合理利用教学资源是提高体育课内外教学效果的重要基础,也是优化教学的重要方面。在体育教学组织形式优化设计时,如体育设施资源的创新、改造和创编要有利于学生的体育学习与队形的调动及练习密度的提升等,尤其要重视以校为本的物质资源的开发和利用,以实现学校自身体育教育教学的良性发展,为实现教学目标服务。

3. 尊重学生个体差异原则

体育教学要面向全体学生,应该让每个学生受到平等的教育。在体育教学中不同的学习者身体条件、性别、兴趣、动机、身体承受力、运动技能和特长等方面存在着个体差异,为确保学生的高效学习,教师在关注学生共性的同时,更要把握学生的个体差异。教师进行教学组织形式设计时也应该根据具体情况灵活多变,要关心每一个学生的成长,要让绝大多数学生通过努力都能达到自己的目标,确保每一个学生得到全面发展。

4. 教学有效性原则

有效的教学组织形式可以提高教学效率,使整个教学过程更加切合实际,保证体育教学任务的顺利完成。体育教学组织活动中,教师设计教学组织策略要注重提高教学效果,即用最少的时间、最小的精力取得最佳的教学效果,促进学生学习目标达成。如果在教学活动中较多采用单调、重复的组织形式,容易使一些学生出现"吃不了"或"吃不饱"的现象。因此,体育教学组织形式的优化设计就是要始终关注学生的进步与发展,创设适宜的教学条件促使学生由最近发展区到最佳发展区。

5. 教学整合性原则

每一种教学组织形式都各有利弊,不可能存在某种万能的模式,因而要注意对各种教学组织形式进行综合性运用,即根据大纲、课时、教学重点、教学班特点,将全班教学分组、集体、个别指导进行动态整合,强化小组各层次教学组织建设,使全班通过小组化学习活动这一中介,落实到每个学习个体上,提高个体学习效益,将诸多教学组织形式加以整合,使之发挥更好的效果,实现教学的整体优化发展。

【案例】

接力跑教学

  初一年级接力跑教学单元由4课时组成。教学开始阶段教师根据学生情况异质分组为4个学习小组,向学生讲解本单元的教学目标和教学内容,让各小组分别讨论本组的学习目标。在单元的前半部分,教师对全体学生讲解接力跑的要领并示范,并以全班练习和小组练习的形式让学生掌握传接棒的技术;在单元的后半部分,教师要求各小组根据本组的学习目标和组内同学的情况进行有针对性的自主学习和探究,各组可根据学习情况练习不同内容,如探究"怎样才能在接力区内快速跑动中完成传接棒""怎样传接配合"等,教师及时指导与关注,提供必要的学习建议。在单元结束前,教师组织小组间的游戏与接力比赛,在练习和比赛中让学生加深体会,并引导学生认识到日常生活和学习中互相配合的重要性,比赛后让各小组小结,教师进行全面总结。

  评析:小群体教学中,在单元教学的开始阶段,一般都设计一个分组和集体形成的过程。这个过程重点是使小组具有一定的凝聚力和学习目标。在单元的前半部分,一般是以教师指导性较强的小组学习为主,学习相同的内容传接棒技术;在单元的后半段,一般则以学生主体性较强的小组学习形式为主。接力跑的特点是竞争与合作,教学中要注重培养学生团结协作和竞争意识,随时对学生进行协作精神的教育,做到相互理解、主动配合。单元的前半部分以学习活动为主,单元的后半部分则以练习和交流探究活动为主。在单元结束时,安排小组间的接力比赛、组内小结与全班总结等。这种教学形式弥补了班级教学的局限性,很好地开展了探究、游戏与竞赛活动,不仅激发学生学习接力跑的兴趣,同时让同伴感受传接密切配合的重要性,培养学生的协作精神。

第四节 体育教学方法设计

一、体育教学方法概述

关于体育教学方法的界定,学者们的意见不尽相同。

樊临虎认为:"体育教学方法是指在体育教学过程中,教师指导学生为达到一定的教学目标所进行的一系列活动方式、途径、和手段的总和。"①

周登嵩认为:"体育教学方法是在体育教学过程中,教师和学生为实现体育教学目的、完成体育教学任务而采取的不同层次的、教与学相互作用的活动方式的总称。"②

杨雪芹、刘定一认为:"体育教学方法是师生共同采取一定的体育手段,遵循一定的体育教育教学规律,按照一定的设计程序,为实现体育教学目标所采用的方式或途径的总称,它对体育教学目标的实现起着桥梁和中介作用。"③

毛振明认为:"体育教学方法是在体育教学过程中,教师与学生为实现体育教学目标和完成体育教学任务而有计划地采用的、可以产生教与学相互作用的、具有技术性的教学活动的总称。体育教学方法主要包括教学方略、教学技术和教学手段三个主要层次。"④

潘绍伟、于可红认为:"体育教学方法是指在体育教学过程中,教师为实现教学目标,组织学生进行学习活动所采取的教与学相互作用的活动方式的总称。"⑤

张天成、张福兰认为:"体育教学方法是指在体育教学过程中,教师和学

---

① 樊临虎.体育教学论[M].北京:人民体育出版社,2002:157.
② 周登嵩.学校体育学[M].北京:人民体育出版社,2004:171.
③ 杨雪芹,刘定一.体育教学设计[M].桂林:广西师范大学出版社,2005:95.
④ 毛振明.体育教学论(第三版)[M].北京:高等教育出版社,2017:165.
⑤ 潘绍伟,于可红.学校体育学(第三版)[M].北京:高等教育出版社,2015:121.

生为实现体育教学目标和完成体育教学任务而有计划地采用的、可以产生教与学相互作用的、具有技术性的教学活动的总称。"①

以上不同学者对体育教学方法的概念有不同的界定,有其相同之处:①体育教学方法是为实现体育教学目标服务的,②体育教学方法是以师生共同活动进行的,③教学方法要通过具体的手段来实现。因此,体育教学方法是指在体育教学过程中,教师和学生为实现体育教学目标所采用的方式、手段和途径的总称。

体育教学方法受体育教学目的、任务的制约,是由体育教材、教学对象、教学条件以及体育教师的专业素养等共同决定的。选择合适的教学方法是体育教学设计的重要内容之一,对提高课堂教学效率起着十分重要的作用。

二、体育教学方法设计

(一)体育教学方法选择的依据

如何选择和运用适宜的教学方法,是体育教师设计体育教学必须要考虑的重要环节。教学有法,教无定法,贵在得法,重在创法。教学方法无好坏之分,不同的体育教学方法都有其使用条件,同时又有各自的优点和局限性。选择恰当的教学方法并合理地组合,有利于取得良好的体育教学效果。因此,选择体育教学方法应考虑以下几个方面:

1. 符合教学目标

不同体育课的教学目标所采用的教学方法也应不同。如,以掌握运动技术为目标,需要考虑运用分解练习法、完整练习法、反复练习法等;为激发学生学习兴趣,考虑运用游戏法、竞赛法等,为传授知识,多采用演示法、讲授法、演示法等;为让学生掌握动作技术技能,多使用讲解与示范法、完整与分解法、练习法等;培养学生学习能力,多使用自主学习法、合作学习法、探究学习法、自测与自评法等,以便于教学目标的达成。总之,体育教学方法

---

① 张天成,张福兰.中学体育教学设计[M].成都:西南交通大学出版社,2018:65.

设计是为达成体育教学目标服务的。

2. 符合体育教学内容的特点

体育教学内容在性质上存在诸多差异,不同性质的体育教学内容,要求采取不同的教学方法,体育教师必须根据体育教学性质和内容的特点,选择恰当的体育教学方法。例如,跑步、跳跃、投掷等运动项目的教学需采用完整教学法;体操项目具有一定的难度和危险性,对人的时空感和身体的控制能力要求较高,应设计示范法、演示法、帮助与保护法等;游泳运动教学要先练习陆上模仿,下水做熟悉水性、手臂与腿部动作,再做漂浮与滑行完整动作练习的分解练习法;一些简单枯燥的项目及集体项目则更适合用比赛法与游戏法。另外,要根据教学内容的特点,综合运用多种教学方法进行教学,以提高教学效果。

3. 符合学生的学情

体育教学的主要任务是促进学生全面发展,教学方法要适应学生的基础条件和个性特征,所以选择教学方法时,教师必须了解学生的实际情况。设计教学方法必须从学生身心发展的实际出发,充分考虑学生的接受能力,如,情景教学方法比较适合小学生的身心特点,但对高中学生可能就不适用。针对高年级学生知识的积累与思辨能力的增强等情况,教师可引入探究与发现式体育教学法,激发他们的自主学习能力与积极思维。总之,设计教学方法要从学生实际出发,最大限度地调动学生学习的积极性和自觉性,培养学生的体育能力,提高学生的健康素养。

4. 符合教师的自身素质

任何一种体育教学方法只有与教师自身的条件和特点密切结合时才能发挥最佳的效果。体育学科的特殊性要求体育教师不仅具有丰富的体育专业理论知识和相关学科的知识,更需要具备综合的体育实践能力。实际教学中体育教师自身的条件和体育素养又存在较大差异。教师设计教学方法应根据自己的实际优势,采取与自己条件相匹配的教学方法。有经验的教师凭借自身的专业素养与优势,给学生呈现超强感染力的体育魅力,这正是体育教学艺术性的表现。

5. 符合教学效率的要求

好的教学方法要考虑教学效率是否高效。有的体育教学方法虽然很好,但比较浪费时间。如,对于一个简单的技能或问题,采用讲解法就比较实用;对于一些技巧性强、技术难度大的动作技能,选用示范法、演示法比较适合;对于连贯性强的、复杂的动作技术适合完整练习法,而不宜用分解练习法。因此,教师在体育教学中选择教学方法时,应考虑其所用教学时间和教学效率的高低。

6. 符合场地、器材等教学条件

体育场地、器材是正常体育教学必须具备的,是实施体育教学的物质保障。如,球类运动需要足够的球和场地;体操则需要相应的场地与器械等,以提高体育课的练习密度。要保证体育教学过程的安全,有利于教师对全体学生的指导和管理。所以,我们选择体育教学方法要考虑场地、器械对体育教学内外的安全隐患,确保体育场地与器材的安全性,要为体育教学目标的实现提供最大的物质支持。

7. 符合各种体育教学方法的功能、适用范围和使用条件

任何一种体育教学方法都有各自的功能、适用范围和使用条件的限制,有其各自的优点与不足之处。体育教学方法受教学过程中各种因素的影响,为取得良好的教学效果,体育教师要进行优化设计,并使用不同的体育教学方法。

(二)常用的体育教学方法

1. 讲解法

讲解法是指体育教学中体育教师用语言向学生传授体育知识和运动技能,以指导学生进行学习的一种方法。在体育教学中使用讲解法可以发展学生的智力,激发学生的学习动机,培养学生的学习兴趣,使学生的思维活动处于积极的状态。

使用讲解法应注意:教师应尽量做到精讲,确保学生有足够的练习时间。精讲一方面是为了使学生更容易地掌握知识技能,另一方面是为了增加学生练习的机会。教师应将讲解内容进行提炼,使学生一听就懂又便于理解记忆。

2. 演示法

演示法是指教师在教学中借助实物、直观教具或现代化视听手段等进行直观教学的方法。使用演示法体现了直观性、理论联系实际的教学原则,不仅是帮助学生感知、理解基本知识的手段,也是学生获得知识、信息的重要来源。在体育教学中,当示范动作结构复杂、动作速度过快、动作处于动态难以停顿时常运用演示法,帮助学生学习掌握技战术。

使用演示法应注意:教师备好教具,做好演示前的准备;让学生明确演示的目的与要求,并自觉积极地投入观察与思考;准确地感知演示对象并进行综合分析。

3. 问答法

问答法是教师根据一定的教学要求和学生已有的知识和经验,通过师生间的问答对话使学生获得新知识、巩固知识与发展智力的教学方法。通过师生之间相互提问、回答促进思维和获得新知,并根据反馈信息进行调整、指导、评价等手段形成信息双向交流,有利于学生的主动参与和师生双方的沟通,有利于学生独立思考,提高表达能力,也能唤起和保持学生的注意力与兴趣。

使用问答法应注意:体育教学中的问答,存在于练习和讲解之中,常用简短的语言进行,不宜长时间讨论,同时以伴随练习的思考为线索。

4. 动作示范法

动作示范法是教师(或教师指定的学生)以自身完成的动作作为范例,用以指导学生进行学习的方法。正确的示范可以使学生了解和掌握所学动作的结构、要领和过程,改进技术动作,还可以提高学生的兴趣,起到鼓舞、动员作用。使用动作示范法要让学生有目的、有重点地观察示范,还必须注意示范的位置与示范方向的选择,最终使每个学生都能够看清楚示范动作。

动作示范的"示范面"是指学生观察示范的视角,也包括示范的速度和距离等要素。

示范面有正面、背面、侧面和镜面。

(1)正面示范:教师与学生相对站立所进行的示范是正面示范。正面示范有利于展示教师正面动作的要领,如球类运动的持球动作多用正面示范。

(2)背面示范:教师背向学生站立进行相同动作的示范是背面示范。背面示范有利于展示教师背面动作或左右移动的动作,以及动作的方向、路线变化较为复杂的动作,以利于教师的领做和学生的模仿,如武术的套路教学就常采用背面示范。

(3)侧面示范:教师侧向学生站立所进行的示范是侧面示范。侧面示范有利于展示动作的侧面和按前后方向完成的动作,如跑步中摆臂动作和腿的后蹬动作。

(4)镜面示范:教师面向学生站立进行的与学生同方向的示范是镜面示范。镜面示范的特点是学生和教师的动作两相对应,适用于简单动作的教学,便于教师领做、学生模仿。例如,做徒手操,开始时学生完成动作是左脚左移半步成开立,教师的示范动作与学生的动作相对应,是右脚右移半步成开立。

使用动作示范方法应注意:动作示范要有明确的目的,如认知示范是告诉学生学什么的示范。这种示范的重点是给学生建立动作的整体形象,形成大致的概念。学法示范是告诉学生怎样学的示范,这种示范的重点是使学生了解动作完成的顺序、要领、关键、难点等,进行这种示范时要引导学生注意关键的动作环节的重点部分。错误示范是展示学生错误动作的示范,这种示范的重点是使学生了解自己动作的错误所在。此外,示范要正确、美观。动作示范要严格按动作技术的规格要求完成,以保证学生建立正确的动作表象。同时,动作示范要生动、逼真、优美,以保证动作示范可以引起学生学、练的兴趣。

5. 完整法

完整法是从动作开始到结束,不分部分和段落,完整进行教学的方法。完整法的优点是教学中能保持动作结构的完整性,易于形成动作技术的整体概念和动作间的联系。其缺点是当用于应该分解而不易分解的动作(如体操运动中的翻转动作)时给教学带来困难。完整法在动作比较简单或虽然复杂,但分解就会破坏动作结构时采用。

使用完整法应注意:①利用示范和演示来帮助学生建立动作表象。如让学生掌握动作的方向、路线、动作节奏、速度等要素,帮助学生对动作有完整认识。②抓住教学重点进行突破。如体操运动中的翻转动作虽无法分解,但其中的动力、动作时机和动作要领还是可以进行分析,并找出主要的原因和主要问题所在,有重点地进行练习,切忌不要一开始就拘泥动作的细节。③通过帮助与辅助降低难度。如通过辅助器材的使用和利用教师的帮助降低动作难度。④有意识地降低对动作质量的要求。如体操动作的适当分腿、屈膝,武术动作中降低速度,篮排球中的近距离投篮、发球等,但降低要求要以不形成明显错误动作为限。⑤开发多样的辅助练习和诱导性练习。

6.分解法

分解法是指把完整的动作合理地分成几个部分或几个段落,然后按部分逐次地进行体育教学的方法。这种教学方法的优点是使动作技术的难度相对降低,突出教学重点与难点,易于学生较快地掌握动作技术。但在对动作进行分解时容易割裂动作技术,破坏动作的结构,因而影响正确完整动作技能的形成。

使用分解教学时应注意:①划分动作时应注意其相互间的联系,划分开的段落应易于连接完成并不破坏动作的结构。②使学生明确所划分的段落或部分在完整动作中的相互联系。③分解法要与完整法结合运用。分解法的主要作用在于减少学生学习中的困难,最终达到完整掌握动作的目的,所以分解动作的练习时间不宜过长,只要基本掌握即可与其他段落或部分连接起来进行练习。④切忌为分解而分解的练习。

7.纠正错误动作与帮助法

纠正错误动作与帮助法是指教师针对学生练习的错误动作,选择最有效的手段及时矫正的一种教学方法。体育教学中针对学生出现的一些错误动作,教师必须采取积极有效的措施来帮助学生纠正,避免形成错误的动力定型。纠正错误动作与帮助法不仅有助于学生掌握运动技能,也可避免运动损伤。

使用纠正错误动作与帮助法应注意:教师在指出动作错误时要充分肯定学生的进步,以利于学生接受和增强改错的信心。要合理使用各种方法纠正错误动作。

8. 游戏法

游戏法是教师组织学生运用游戏的方式来完成教学任务的一种方法。体育游戏是体育教学与训练的重要内容,是一种在规则约束下进行的体育活动。游戏法不仅对全面发展学生身体素质、提升活动水平和掌握知识技能等有积极的作用,还能培养学生团结互助的集体意识与规则意识。

使用游戏法应注意以下几点:①选择游戏法的内容与形式,应根据教学任务的需要,要有明确的目的,以达到预期的效果。②教师要根据学生的年龄特点、运动负荷承受能力及安全系数合理设计游戏,发挥游戏的练习效果和教育作用。③应教育学生遵守游戏规则,激发学生参加游戏的兴趣。

9. 比赛法

比赛法是教师通过组织学生比赛进行技战术学习的一种教学方法。体育教学中运用比赛法通过相互竞争决定胜负,可以激发学生的运动积极性,提高动作技术技能以及运用技术技能的实战能力,加快技术技能的掌握、巩固和提高;有利于培养学生的公平竞争意识、团结协作的集体精神与良好的意志品质。

使用比赛法应注意以下几点:①要让学生明确比赛规则。针对不同教学阶段的特点,可降低或提高比赛难度,增强学生比赛积极性。②选择比赛法应在学生掌握基本技术、技能后进行,避免参与比赛动作技术不熟练而出现错误,影响技能的提高。③选择适宜的教学比赛方法,使学生均有机会参与比赛,做到公正、准确,使比赛具有竞争性。④选用比赛法时注重对学生进行生命安全教育,实现对学生的道德品质教育。⑤教师要重视赛后总结,给予学生比赛评价,提高比赛教学效果。

【案例】

分解法与完整法在跳高教学中的运用

初中背越式跳高教学中,教师可以首先将背越式跳高这个动作给学生进行完整展示,让学生对背越式跳高动作技术有整体的领会,能够形成一个比较完整正确的技术概念。然后教师要引导学生进行分解动作的学习,即对背越式跳高动作进行分解,怎样助跑、怎样起跳、手臂怎样摆放、怎样腾空过杆以及缓冲落地,每个动作环节应该注意什么问题,均应在分解教学中进行详细讲述。学生先跟随教师做分解模仿练习,之后再完成连贯动作。在教学进程中教师可以从学习和掌握助跑技术、起跳技术、助跑与起跳结合技术、过杆技术等方面,通过运用分解动作的练习和完整的练习,直至完成背越式跳高的完整技术。教师根据学生的实际和教学的进程,按动作结构顺序的分解练习和降低高度的练习促进学生掌握正确的背越式跳高技术。如,在刚开始要调低杆的高度让学生能够越过杆,从而掌握跳高的规范技能。一旦动作达到标准规范,就可以增加高度来继续练习。

评析:上述案例中通过完整法和分解法的结合,既可以让学生理解背越式跳高的完整技术,还能对每个动作环节进行清楚的学习,直至掌握整套背越式跳高技术。案例中教师将动作做了比较细致的分解,但在分解前、后分别进行完整示范,及时给学生强化完整的动作概念,遵循了先完整,再分解,再完整的教学原则,通过背越式跳高分解动作的掌握以实现整体动作的掌握,充分考虑了分解与完整的关系,提高教学效果。

比赛法在排球教学中使用不当的案例

在一节初中排球课教学中,教师为检验学生对已学过发球、传球、垫球、扣球等排球技术的掌握情况并激发学生积极参与比赛而设计了排球比赛。将男女学生分组,在标准的排球场地上进行比赛练习。比赛时出现的问题有：一是发球队员很难将球发到对方场地；二是一方将球发到对方场地，一传垫球不到位，发球直接得分；三是学生在标准的排球比赛场地上比赛，往往是既够不着网也够不着球。

评析： 排球比赛有严格的规则要求，对学生技能掌握与应用要求较高。教师采用比赛法进行体育教学，如果方法使用不当或使用不合理，均不能发挥出比赛的良好效果。如，学生发球技能掌握不到位，在标准场地距离下很难发球成功，容易出现排球"满场飞"，甚至排球比赛变成发球比赛。以上案例可以看出排球场地、器材等设置超出了学生的运动水平，容易造成学生动作技能变形或技术动作掌握不合理，导致错误动作的形成，也容易使学生失去参与比赛的兴趣，出现消极比赛等。因此，教师在设计比赛时应根据学生实际情况和比赛项目难易程度对比赛规则、场地等进行一定的改造和优化。

【本章小结】

体育教学中教师如何教和学生如何学的问题，涉及体育教学策略的设计。要达到体育教学有效，不仅要确定教学目标、安排教学内容、选择教学方法和手段、组织形式、教学媒体，而且要全面考虑如何把这些要素系统地结合，使其为达到有效教学发挥最佳的作用，是体育教学策略设计的关键所在。

体育教学模式是在某种体育教学思想和理论指导下建立起来的教学程序，它包括相对稳定的教学过程结构和相应的教学方法体系，主要体现在体育教学单元、教学课的设计和实施上。体育教学模式概念由三个基本要素组成，即教学指导思想、教学过程结构及相应的教法体系。体育课程发展与改革最终的目的是促进学生健康，因此我们在选用体育教学模式时应以学生为中心，培养学生体育健康素养，全面提高学生的综合素质。

体育教学组织形式的主要类型有班级教学、个别教学、复式教学、现场教学、分组教学、走班制等。

体育教学方法受体育教学目的、任务的制约,是由体育教材、教学对象、教学条件以及体育教师的专业素养等共同决定的。选择合适的教学方法是体育教学设计的重要内容之一,对提高课堂教学效率起着十分重要的作用。《〈体育与健康〉教学改革指导纲要(试行)》与核心素养导向背景下的教学方法的选择,要使学生在"知识、能力、行为、健康"方面得到全面提升,追求实效。

常用的体育教学方法有讲解法、演示法、问答法、动作示范法、完整法、分解法、纠正错误动作与帮助法、游戏法、比赛法等。

【实践演练】

1. 简述体育教学策略的概念。
2. 简述体育教学策略设计要求。
3. 简述常用体育教学模式的类型。
4. 简述体育教学组织形式的类型。
5. 简述体育教学组织设计的原则。
6. 简述体育教学方法选择的依据。
7. 简述使用不同体育教学方法的注意事项。
8. 结合一个案例谈谈中学体育教学策略设计。

【拓展阅读】

[1]滕子敬,刘绍曾. 体育学科教育研究[M]. 合肥:安徽教育出版社,2004.

[2]张新. 中学体育教学设计[M]. 北京:科学出版社,2012.

第五章　中学体育教学媒体与环境设计

> 知识导图

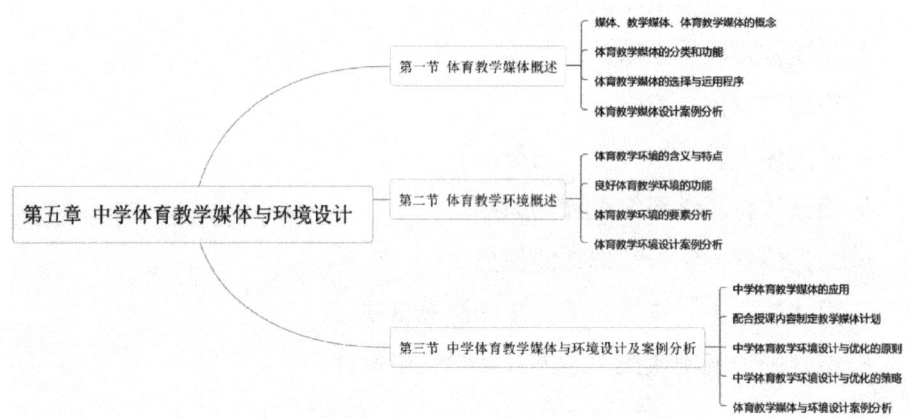

> 内容提要

　　本章阐述体育教学媒体、体育教学环境的相关内容,通过具体实录和案例分析,把体育教学媒体和环境设计中蕴含的教育资源等真实呈现给大家。

> 学习目标

　　1. 能够阐述体育教学媒体与环境的含义。
　　2. 能够运用体育教学媒体与环境的功能来指导实践。
　　3. 能够在体育教学中配合授课内容进行教学媒体与环境设计。

第一节 体育教学媒体概述

一、媒体、教学媒体、体育教学媒体的概念

媒体是指在信息传播过程中,从信息源到受信者之间承载并传递信息的载体或工具。媒体有两层含义:一是承载信息的载体,二是存储和传递信息的实体。

教学媒体是指以存储和传递教育教学信息为目的,载有教育教学信息,在教与学的过程中所采用的媒体,它是连接教育者和学习者双方的中介物,是教学内容的载体,是教学内容的表现形式,是师生之间传递信息的工具,是教学系统的重要组成部分。教学媒体包括硬件和软件两部分:硬件一般指装备或设备的机件本身,如录音机、话筒、电视机、幻灯机、计算机等;软件指教学内容和程序等。

体育教学媒体是指为实现体育教学目的,在体育教学过程中,携带并传递教学信息,影响师生信息相互交流与传递的工具,它能储存、表达、传递和传播体育教学信息,能在体育教学过程中为人所选择、控制和操作使用。如教师的语言(口头语言、书面语言、肢体语言),配合使用的挂图、模型、幻灯机、电视机、计算机、录音机等,都能在体育学习过程中为人们选择和使用。

二、体育教学媒体的分类和功能

(一)体育教学媒体的分类

1. 视觉媒体

视觉媒体主要指作用于人的视觉器官的教学媒体,包括投影视觉媒体和非投影视觉媒体。非投影视觉媒体在教学中又被称为"常规教学媒体",主要有教学板书、教科书及印刷的文字资料、图片、图表、模型和实物教具等;投影视觉媒体有幻灯、投影、实物投影等。

2. 听觉媒体

听觉媒体主要指作用于人的听觉通道的教学媒体,包括扩音机和录音机等。

3. 视听媒体

视听媒体主要指通过作用于人的视觉通道,同时又作用于听觉通道的教学媒体,包括电影、电视、录像等。

4. 多媒体

多媒体集文字、图形、图像、视频于一身,不仅能提供视听刺激,还可以让学生接触媒体,根据需要亲自操作,是当前主要的教学媒体。

(二)体育教学媒体的功能

体育教学媒体在教学中起着非常重要的作用。从教学内容的角度看,教学媒体影响教学内容的表现形式;从教师的角度看,教学媒体影响教师的角度定位和教师的教学设计、教学效果;从学生的角度看,教学媒体影响学生的学习兴趣、学习效果。

1. 创设情境,激发学生的学习兴趣,引导学习动机,拓展思维

利用教学媒体可以提供有关的情节、景色,创设情境(真实的或模拟的),让学习者有身临其境之感。学习者通过对教学媒体提供的资料观察、感知,获取信息。这些具有生动、直观、形象,图文、声像并茂的教学媒体,能够扩大学生的视野,调动学生的兴趣,激发学生的求知欲。教师可以借此进行生动活泼的课堂教学,使抽象的难以理解的教学内容变得生动有趣、简单易懂,使那些原本需要许多课时仍讲不清的知识变得一目了然,容易接受,能够更好地激发学生的学习兴趣,发挥他们的想象力和创造力。

2. 提供资源,促成基于资源的学习,充分发挥学生的主体地位

基于资源的学习,就是学生借助各种学习资源进行学习。在基于资源的学习环境中,学习资源成为学习过程的中心环节,学生是学习活动的中心,学习资源是学生的认知工具,是学生用来获取知识的工具,是进行信息交流与传递、数据处理及表达思想的学习手段。学生自己采取各种行为,主动地探求知识,根据个人的情况确定学习目标、学习内容等,及时调整学习进程,并对自己的学习进行评价,有利于学生形成完整的、全面的知识结构,促使学生学习的主体性得到确立。同时,利用现代化教学媒体,教师有更多的时间来分析和改正学生在学习中出现的问题,切实关心每一位学生的发展,有利于师生关系民主化,从而调动学生学习的积极性。

3. 优化体育教学内容,提高学生的学习效率

教学中采用现代教学媒体,激活学生视觉、听觉、触觉等多种感官功能,提高了单位时间内教学信息的传递容量,使学生获取更多的信息,大幅度地提高了课堂教学信息的传递效率。体育实践中,可以表现和再现体育教学实践过程,如把体育项目技术动作用形象生动的画面进行分析、组合,对技术动作进行定位分析,避免教师示范动作的不规范性,减少语言描述动作时间,从而使学生增加体会、掌握动作的机会,达到优化教学的目的。

4. 优化教学方法、策略,构建个性化学习环境

现代丰富的教学媒体与传统教学媒体相结合,既能辅助以教师为主导的课堂教学,也能为学生提供一对一的辅导式教学形式,学生参与、练习的机会更多、更灵活,有助于促进个性化教学发展。

5. 有利于资源共享

随着网络技术的飞速发展,多媒体信息的自由传输,教育资源在全世界相互交换、共享成为可能。以网络为载体的多媒体课件,也可以被方便地共享应用。我们看到的慕课,就是"互联网+教育"的产物。2020年疫情防控期间,我们体验了线上教学、云平台教研,钉钉、腾讯会议等的新尝试新体验。这是教育工作者的专业情怀,也是对"面向未来的混合式教学与教研"趋势的一种探索。

三、体育教学媒体的选择与运用程序

(一)体育教学媒体选择的制约因素

1. 教学目标

教学目标不同,对媒体的要求也就不同,忽视教学目标的要求而任意选择媒体,不但不能发挥媒体的积极作用,甚至还会产生消极效果。如果教学目的要求传授新知识,则教师应选择有利于新知识传授的教学方法。例如,学习跨栏跑技术动作,除采用讲解示范法外,若运用优秀运动员精彩的视频,给予学生直观强化刺激,效果会更好。

2. 教师因素

教师的教学水平、专业素质、管理能力,以及对各种教学媒体的功能特点和使用方法的熟悉程度等,影响着对教学媒体的选用。

3. 学习者因素

由于学习者年龄特征、兴趣爱好、学习能力、经验态度以及知识水平等的差异,选用媒体传递的信息层次也不同。例如,学生对于抽象的理论不感兴趣,可以借助教学媒体完成;同样的教学内容,学生在不同年龄段选择的教学媒体也不同。

4. 物质因素

物质因素包括硬件、软件、制作、维修和人员培训等各方面的费用。遵循选择教学媒体经济性原则,在选用前,要了解各媒体的成本和所能达到的教学效果,以及可再利用度,根据本单位实际经济实力选择。

除了上述各因素以外,时间因素等也不同程度地影响教学媒体的选择。时间因素主要是指教学所允许的制作和使用媒体的时间。只有在教学所允许的时间内能够制作和使用的媒体才能够选用。

(二)体育教学媒体的选择原则

由制约教学媒体选择的因素,并结合体育学科教学的特征,选择媒体教学时应遵循以下原则:

1. 目标性原则

要求媒体的使用目标和教学目标一致,并根据内容挖掘其育人价值。如果教学媒体的使用能够促进教学目标的达成,提高教学效果,我们就使用这种媒体教学。根据教学媒体对促进教学目标或教学目的的完成所具有的潜在能力来进行选择,例如,在进行新授的抽象体育理论或复杂技术动作教学时,教师在讲解示范外,可以运用录像、视频等现代化教学媒体,帮助学生更好地理解所学知识。

2. 科学性原则

要求媒体表达内容正确无误、逻辑严谨,落实立德树人根本任务,将价值塑造、知识传授和能力培养三者融为一体,符合现行教学大纲、课程标准、教材要求。在进行动作欣赏时,图像、色彩、动画等要反映事物的客观面貌,而不是一味追求变现效果,导致学生对教学内容的误解,必须要符合学生认知心理学原理。

3. 实用性原则

要求教学媒体的选择和设计从教师、学生、物质因素等方面的实际情况出发,教师必须熟悉媒体的内容、技术操作和特性,注重媒体的使用效果,着眼于学生当前需要和未来发展,切忌华而不实。

4. 最优化原则

这是选择教学媒体的根本原则,也是选用教学媒体的根本要求。应当把选用教学媒体的过程放在整体教学设计中,充分考虑教学的各种因素,协调教学媒体与教学其他方面的关系,使教学媒体的功能服从于整体教学设计,以取得教学指导思想优化、教学内容优化、教师的主导作用和学生主体地位优化、教学时间和环境优化的最佳教学效果。

5. 把握好"质"和"量"原则

把握好媒体课件的质。除了形式与内容融为一体外,它更体现一种服务意识,以不冲淡教学主题为要旨,从而达成因有多媒体课件而让学生快速掌握所学知识和习得能力的目标。把握好教学中多媒体课件的量。在整个教学过程课件中,这是一个"铁律"。教学课件思想只是整个教学流程中的一个小系统,它不代表教学的全部。一堂课中,课件的应用应该有量的限制。

(三)体育教学媒体的运用程序

教学媒体在体育课堂教学运用中一般需要遵循以下程序:准备、预演、课堂展示、反馈改进。

1. 准备

从思想上明确了要选择的教学媒体之后,教师要为教学做好准备,深入挖掘德育元素,帮助学生塑造正确的世界观、人生观、价值观。

2. 预演

正式上课前,教师应事先演示一下整个教学过程。通过预演,达到以下几个目的:熟悉教案、检查媒体材料准备情况、检查上课环境(如电路电线、场地空间等)。

3. 课堂展示

必须意识到教师本身就是一个媒体,要充分利用自己的语言、动作、表情以帮助教学媒体传递教学信息。注意选择一个较好的位置和姿势,不能影响媒体展示效果。如,示范动作不能挡住学生的视线,演示投影图像,利用一些手势引导学生观察等。配合相应的教学方法,熟练应用媒体,充分发挥媒体的优越性。如,演示投影,适当配合讲授、提问、练习等方法和学生互动,比单纯让学生观看效果更好。控制学生注意力,因为若不集中注意力,媒体演示的信息再多、再丰富,其意义都不大。

4. 反馈改进

教学媒体展示的最终目的是引起学生积极反应。媒体展示完毕,教师应让学生把感受反馈给自己:一是给学生提供参与的机会,了解媒体给他们的感受;二是检查媒体使用有没有达到预期目的,以及发现不足,便于改进。

(四)充分发挥现代化教学媒体作用

(1)教学媒体材料制作合理,保证教学的科学性和艺术性相统一。

(2)内容切合学生学习需要。

(3)合理安排教学时间,保证大多数人有条件收看和参与,必要时可以安排保存、回放。

(4)有组织地进行教学,做好课后辅导、考核、教学反馈工作。

四、体育教学媒体设计案例分析

【案例】

疫情防控期间的中等强度有氧运动教学(水平五高一年级)

【设计理念】

2020年的春季,突如其来的新冠肺炎疫情席卷中华大地,3月份开学季,在教育部"停课不停学"的号召之下,在线课堂迅速开展起来。没有站在那片熟悉的学校操场上,而是坐在自己家客厅中;不是在线下带一个班四五十名学生,而是线上同时和几个班级、几个年级近千位可爱"神兽"展开互动。当接到线上教学的任务后,体育组所有老师迅速开始搜集资料、学习借鉴一些公众平台的方法,先录制一些动作视频,以单一动作为主,对空间和器械要求降低,同时结合本校学生的实际,强调热身准备活动,正式锻炼之前,必须先进行3~5分钟准备活动,如原地慢跑、蹲起、体转运动、弓步压腿等低强度热身运动、动态肌肉拉伸练习及神经系统激活练习,提升身体、心理状态,避免运动损伤。经过一段时间的训练,学生们体能恢复了一些,也逐步适应了线上授课形式。在授课中,不仅让学生的身体得到了锻炼,运动能力得到了提高,更有体育健康知识的传授,健康行为、体育品质的培养,真正体现了体育课的育人价值。

【教学目标】

1. 能说出居家体育锻炼注意事项及为什么要做准备活动,了解腹式呼吸动作方法。

2. 熟悉居家体育锻炼的动态拉伸、中等强度有氧运动(韵律操)、静态拉伸及经络操,核心练习(每日一技)。

3. 足不出户、坚持锻炼;调节情绪,缓解紧张的学习压力;为祖国、为武汉、为自己加油。

【学情分析】

疫情防控期间,本课教学对象是水平五整个高中三个年级的学生。学生们一直在家里,基本没有参与体育运动,所以刚开始是做一些简单的技术动作,适应后可以做组合动作。在这个特殊时期,高中生每天足不出户,还要进行线上的文化课学习,来自生活、学习等各方面的压力很大,情绪容易波动,和同伴交往外出受限,急需体育锻炼与心理干预的介入。

【教学过程】

准备阶段:利用钉钉,先建一个班级群,为了防止课中断电断网,先把授课内容录好并下载下来。

授课内容包括:

准备部分:①合理导入:强调准备活动的意义(知识传授);②准备活动:武术健身操片段、广播操片段、动态拉伸。

基本部分:基本动作学习;音乐节奏下,教师领做,集体练习;学习腹式呼吸;身体素质练习:平衡、协调、柔韧。

结束部分:经络操、课堂小结(强调居家科学、安全锻炼身体、鼓励学生,传递正能量)。

预演阶段:制作多媒体课件,例如,《体育是最好的教育,战"疫"我们在行动》,内容包含生命在于运动、足不出户动起来的插图,小贴士:注意周围环境,确保训练安全。

本次课流程:课前:课题、学校体育剪影(候课时间播放);课中:30分钟体育课(动力性热身活动、中等强度有氧运动、拉伸和放松运动);课后:体能加油站。

课堂展示:规定时间段进入指定钉钉班级,添加班级群,发起直播。

监督反馈改进阶段:在钉钉会议模式中,分班级群了解课堂学习情况,课后作业及时查阅、纠错、评价,教师及时指导,随时调整之后的教学安排。

案例点评：

一节线上授课，前期准备工作非常重要，要考虑到安全、场地、器材、学生的掌握完成情况，整堂课的运动能力、健康行为、体育品德如何体现，如何在这样的空间深挖德育元素等。线上课不宜太难，要适合每个学生的发展，目标定得适宜，内容选得适中，方法新颖，让学生在课上都有参与感、存在感、获得感、成就感。现在是信息时代，如何探究体育课程和信息技术的整合、如何高效地使线上线下教学有机融合，是摆在体育工作者面前的新课题。在上述案例中教师做了大胆的尝试，充分利用现代网络技术，进行线上讲授体育课。教师在备课环节下了很多功夫，音乐运用合理、技术动作安排得当，学生参与度很高。锻炼要满足兴趣爱好，运动要让人乐在其中。目前有一些居家锻炼方法，尚未打破传统思维方式，很多还是枯燥的锻炼，学生对这些没什么兴趣。因此，在设计居家锻炼方法、确定锻炼内容和锻炼形式的时候，要尽可能地考虑不同年龄段学生的运动需求，增加趣味性和针对性。尽可能创编新颖的、有趣的、适宜的，能乐在其中的活动方式。幼儿游戏化、小学生趣味化、中学生多样化、大学生自主化等对他们享受运动乐趣至关重要。

第二节 体育教学环境概述

一、体育教学环境的含义与特点

（一）体育教学环境的含义

在教学活动中，影响教师教和学生学的一切内外条件共同构成一定的教学环境。教学环境是按照发展人的身心需要而组织起来的育人环境，它是学校一切教学活动必需的各种条件的综合。教学环境又有广义与狭义之分。广义而言，教学环境包括影响教学的所有社会环境，如社会制度、科学技术、家庭与社会条件等；狭义而言，主要指学校教学活动所需要的物质、制度与心理环境,如校园、校舍、各种教学设施、各种规章制度、校风、班风、课堂教学气氛及师生人际关系。一般来说,教学环境主要是指狭义的教学环境。

总之,体育教学环境是体育教学活动中的重要因素,对体育的教学质量有重大影响,是一种相对微观的环境,它不可能游离于教育环境之外而孤立存在。

(二) 体育教学环境的特点

1. 对学生影响的自发性与潜在性

体育教学环境对学生而言犹如空气和水一样,它时时刻刻影响着学生的学习活动。由于体育教学环境作为主体知觉的背景而存在,刺激强度较弱,具有一定的暗示性,因而常常使学生受到潜移默化的影响。

2. 对学生影响的双重性和双向性

体育教学环境中蕴含的信息具有矢量性,或者指向体育教学目标,对学生的学习活动产生积极、正面的影响;或者背离体育教学目标,对学生的学习活动产生消极、负面的影响。同时,学生又不是单纯地、被动地接受着体育教学环境的影响,而是作为重要影响因素反作用于体育教学环境,对体育教学环境产生积极或消极的影响。

3. 体育教学环境设计的目的性和计划性

体育教学环境设计不是随意进行的,而是有目的、有计划的。在体育教学中,教师一般是按照体育教学的目标、学生的身心发展特点以及体育教学的基本规律来设计和运用体育教学环境。因此,体育教学过程本质上可以说是教师科学地、有目的地选择和设计一定体育教学环境,以引起学生积极的体验,从而主动探索知识、发展能力的过程。

4. 体育教学环境的科学性和可调控性

体育教学环境是按照一定的目标和需要专门设计和组织起来的特殊环境,而构成这种特殊环境的因素都经过了一定的论证、选择、加工、提炼,因此它可以在体育教学中有效地发挥作用。体育教学环境又是可以调控的。

在体育教学实践中,可以随时根据教学活动的需要以及教学环境的变化,不断对体育教学环境进行必要的调节控制,以充分发挥体育教学环境对学生身心发展的积极作用,从而使体育教学环境朝着有利于教学活动的方向发展。

5. 体育教学环境的复合性

与一般文化课教学相比,体育教学活动是相对复杂的,这不仅表现在体育教学目标的多样性和体育教学内容的丰富性上,而且还表现在整个教学活动组织工作的复杂多变上。体育教学的这些特点决定了体育教学环境的复合性。一方面,体育教学环境所需要的客观环境是复合的,体育教学不仅需要一般的教学设施,如教室、图书馆、桌椅等,还需要运动场地和器材,如体育馆、体育场、篮球、足球等。这些设施与阳光、空气、水、树木、草地等自然环境紧密交织在一起,共同对学生的身心发展起着积极作用;另一方面,体育教学的心理环境是复合的,体育教学一般是在比教室更大的空间里——体育馆或体育场进行的。这种空间的变化,使得体育教学中教师与学生之间、学生与学生之间的人际关系更加复杂。

二、良好体育教学环境的功能

良好的体育教学环境是有效开展体育教学活动的前提,是体育教学活动顺利进行的基本保证。在体育教学过程中,良好的体育教学环境具有积极的导向、陶冶和激励等作用,对学生身心和谐发展有着重要的意义。

(一)导向功能

体育教学环境是根据学生身心发展的特殊需要和培养人的社会需要而组织、设计的育人环境,它体现了一种文化精神和价值取向,体现了教育者对受教育者的一种期望。这些要求和期望渗透在学校的各种环境因素中,形成具有教育和启示意义的教育资源,引导着学生的思想,规范着学生的行为,塑造着学生的人格。体育教学环境可以通过自身各种因素的综合作用,对学生发挥正面的引导作用,帮助学生通过体育实践,养成对体育的兴趣、爱好和锻炼习惯,并自觉地抵制某些不良行为,形成文明和健康向上的生活方式。

(二)陶冶功能

文明、和谐、活泼向上的体育教学环境,对陶冶学生的情操,净化心灵,培养审美情趣以及养成高尚的道德品质和行为习惯有着重要的意义。通过各种体育教学心理环境因素的积极作用,学生能够在耳濡目染、潜移默化中受到熏陶和感化,从而产生春风化雨、润物无声的教育效果。体育教学环境的陶冶功能如果运用恰当,对实现体育教学的目标乃至学校体育的目标都具有重要意义。

(三)激励功能

良好的体育教学环境一方面可以有效地激励教师教学的工作热情和动机,另一方面可以提高学生学习的积极性和自觉性,从而推动体育教学活动的顺利开展,提高体育教学工作的质量。良好的体育教学环境,例如翠绿的草坪、个性化的器材与充满活力的运动场面、积极向上的课堂教学气氛、团结奋进的校风和班风等,都能给师生心理带来极大的满足感和愉悦感,成为激励他们勤奋学习的内在动力。

(四)健康功能

体育教学环境是师生长期生活、学习、工作的环境,环境的优劣直接关系到教师和学生的身心健康。实践证明,科学、卫生、安全的体育教学环境,能够有效促进学生正常的身体发育和健康成长。积极的心理环境如宽松的学习气氛、和谐的人际关系等,可以使学生长期保持乐观、稳定、愉快的情绪,对学生心理健康有积极的促进作用。

(五)美育功能

良好的体育教学环境有利于激发中学生欣赏运动美、健康美,进而培养学生正确的审美观和高尚的审美情趣,丰富他们的审美想象,提高他们感受美、鉴赏美和创造美的能力。在一个和谐良好的体育教学环境中,处处都蕴含着丰富的审美内涵,运动场所中的自然美、体育馆里的装饰美、体育教学中的运动美,以及师生的行为美、姿态美、情感美等,都对学生正确审美观的形成产生着重要影响。

三、体育教学环境的要素分析

体育教学环境是一个复杂的系统,它是由多种要素构成的,这些要素既有物质的,也有心理的;既有制度的,也有非制度的;既有有形的,也有无形的;既有动态的,也有静态的;既有室内的,也有室外的。总的来说,构成体育教学环境的要素可大致分为两大类:物理环境和心理环境。

(一)体育教学的物理环境

体育教学的物理环境是体育教学中各种有形的、静态的硬环境部分,主要包括体育教学场地和设备、体育教学的自然环境、体育教学信息、班级规模、队列与队形等。

1. 体育教学场所和设备

相对于其他学科而言,体育教学的场所具有一定的特殊性,其除了包括各种不同功能的教室以外,还包括体育馆和各种体育场地。如,田径场、篮球场、排球场以及这些场地的周围环境,如树木、草坪等。体育教学的设备主要有两大类:一类是常规性设备,如课桌椅、实验仪器、图书资料、电化教学设备等;另一类是体育器材设备,如体操垫、单双杠、篮球、足球、排球、健身器材、标枪、铁饼、铅球等。教学场所和设备是开展体育教学活动的必备条件,对完成体育教学任务的基础。

2. 体育教学的自然环境

由于体育教学大都在室外进行,且学生要从事一定的身体活动,因此自然环境对体育教学的质量和效果影响较大。体育教学的自然环境主要包括校园内和学校周边的地形、森林、湖泊、草地、沙漠以及阳光、空气、雨雪、温度、声音等。体育教学的自然环境具有复杂多变且难以改变的特点,因此在体育教学中,应因地制宜,从实际出发合理开发、充分利用自然环境。

3. 体育教学信息

体育教学过程是一个由各种信息相互传递、接受的过程,体育教师和学生都可以成为信息的输出源和接受源。体育教师输出的信息是一定的体育教学内容,对学生体育知识和技能的掌握及情感的培养有着重要作用。同时,学生在学习过程中的各种信息也会通过一定的途径反馈给体育教师和其他学生,使教师能根据学生反馈的信息及时地调整自己的教学安排。体育教学过程中的信息是多种多样的。从信息的内容来看,主要包括体育学科知识的信息和管理维持体育教学秩序的信息;从信息的传递过程来看,可分为本体信息和反馈信息。本体信息是指体育教师通过教学要传递给学生的有关体育教学内容的信息,反馈信息则是调控本体信息有效传递的控制性信息;从信息的性质来看,又可分为有效信息和干扰信息。前者主要是指对完成体育教学任务具有积极意义的信息,后者则是指对完成体育教学活动起消极和干扰作用的信息。体育教学信息多样性和丰富性的特点,客观上加大了教师筛选、过滤信息的难度。教师应根据具体的教学目标和教学内容对各种体育教学信息进行科学处理,努力克服其对学生发展的消极影响。

4. 班级规模

班级规模是指一个班学生人数的多少,它对教学活动、学生的学业成绩和学习动机与情感的培养有重要影响。班级规模一般不宜过大,否则会降低教学的效果。特别是体育教学,如果班级人数太多,不仅会加大教师教学组织的难度,而且会影响学生学习的效率。同时,也不利于教师因材施教,满足学生的不同需要。体育课的学生人数一般应控制在20～40人,但目前我国只有少数经济比较发达地区达到了这个水平,大多数中学的班级人数一般都是40～60人。由于涉及办学条件等深层次的问题,这个矛盾在短期内是无法解决的,可以通过在体育教学中对学生进行分组来缓解这一矛盾。

5. 队列与队形

体育课堂教学中队列与队形的安排,反映了体育教师与学生的空间位置关系,它直接影响着体育教师与学生的交流与互动,并对学生的学习动机、课堂学习行为甚至体育课成绩造成一定程度的影响。体育课堂教学中队列队形的编排方式是多种多样的,主要有长方形编排方式、圆形编排方式、双圆形编排方式、半圆形编排方式、双半圆形编排方式、马蹄形编排方式、双马蹄形编排方式以及散点形编排方式等。采用何种队列队形的编排方式主要取决于具体的教学任务和内容,但前提是其必须有利于体育教师和学生的交流与互动。

(二)体育教学的心理环境

体育教学的心理环境是体育教学中无形的、动态的软环境部分,主要包括校风与班风、学校体育传统与风气、体育课堂常规、体育课堂心理气氛、体育教学中的人际关系等。

1. 校风与班风

校风是指一个学校内部所形成的社会气氛,它是学校的一种集体行为风尚,与学校的教风、学风及领导作风等有密切关系。班风是指一个班级所有成员在交往中形成的一种共同心理倾向,其一旦形成,便会成为一种约束力,直接影响班级的每个成员。校风和班风都是一种无形的环境因素,其依靠群体规范、舆论、内聚力等无形的因素来影响学生的态度、价值观和课堂上的学习表现,有着巨大的教育力量。

2. 学校体育传统与风气

学校体育传统与风气是指一个学校在体育方面养成并流行的带有普遍性、重复出现和相对稳定的一种集体行为风尚,它是校风的有机组成部分。良好的学校体育传统与风气对学生会产生潜移默化的影响,对形成学生正确的体育态度、兴趣、爱好、养成良好的体育锻炼习惯以及提高学生的体育文化素养等方面都有着非常重要的作用。学校体育传统与风气的建设,对学校来说是一项系统而长期的工作,其形成的心理过程非常复杂,不仅需要多种途径和方法,还有赖于教育者精心的设计和管理。学校体育的实践表明,体育传统与风气的形成大致可分为孕育、整合、内化和成熟四个阶段。整个过程经历了从多数学生被动或者半被动接受体育的行为规范,到全体学生自觉的体育意识和行为的形成这一变化。学校体育传统与风气一旦形成,便会成为约束学生体育行为风尚的无形力量,在整个学生群体中具有积极的心理控制作用。

3. 体育课堂常规

体育课堂常规是在体育教学中为了完成课堂任务对体育教师和学生所提出的共同要求。如上课时体育教师和学生都应该穿运动服和运动鞋,课开始时师生之间相互问好,课结束时师生间相互道别等。这些表面上看起来微不足道的小节,其实隐含着巨大的教育作用,对师生的课堂行为具有极强的规范和约束作用。

4. 体育课堂心理气氛

体育课堂心理气氛是指班集体在体育课堂教学过程中所形成的占优势的态度与情感的综合状态,它包括师生的心境、态度、情绪波动、师生间的相互关系等。体育课堂心理气氛可以分为积极的、消极的和对抗的三种类型,它是逐步形成的,而一旦形成又具有相对的稳定性。体育课堂心理气氛的好坏主要取决于多数学生对教学目标和任务是否认同,对教师的要求与作风是否心悦诚服、对工作现状是否满意,师生之间、学生之间是否友好等。积极的体育课堂心理气氛有利于体育教师和学生之间的信息和情感交流,最大限度地激发和调动学生学习的积极性和自觉性,并且有利于帮助学生树立克服困难的勇气和信心。

5. 体育教学中的人际关系

人际关系是指人们在社会交往中所形成的人与人之间的心理关系。体育教学中的人际关系主要包括两个方面:一是体育教师与学生之间的关系,二是学生与学生之间的关系。这些关系又构成了体育教学中的人际互动过程,直接影响着体育课堂教学的气氛、体育教学反馈以及学生的课堂参与态度和积极性,进而影响体育教学的效果。与一般教学中的人际关系相比,体育教学中的人际关系显得更复杂、更直接,实践性也更强。在体育教学过程中,由于打破了教室的空间界限,客观上缩短了体育教师与学生交往以及学生与学生交往的空间距离,使教师与学生及学生与学生的互动更加自由、更加无拘无束。体育活动本身就非常强调团队精神,强调学生之间和师生之间的相互合作、相互帮助和相互激励,这一方面使体育教学中的人际关系更加融洽,另一方面则大大提高了学生的社会交往能力。

四、体育教学环境设计案例分析

【案例】

水平四八年级——体操单杠(低杠)一足蹬地翻身上

【设计理念】

通过不同器材、各种练习手段、多种教学方法,循序渐进地完成技术动作学习,激发学生对体操单杠这一项目的兴趣,注重学生的个性发展、关注他们的个体差异与不同需求,克服学生害怕、恐惧的心理。创设学生主动参与的运动氛围,探究合作学习、享受运动的乐趣。

【教学目标】

1. 学生能够用语言准确描述单足蹬地翻身上技术动作要领。

2. 部分学生能够独立完成完整技术动作,大部分学生能在保护帮助下完成;在学练赛中发展力量、灵敏、协调等素质,提高悬垂和支撑能力;锻炼学生前庭器官的稳定功能,提高身体的平衡与定向能力。

3. 逐步形成顽强果断、勇于战胜困难的心理品质,具有安全和自我保护的意识以及合作互助的行为。

【教学重、难点】

重点:摆腿引体、腹部贴杠。

难点:屈臂引体与摆腿的配合。

【学练口诀】

蹬地摆腿后上方,屈臂引体腹贴杠;身体翻转水平位,抬头挺身腕翻上。

【合作学习】

保护与帮助方法:站在杠前练习者摆动腿的异侧,一手托臀,一手扶肩;当腹部贴杠后,一手握上臂,一手托腿。站位合理、用力顺势、换手及时。

【学情分析】

本次授课的对象为初中八年级二班学生,这一水平的学生在七年级的学习中已经具有一定的技巧和支撑跳跃能力,为八年级学习单杠动作打下基础。他们模仿性强,对新事物接受能力强,男生敢于挑战、冒险,女生相对比较胆小、害怕,自我保护能力一般,男女生身体素质也存在差异。在教学中要时刻对学生进行安全教育,尽量避免伤害事故的发生。学生以前在小学学过单杠,但是由于上肢力量差,对动作的认识基础也较差,难以完成引体拉杠翻转的动作,导致完成不了最后的支撑动作,所以本课以加强认识、重复练习、体验练习、提高动作质量为主。

【教学过程】

一、准备部分

集中注意力进行队列队形练习、准备活动热身慢跑、体操棒操、辅助练习。垫上后举腿,低杠跳上支撑。

二、基本部分

低杠拉杠:跨栏架练习,后倒拉杠、并腿触棒。

利用挂图进行讲解,并示范完整动作和保护与帮助的方法,提示重、难点。

分组练习,同伴进行保护与帮助,教师逐一进行纠错。

小组、集体讨论并研究学法。

展示动作,提出重、难点。

体验重点(摆腿引体、腹部贴杠)、反复练习突破难点(克服心理障碍)。

填写评价表。

体能练习:核心力量俯卧撑、平板支撑、收腹跳、立卧撑(20秒轮换练习),口袋跳接力。

三、结束部分

瑜伽动作放松:祈祷式、展背式、骑马式、蛇式。

总结、评价、布置作业。

收器材下课、师生再见。

案例点评:

本课开发、布置现有体育场地、设施和器材,利用自然地理资源展开教学活动,采用多种辅助练习的教学手段,关注个体差异,分层练习,让学生逐步掌握运动技能,提高身体在倒置状态下的自我控制能力,让每个学生都能体验成功的喜悦,增强自信心。小组内互帮互学、合作探究,培养学生的主动参与意识,从不敢练习到想尝试、从被动练习到主动练习,培养了学生的勇敢顽强、积极向上的精神,充分体现学科的育人价值。"挂图式、口诀式、实验演示法",备课做了大量的工作,学生们在通俗易懂、直观的环境下更好地理解、体验技术动作。教师优美、规范的示范动作、层层递进的教学手段,与学生一起练习、互动,多种教学媒体和环境设计,展现给学生力与美的享受,激发学生参与的热情,学生之间的互帮互学、提高团队合作能力、多元化的评价也是本课亮点。

水平五高一年级——武术:双节棍的基本技法

【设计理念】

本课选用的教材是《二节棍:中国武术段位制系列教程》(国家体育总局武术研究院,2009)。此教材简单易学,具有很强的健身、娱乐、表演等价值,让学生终身受益。本节课教学内容为该教材第一章第二节"双截棍的基本技法"。本节教学可以使学生在前期学习的基础上,进一步克服畏惧心理,有效激发学生学习双截棍的兴趣,满足学生完成组合动作、进行展示表演的欲望。在教法上,运用集体演练、分组练习、小组展示、小组评价等学习形式,有效利用优质学生资源,发挥小队长的示范作用。在教学中,将学生动体与动脑很好地结合起来,搭建展示平台,增强学生自信心。在整体教学过程中,注意引导学生向正确积极的方向思考、发展,从而增强教学效果。

【教学目标】

1. 让学生能够积极参与双节棍运动,初步明确基本动作方法。

2. 通过学习与巩固练习,使90%的学生基本掌握技术动作,提高协调灵敏性,其余学生能够非常流畅连贯地完成动作。

3. 教育学生崇武尚德,培养学生克服困难、坚忍不拔的意志品质,尊重和爱护同伴,体会成功和愉悦,继承和发扬中华民族自强不息、奋发向上的民族精神。

【教学重、难点】

重点:力求脆、快、一弹即回、不拖泥带水。

难点:棍为钢,链为柔,运棍时刚劲,转链时尽柔。

【学情分析】

本节课的授课对象为高一年级男生。此阶段学生身心发展尚未成熟,但已经具备了一定独立思考、判断的能力。他们的自我意识开始发展,有了一定的评价能力,也开始注意塑造自己的形象,希望得到老师和同学的认可。因此,在课堂上要多给学生展示自己的机会,多以正面表扬为主。在身体锻炼方面,学生已经具备了一定基础的运动能力,通过学习和反复练习,能够完成一些基本动作。

【教学过程】

场地器材布置:

1. 对场地提前进行区域划分,为分组练习奠定基础。

2. 在器材选择上,选取铝合金材质螺旋棍,这种器械棍身非常轻,主要是减少棍子的整体重量,适合初学者使用,也保障了学生使用器械的安全性。

一、准备部分

1. 导入:武术名家,激发民族自豪感、崇尚武德精神(抱拳礼)。

2. 准备活动:配乐进行慢跑、后踢腿、纵跳、单腿跳和行进间上肢热身活动、器械操等,使学生集中注意力,充分调动学生的学习兴趣,打破了传统体育课教学中过于模式化的开课形式。

二、基本部分

1. 教师进行整套动作示范,激发学生的学习兴趣。

2. 通过安排层次分明的教学过程,包括集体演练、分组练习、小组展示等教学形式,进一步激发学生对整套动作的理解和熟练程度,发展学生的协调能力,自主练习的积极主动性。在小组展示环节,通过师生共评使学生发现自身存在的不足,既尊重了学生的自主评价,又充分发扬民主,从而提高自身技能。最后,在集体配乐演练部分,将所练习的内容有节奏、有气势、有发声地表现出来,帮助提高学生的协调能力和记忆能力,达到心灵成就感的满足。该处将体育运动与音乐相结合,在教学中加入音乐元素,选取了《黄种人》这首歌曲作为配乐演练的背景音乐,将双截棍运动与音乐充分融合,增强学生的爱国主义认知和民族自豪感。

三、结束部分

采用太极拳的形式,放松学生的身体,缓解了疲劳,回顾本节课主要学习内容,加强对于动作要领及其重难点的理解和记忆。

案例点评:

本课体育教学环境设计科学、合理,结合体育教学新理念,大胆运用创新教学,打破先示范后讲解再练习的常规教学模式,以学生自主、合作、探究学习为主线。首先采用情绪激励法和情境教学法进行教学,以激发学生的学习兴趣,促使学生能积极主动地去学习。还采用讲解示范法,以正确、力与美的示范动作感染学生,激发学生兴趣,逐步形成志趣、享受乐趣的层层深入,为学生能更快、更好地掌握组合动作要领打下基础。教学过程安排合理、衔接自然,学生学习积极性高、课堂气氛活跃,学生在紧张的学习过程中身心得到锻炼,充分发挥武术的育人价值。

第三节 中学体育教学媒体与环境设计及案例分析

课程设计要紧扣知识目标、能力目标和育人目标,所有环节的设计均以此目标为导向,课程设计要保证实施过程的教学行为与目标保持高度一致,深入拓展体育学科育人价值,切实把育人贯穿教育教学全过程,提升学科教育亲和力和针对性,提炼可推广、可复制的教育教学典型案例,为课程的知识、能力、育人目标服务。

一、中学体育教学媒体的应用

(一)应用于体育理论的教学

理论教学是学生掌握体育基础知识和专业术语的重要途径。义务教育初中、普通高中提出的教育任务之一,就是要教会学生锻炼身体的知识、技能和方法,体育理论教学不仅在实践课上有,还要求每学期必须要上一定课时的纯理论课。这些内容涉及体育竞赛知识,生理、心理、卫生知识,非常适合在多媒体课堂上学习。多媒体教学不但扩大了学生的知识面,还从根本上改变了学生认为体育课只是掌握运动技能的课程,从而提高了学生学习体育的兴趣,也符合目前对学生进行素质教育的实质。如,我们在讲水平四七年级——勇敢面对挫折和困难时,可以讲女排精神:40年前,中国女排首夺世界冠军时,举国上下心潮澎湃,亿万观众热泪盈眶。中国女排"五连冠",万人空巷看女排。广大人民群众对中国女排的喜爱,不仅是因为她们夺得了冠军,更重要的是她们在赛场上展现了祖国至上、团结协作、顽强拼搏、永不言败的精神面貌。女排精神代表着一个时代的精神,喊出了为中华崛起而拼搏的时代最强音;我们还可以讲女足姑娘们成功晋级东京奥运会,就是在拼搏中积蓄动能,在拼搏中扬起理想的风帆,在拼搏中练就过硬本领,用顽强拼搏肩负起时代的重托,激励各行各业砥砺前行。

(二)与技能课紧密结合,提高技能课的授课质量

在讲授一种新的体育技能的时候,应该划出一定的课时,利用网络、课件、图片向学生讲解动作原理和生理基础,把学生对动作的认识由感性认识提高到理性认识。例如,在讲解短跑动作要领时,摆臂姿势一直是一个授课难点,在传统的教学手段中只能利用教师反复的示范和学生反复的练习进行学习,可是教学效果却并不理想,学生们往往由于平时的习惯很难一下子改过来,从而影响了整个短跑技术的学习质量。假如让学生通过观看一些高水平运动员的资料、图片、视频,使他们了解到最新、最直观的正确技术动作,通过相关课件中的动画效果了解肌肉构造和动作的生理原理,让学生了解在摆臂过程中,肩关节、肘关节、腕关节的最佳运动角度是多少,为什么这样的摆动角度才是最佳角度,它在整个跑的技术动作中起到了什么样的作用等知识,当学生明白整个动作的来龙去脉时,他就能理解和体会老师的动作讲解而不是单纯的模仿,体位感觉能力也会得到提高,整个技能课的授课质量也会得到质的突破。

二、配合授课内容制定教学媒体计划

媒体计划的安排,在内容上必须围绕实践课和理论课来制定,在课时安排上要注意,媒体教学时间不能太长,应以学生运动为主,切不可喧宾夺主、弄巧成拙,失去了学科本质。

（一）在制订多媒体教学计划时要努力体现学生学习的层次性、主体性和创新性

1. 层次性

学生认识事物是循序渐进的,知识的形成靠一点一滴的积累,是由易到难、从旧知到新知积累起来的。计划的制订就应该体现这一点,在教学过程中要遵循这一规律,突破重点、难点。

2. 主体性

素质教育的核心是主体性,课堂上始终要把学生放在学习的主体地位,在教学媒体选用时要体现这一点,该用的精心设计、制作,充分运用,不该用的坚决不用。

3. 创新性

创新能力的培养是素质教育的灵魂。教学媒体应用的过程中必须注意培养学生的创新意识,设计的课件不能仅仅围绕知识目标。要让学生面对知识和问题情境,启发学生努力探索,在不断解决问题的同时培养创新能力。

（二）合理、正确使用多媒体教学的前提条件是体育教师的信息素养

1. 体育教师要加强对自己信息素质的培养

多媒体教学能否成为体育教学的重要教学手段,有一个关键因素,那就是体育教师的信息素质。体育教师由于客观原因往往对电脑接触得不多,在上课的时候都不太愿意利用多媒体进行授课,他们认为多媒体教学是其他学科的教学手段,体育教学任务的完成主要还是靠室外课来完成。具有这种错误观点的体育教师大有人在,这显然不符合新时代对体育教师的要求。因此,体育教师必须加强对自己信息素质的培养。

需要说明的是,掌握电脑知识和技能是教师获取、传播和利用知识的重要手段,但是教师的信息素质应具有更广泛的内涵。体育教师必须树立正

确的教学观念,掌握应有的多媒体教学手段进行专业科学的体育教学。

2. 明确多媒体教学的辅助地位和改变当前体育教师的教学观念

体育教师应结合体育教学的特点和多媒体教学的优势,合理地在体育课中运用多媒体教学。

我们在前面说过,体育教学的性质使它的大部分教学任务需要在室外完成。如果为了体现所谓的现代化教学而不分青红皂白地一哄而上,那么只会给体育教学帮倒忙。广大教师在长期教学活动中积累了许多好的教学经验,不能为了体现所谓的现代化教学而完全放弃原来好的、具有实用价值的教学手段。

我们既要保留传统教学中好的东西,又要发挥多媒体教学的优势,为传统的体育教学手段加上翅膀。该用传统教学手段进行教学的就要坚持用,可以用多媒体进行教学的就大胆地加以运用。简而言之,我们既要以发展和超前的眼光接受多媒体教学的理念,又要以积极和扎实的态度对待体育的传统教学手段,使两者互为作用,相得益彰。

三、中学体育教学环境设计与优化的原则

为了最大限度地发挥体育教学环境的正面功能,降低负面功能,必须从体育教学的实际出发对教学环境进行必要设计和优化,即对体育教学环境的各种因素进行必要的选择、组合、控制和改善,积极利用体育教学环境中的各种有利因素,抑制、调整或消除各种不利因素,以实现体育教学环境的最佳状态。整体而言,体育教学环境的设计与优化,要考虑学生身心发展的实际、学校体育教学条件的实际,以及具体体育教学情境的要求。设计与优化体育教学环境要遵循以下原则:

(一)教育性原则

学校是一种特殊的环境,它是一个简化、净化、平衡化、精神化、以人为中心的环境。诚如苏联著名教育家苏霍姆林斯基所说的:"孩子在他周围——在走廊的墙壁上、在教室里、在活动室里——经常看到的一切,对他

精神面貌的形成具有重大的意义。"正因为如此,对体育教学环境的设计,无论是大型的体育场馆,还是一个小小的体育宣传橱窗,都必须要慎重,都必须要充分挖掘其对学生身心全面发展的教育意义,都必须有利于启迪学生的思维,有利于陶冶学生道德情操,以营造出一种"连墙壁都在说话"的体育教学环境,使置身于其中的学生时刻受到熏陶和教化。

(二)科学性原则

科学性原则有三层含义:其一,要求体育教学环境的设计与优化,必须从体育教学目标、体育教学内容的实际和特点出发,尽可能满足体育教学活动的实际需要。其二,各种体育教学环境的选择、调控、建设、美化等均要符合运动学、生态学、教育学、心理学、生理学、建筑学、学校卫生学、学校社会学、教育美学以及学校德育等方面的基本原理。其三,体育教学环境的设计与优化应考虑到不同年龄、不同性别学生身心发展的基本规律,尽量满足大多数学生体育学习的需求,并适当考虑少数特殊学生群体的个性发展要求。

(三)人文性原则

人文性原则就是体育教学环境的设计与优化,必须始终以学生为本,这包括两个方面的含义:一是各种体育教学物理环境的设置要体现出对学生的人文关怀。如,体育教学周围环境设置首先应考虑卫生、安全、体育场馆的颜色、光线是否符合学生用眼卫生和视觉的要求,器材、服装和设施是否更加符合学生的生理特征等。二是要通过体育教学环境的设计和优化,努力营造出和谐的、充满人性的、民主平等的氛围。体育教学过程中,体育教师面对的是充满朝气和灵性的学生。教师既是学生的老师,又是学生的朋友和长辈,对学生应该倾注满腔的热情、关爱和信任。

(四)实用性原则

体育教学环境的创设,应根据各个学校的实际情况和经济条件,从经济、实用、有效的宗旨出发,从更好地为体育教学服务的目的来进行。我国幅员辽阔,各个地区经济、社会和教育发展水平极不平衡,各个学校在体育教学环境的设计、建设和优化中所表现出来的特点也是不同的,特别是体育教学物理环境的建设。例如,学校的体育场地可以充分利用本校的地形、地貌和地物的特点进行建设,校园中那些看似不起眼的小山丘、小水沟,只要设计合理,都可以建设成具有校本特色的"亮丽风景"。

四、中学体育教学环境设计与优化的策略

(一)体育教学物理环境与优化策略

在现代的学校中,体育教学的物理环境,特别是体育教学场地、器材、设备,往往要发挥多方面的作用,它不仅要满足体育教学的需要,而且要满足师生开展各种课余体育活动的需要。因此,体育教学物理环境的设计和优化,必须要从学校教育和学校体育的整体需求出发,以最大限度地发挥其教学、休闲、娱乐、审美等方面的综合功能。

(二)体育教学心理环境与优化策略

1. 加强校园体育文化建设

校园体育文化是学校校园文化中的一项重要内容,它既可满足人的生理需要,又可满足人的精神需要,同时对建设高品位的校园文化环境,培养在校生终身体育意识有着非常重要的意义。

2. 建立和谐宽松的体育课堂心理气氛

良好的课堂心理气氛是一种催人奋发的教育力量,它可以消除学生在课堂上产生的心理压力,使学生处于积极、主动的学习状态,它能使学生在活动中受到潜移默化的教育。因此,建立良好的师生关系,创造严格要求与宽容和谐的氛围,是构成体育教学心理环境的重要前提,也是提高课堂教学质量、获得体育教学成功的关键,而这种轻松愉快的体育心理环境,正是体育教学目标的追求。

3. 建立良好的人际关系环境

在体育教学中体育教师同学生、学生与学生之间频繁交往,相互作用、相互促进、相互制约就形成了各种人际关系。体育教学主要在室外进行,场地、器材、气候、外界环境等因素的影响致使教学组织同其他学科相比增加了一定的难度,正确处理好人际关系就更为重要。在体育教学中只有达到彼此配合默契、步调一致,即使发生分歧也能相互谦让、相互谅解,才能顺利完成教学任务,实现既定教学目标。

五、体育教学媒体与环境设计案例分析

【案例】

水平五高一年级——篮球:篮球三攻二战术、体能、实践

【设计理念】

教师通过视频播放、战术板讲解,引导学生学练、交流展示、组织教学游戏和比赛、多元化评价等的教学组织过程,有效地将感知、思维、实践活动和能力提高与篮球运动相结合,享受运动的乐趣,增强体质,健全人格,锤炼品质,搭建结构化知识技能,为终身体育奠定基础。

教学内容是在篮球基本技术中运球、传球、投篮的基础上,增加脚步移动技术,对抗练习,实战能力,培养篮球素养,更好地运用各种技术和战术。三攻二是三人配合快速突破二人防守的战术,在快速反击中经常出现,以人数上的优势攻击对方薄弱环节。

【教学目标】

1. 能说出三攻二进攻战术的配合方法,明确战术要领及运用时机。了解篮球运动的相关知识。

2. 在篮球学练赛中,发展耐力、灵敏、协调、平衡等体能,促进身体全面发展,培养参加篮球运动的兴趣和爱好;学生能够根据防守人的站位选择合理的进攻方式。

3. 在篮球学练与比赛中,培养规则意识、尊重裁判、尊重对手

和自己,积极面对失败,迎难而上,培养团队合作意识和集体主义精神。

【教学重、难点】

重点:大胆运用已学技术、战术,把握战机、进攻时三人拉开距离,合理站位。

难点:持球队员迅速做好是持球突破还是分球给没有被防守的同伴的判断。

【学情分析】

授课对象是水平五,高一年级学生。此年龄段学生具有一定的篮球学习基础,但水平参差不齐,身体素质差异很大。他们虽然对篮球的学习非常感兴趣,但自制力差,面对比较枯燥的教学,注意力容易转移。教学中,应采用激发兴趣、游戏比赛导入的形式,分步分层递进,充分挖掘每个学生的潜在能力,发挥学生主体地位。他们已经有了一定的篮球基础,大部分学生对此教学内容会有不同程度的了解和掌握,在"一对一""二攻一"的基础下学习半场"三攻二"战术配合。

【教学过程】

多媒体、场地器材布置:视频播放设备、篮球场地1~2块,篮球最好能保证每人一个,战术板一块。

人力资源:发挥体育骨干的积极作用,引导帮助其他同学。

一、准备部分

1. 导入:2020年中国女篮挺进东京奥运会,赛前激情动员的小视频。

2. 准备活动:首先是全场行进间运球(听哨指挥):右手、左手(外侧手)运球,根据要求迅速在指定线或区域站位;接着是熟悉球性(控球)练习:持球、拨球、腰部旋转、胯下"8"字、抛接球、原地左右手、前后推拉运球、行进间看手势运球练习;最后是课课练(专项体能练习):弓箭步举球走、弓箭步胯下传球、带球滑步、线线折运球、对抗运球(两人一组)。

二、基本部分

1. 复习"一攻一"练习:不破坏进攻队员的球,主动利用脚步完成练习;积极防守下完成练习。进行自评,分析技术掌握、运用情况。

2. 复习三人行进间传接球推进至篮下投篮练习。进行自评,分析技术掌握、运用情况。

3. 复习"二攻一""一防二"战术配合:不破坏进攻队员的球,主动利用脚步完成练习;积极防守下完成练习。进行生生互评,分析技术掌握、运用情况。

4. 初步学习"三攻二"战术:防守站位可根据之前所学来判断。(运用时机:三人配合快速突破二人防守的战术,在快速反击中经常出现,以人数上的优势攻击对方薄弱环节。)

5. 分组全场"五攻五":实战中体验、运用"三攻二"战术。进行生生互评,分析技术掌握、运用情况。

6. 体能练习:(分组轮换)纵跳摸高练习20～30次2组、俯卧直臂左右手拨球练习20～30次2组、卷腹触球练习10～20次2组、持球俄罗斯转体练习20～30次2组。

三、结束部分

集中队伍进行静态拉伸、平衡练习,师生共同总结,布置作业,收检器材,师生再见。

案例点评:

本课将讲解示范与多媒体、战术板多种体育教学媒体有序融合,充分利用现有篮球场地器材、设备及自然地理资源展开教学活动,紧紧围绕"教会、勤练、常赛",结合篮球专项育人特性,寓价值观引导于知识传授和能力培养之中,帮助学生塑造正确的世界观、人生观、价值观。在分组"三攻二"的练习中,让学生能够在熟练战术的情况下,培养学生的场上观察能力,大胆运用所学技术,提高篮球素养。

【本章小结】

体育教学媒体包括教师的语言,如口头语言、书面语言、肢体语言,配合使用的挂图、模型、幻灯机、电视机、计算机、录音机等。教师的语言表达、专业的示范非常关键。

教师对教学媒体的熟悉程度直接影响教学媒体的功能和作用。体育教学媒体不能时间太长,应以学生运动为主,应结合体育教学的特点和多媒体教学的优势,合理地在体育课中运用多媒体教学。

体育教学媒体和环境设计必须渗透社会主义核心价值观教育,培养学生的爱国情怀、社会责任感和良好的个人品质。全面把握体育的"育体、育智、育心"综合育人价值,通过全员参与的体育竞赛活动,培养学生的集体荣誉感,塑造活泼开朗、与人为善、团结协作、遵守规则等良好品格,促进学生身心健康与人格健全;必须要通过组织教学游戏和比赛,不断培养学生顽强拼搏、积极进取、勇敢坚毅的坚强意志。

利用体育教学媒体与环境设计,在课前、课中、课后通过组织游戏、增加竞赛、丰富内容、鼓励自主等方式,提高学生锻炼的积极性、主动性、自觉性和持久性,帮助学生有效锻炼、掌握技能、提高能力、体验成功,使其真正能够乐在其中。针对学生素质发展敏感期合理组织学、练、赛,科学推进基本运动技能"课课练"活动,组织高质量的课堂教学。

【实践演练】

1. 准确说出体育教学媒体的概念、分类和功能。
2. 准确说出体育教学媒体选择的依据有哪些。
3. 设置学段、年级,制作9~10分钟体能练习线上授课,包括安全防范、准备活动、基本部分、结束部分。
4. 准确说出体育教学环境的含义、特点、功能。
5. 准确说出体育教学物理环境和心理环境包括哪些内容。

6.举例说明,在备课、授课、课后指导中如何设计体育教学环境。

【拓展阅读】

[1]毛振明,于素梅.体育教学方法选用技巧与案例[M].北京:北京师范大学出版社,2009.

第六章 中学体育教学过程设计

▶知识导图◀

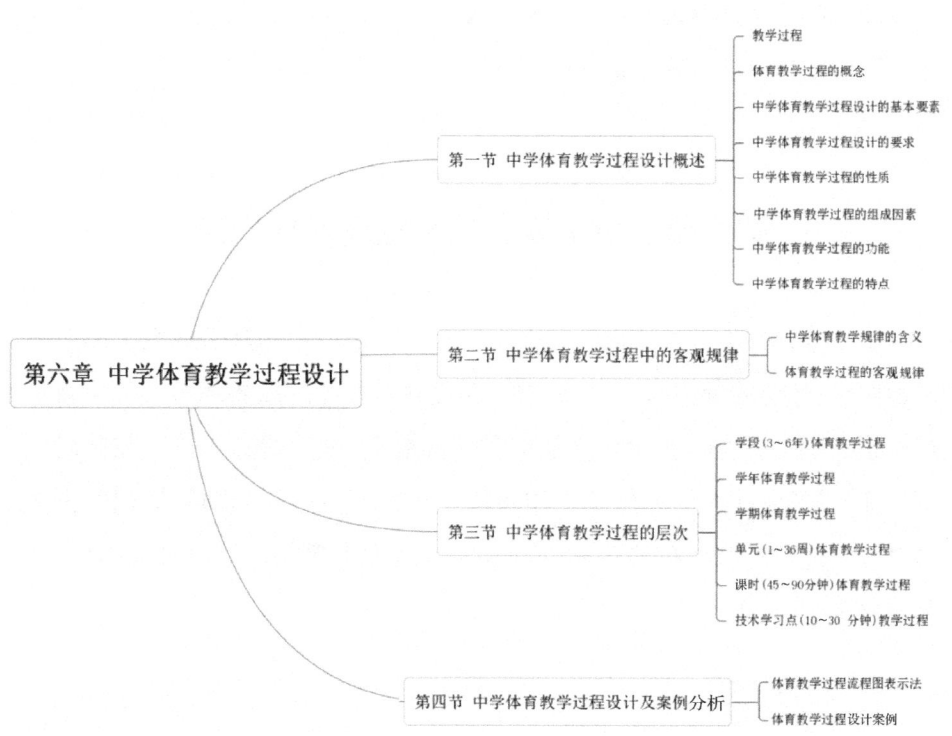

▶内容提要◀

本文阐述了中学体育教学过程设计含义,中学体育教学过程的客观规律,中学体育教学的层次及特点,中学体育教学过程的优化与管理;掌握体育教学目标的过程设计方法,呈现设计案例,帮助体育教师和体育专业学生在教学过程中明确体育教学过程设计优化管理、规律及方法。

学习目标

1. 能说出体育教学过程、体育教学规律的概念。
2. 了解中学体育教学过程设计的性质、功能。
3. 能说出体育教学过程要求特点。
4. 基本掌握体育教学的规律。
5. 了解体育教学过程的各层次的特点。
6. 了解体育教学过程的优化与管理。
7. 掌握体育教学过程设计的方法。

第一节 中学体育教学过程设计概述

中学体育教学过程的设计是中学体育教师在体育课堂实践教学前对整堂课全面、综合的考虑与把握,是进行课程教学设计的重要环节。由于教学过程设计中所呈现的教学系统范围和任务层次,设计的具体情况和针对性不一样,以及设计人员的教学工作环境,个人专业背景的差异,呈现的中学体育教学过程的设计多种多样。本节着重阐述中学体育教学过程的概念、基本要素、基本要求等。

一、教学过程

教学过程是教学设计的核心,指为实现教学目标,学生在教师有目的、有计划地指导下,积极主动地掌握系统的文化知识和基本技能,发展能力,增强体质,并形成一定的思想品德的过程。学生的学习需要、教材、教学对象的分析、教学目标、教学策略、教学媒体的设计等,都将在教学过程的不同组合方式中得到体现。教学过程是兼具传授与学习科学文化知识、促进学生全面发展的过程。

教学过程是一项系统工程,包括两个子系统:"教"的子系统和"学"的子系统。从系统管理的角度把"教"的子系统划分为教学设计系统、师生互动系统、总结反思系统3个分支系统。"学"的子系统分为学生自能系统(学生自主学习和发展所初步具备的一般能力)、师生互动系统、学生自为系统(学生自我内化和建构)3个分支系统(如图6-1所示)。可见,师生互动系统成为师生的"学习共同体",教师和学生在学习共同体内发生交往,形成一种相互制约、相互促进、相辅相成、共同发展的关系。①

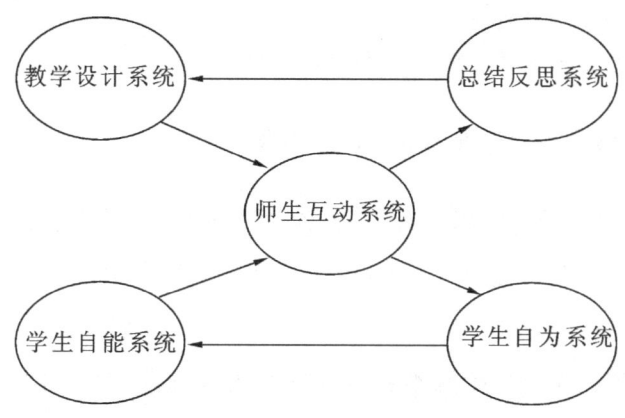

图6-1 教学过程系统模型图

就"教"的子系统所经历的发展阶段看,课堂教学的"师生互动"大体上有三个环节:呈现文字、语言、直观形象等刺激,启发学生学习;提供学习条件,指导学生思维;训练、强化、巩固,促进学生建构知识。从时间过程上,我们可以把"教"的子系统的进程划分为5个具体阶段:设计方案、启动学习、指导帮助、训练强化、总结反思。

"学"的子系统大体上也有三个环节:集中注意力、学习探究和训练建

---

① 杨光岐.教学过程"新五段论"[J].教育研究,2006(2):64-68.

构。从时间过程上,我们可以把"学"的子系统的进程划分为5个具体阶段:自能、集中注意力、学习探究、训练建构、自为。

综合而言,"教"与"学"两个子系统共有的"师生互动"的进程宜划分为启动学习、指导思维和训练建构。其中,启动学习阶段是两个主体的同步启动,"教"的行为是启发,"学"的行为是"顺应";在指导思维阶段,"教"的行为是指导帮助,"学"的行为是学习探究;在训练建构阶段,"教"的行为是帮助训练、强化,"学"的行为是训练、巩固、建构。①

二、体育教学过程的概念

体育教学过程是指依据一定的体育教学目标,教师设计教学的活动主题、程序和步骤,在特定的时空条件下,师生共同参与实现体育教学目标的特殊认知和实践活动状态的变换及其时间流程。②

三、中学体育教学过程设计的基本要素

教学过程包含诸多要素,有"三要素说""四要素说""五要素说"等。这些要素会对整个教学过程产生影响,如教师、学生、管理人员、教材设备、教学媒体、教学目标、教学内容、教学方法、教学手段、教学测量、教学评价等。中学体育教学过程有三个基本要素是共同的:教师、学生、体育教材。在进行中学体育教学过程设计时,教师应明确与教学过程密切相关且影响整个过程顺利进行的基本要素。

(一)中学体育教学目标

体育教学目标是指在一定的时间和范围内,体育教学中师生预期达到的教学结果的标准、规格和状态。这个预期结果和标准是教与学双方都应共同遵循的教学的归宿,决定着体育教学的方向。中学体育教学过程中目

---

① 董翠香.小学体育与健康教学设计[M].北京:高等教育出版社,2020:156－157.
② 杨雪芹,赵泽顺.体育教学设计[M].桂林:广西师范大学出版社,2014:118.

标设计是学校或体育教师依据体育与健康课程标准提出的目标,结合中学学校实际情况和学生主观的学习需要分析,依据对主教材的分析,用准确、具体且可操作、可测量的结果或标准表述出来的,在学习体育知识和动作技能等内容后,学生将达到一种什么样的行为状态的设计过程。

(二)中学体育教学内容

中学体育教学内容指教学过程中同师生发生交互作用而达成的动态生成的素材及信息,是实现课程教学目标、完成教学任务的最重要和最关键的因素,直接关系到教学的结果。教师要做好充分的调查研究,掌握学生的一般情况和特殊情况,针对教学目标和不同的教材层次明确教学内容,重点、难点,进行有效的体育教学,不断提高体育教学质量,从而实现促进学生体育知识、技能、能力、行为、习惯等方面的提高。

(三)中学体育教学中的人际关系

中学体育教学中的人际关系包括师生、生生交往活动中形成的关系。除教师与学生、学生与学生、体育干部与小组成员的关系外,在组织教学比赛的过程中,还会出现场内学生与场外观众、队员与裁判之间的关系等。在教学过程中,如果能恰当处理与利用教学过程中存在的各种人际关系,将有助于发挥体育教师和学生的积极性,从而提高教学质量。

(四)中学体育教学组织形式

中学体育教学组织是指体育教师为了实现中学体育教学目标,保证体育课堂教学的秩序和效益,对体育教学环境、人际关系、教学纪律以及教学反馈等方面进行的各种设计、组织方式。中学体育教学设计过程中要改变组织教学方法,激发学生的学习兴趣,抓好体育课各阶段的组织教学。

四、中学体育教学过程设计的要求

结合体育与健康课程标准提出的理念及体育课教学的特点,体育教师在进行中学体育教学过程设计时需明确以下要求：

(一)针对中学生的认知特征,选择适宜的教学内容

中学生的认知特点与他们的年龄特征密切相关。中学生的感知觉有很大提高,能比较全面地感知事物,尤其是运动知觉,随着年龄的增大而提高,但也必须通过运动动作的练习才能逐渐分化为精细的、准确的运动知觉。中学阶段,学生的有意注意发展显著,稳定性提高,思维的独立性和批判性有了显著的发展。在设计中学体育教学过程中,体育教师应了解不同年龄段学生的认知发展特征,选择难度适宜,符合学生认知要求的教学内容,采用具有趣味性、活动性和多样性的教学方法与手段。

(二)明确学生学习主体地位,培养自学能力

学生是中学体育课堂教学活动的主体,在中学体育教学过程中,要充分发挥学生的主观能动性,激发学习体育的热情,培养体育学习的能力。在体育教学中教师应指导学生利用书籍、网络等多种学习资料自学,相互交流,运用所学到的知识和已有的经验,合理地安排和选择具体的学习活动;以学习小组的形式对学生的学习状况进行观察、分析、反思,看到进步与发展,指出不足与问题;让学生按照自学目标,富有个性地学习,分析学习情况,及时调整学习目标,改进学习策略和方法,并通过个人和学习小组的努力获得成功的体验和喜悦。这样不仅能培养学生的体育兴趣和爱好,也有利于促进学生学习能力的提升。

(三)创设问题情境,发挥教师的主导作用

体育教师要做好全课各环节教学时间分配、教学内容选择、教与学法运用、运动负荷预设、教学组织安排等方面教师的基本素养和驾驭体育教学的有效教学行为。随着新课程理念的变革及现代科学技术在中学体育课堂教学中的应用,体育教师的主导作用是为学生创设问题情境,引导学生探究、

发现和进行再创造。如,在田径接力教学中提出这样一个问题:怎样提高 4×100 米比赛成绩?以此激发学生学习动机,教师进一步引导学生参与问题的研究,通过个人和学习小组练习实践、比赛来加拓展认识,群策群力,各显神通,取长补短。最后,让学生对整个过程中的思考与行动进行总结,激发探索精神,提高学生的创造性思维。

(四)恰当选用教学方法,营造开放式课堂教学氛围

在中学体育教学过程中,体育教师需要结合中学生的年龄、性别及身心发展等特征,根据教材的性质和特点,体育知识技能掌握程度,注重活动化、游戏化、生活化的学习设计,设计目的明确、内容丰富、情境真实、方法多样、互动良好的完整学习活动,将"学、练、赛"有机结合。利用游戏教学法、情境教学法等方法,营造开放式课堂教学氛围,学生在对抗练习、体育展示或比赛等真实、复杂的运动情境中获得丰富的运动体验和认知,提高技战术水平和体能水平,促进学生积极练习,进而培养学生的体育锻炼习惯,促进学生更好地形成核心素养。

五、中学体育教学过程的性质

(一)中学体育教学过程是学生掌握运动技能、提高运动素质的过程

中学体育教学过程首先是学生掌握运动技能、提高运动素质的过程。体育教学过程以学生身心发展特点和学习规律为依据,以身体练习为主要手段,以体育与健康知识、技能和方法为主要学习内容,使学生在不断地身体练习中掌握运动技能,并通过掌握运动技能进一步提高运动素质。运动技能和提高运动素质是相互促进的关系。体育教学过程也是一个学生掌握运动技能,提高学生运动素质并以此增强学生体能的过程。

(二)中学体育教学过程是形成运动认知的过程

体育课程涉及体育、卫生、健康、环境、娱乐等领域的理论与方法,还涉

及身体发展、人际关系、运动技能技巧等实际活动方面的内容,是一门综合性课程。在中学体育教学过程中进行对体育文化的学习渗透、运动活动与身体练习,达到掌握运动技能和提高运动素质的目的。因此,体育教学过程是一个提高体育文化素养和形成运动认知的过程。

(三)中学体育教学过程是团队协作学习过程

由于大多数的体育运动项目是在团队的形式下完成的,因此在体育技能知识的习得过程中可以促进学生情绪稳定、包容豁达,学习交往与合作,提升学生适应环境的能力,熟悉不同的运动角色。中学体育教学中的团队学习过程也是加强师生、生生互动和沟通,是培养学生的社会交往和社会适应能力的途径。因此,中学体育教学可以理解为一个学生团队协作学习的过程。

(四)中学体育教学过程是体验运动乐趣的过程

体育课程在进行运动性认知的过程中大量涉及人的情感、情绪、态度、价值等,尤其是对人的意志力的培养具有其他课程无法取代的作用。学生学习体育的过程是一个充分感受人的生命力,一个在身体和心理方面体验运动固有乐趣的过程。因此,中学体育教学过程是一个学生体验运动乐趣的过程。

六、中学体育教学过程的组成因素

教学过程按照支撑的学习理论不同划分为"以教为主""以学为主""教学并重"几类。关于体育教学过程组成因素上,有几种不同的观点或提法:

第一种,"二因素说",认为体育教学过程是由体育教师和学生组成的双边活动。

第二种,"三因素说",认为体育教学过程是由体育教师、学生、体育教材三个基本要素构成的。

第三种,"四因素说",认为体育教学过程是体育教师、学生、体育教材和体育教学手段这些因素之间的相互联系和相互作用构成的(如图6-2所示)。

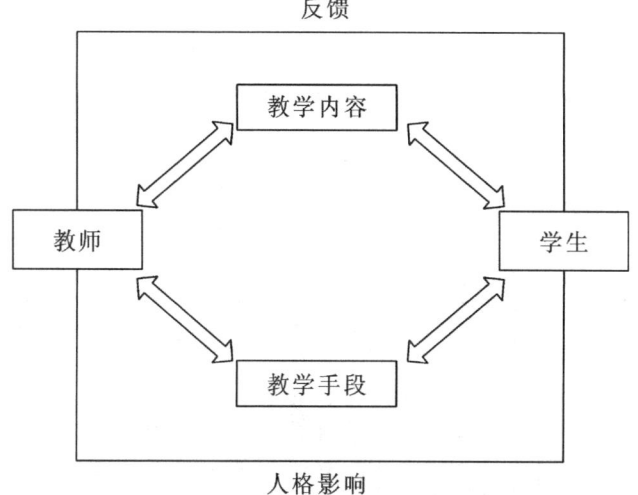

图6-2 四因素结构图①

第四种,把影响体育教学活动的各种因素都包括在内,可以称为"多因素说"(如图6-3所示)。

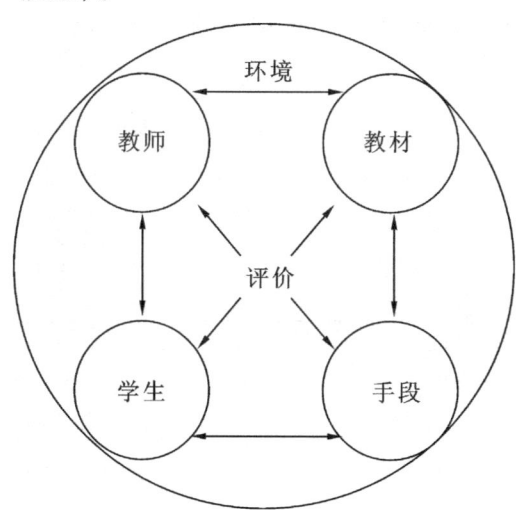

图6-3 多因素结构图②

以上四种观点主要是从体育教学过程的主体活动结构来认识的。

---

① 滕子敬,刘绍曾.体育学科教育研究[M].合肥:安徽教育出版社,2004:99.
② 滕子敬,刘绍曾.体育学科教育研究[M].合肥:安徽教育出版社,2004:99.

第五种观点是从体育教学过程的组成因素及其关系结构来认识的,它把体育教学过程的组成因素分为三个层次(如图6-4所示)。

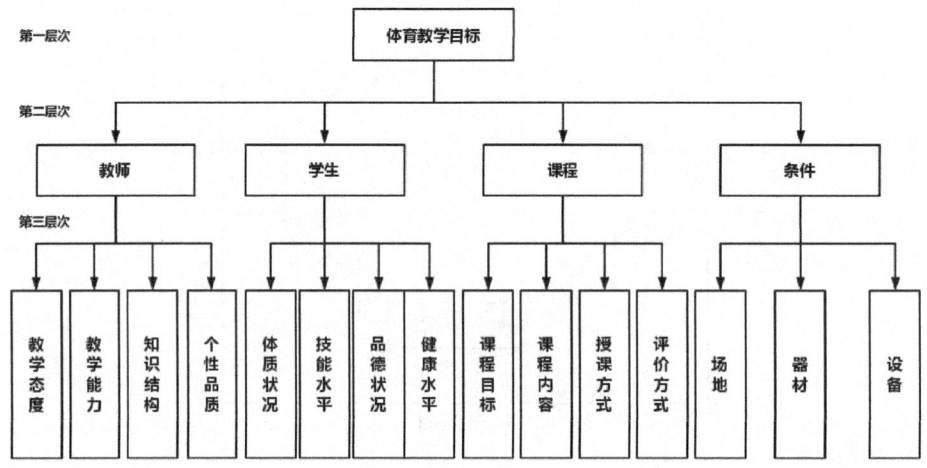

图6-4 体育教学过程组成因素层次模型

这个模型表明,体育教学过程是由不同层次上众多的因素组成,这些因素不仅有密切的纵向联系,而且有广泛的横向联系,它们相互作用,共同达到体育教学目标。

综合以上的观点,中学体育教学过程是一个复杂的动态系统,它由教学目标、教学内容、人际关系和传播媒介四个基本要素所组成(如图6-5所示)。

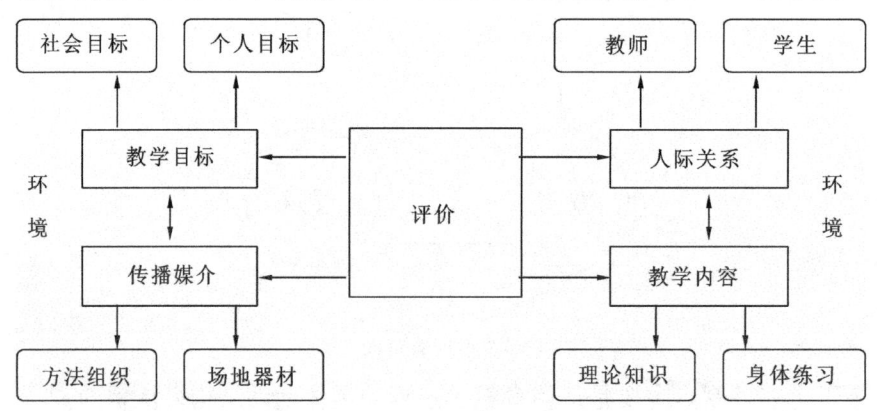

图6-5 体育教学过程基本因素图①

---

① 滕子敬,刘绍曾.体育学科教育研究[M].合肥:安徽教育出版社,2004:100.

体育教学目标是体育教学的出发点,也是体育教学的归宿,为体育教学指明了方向。中学体育教学目标可分为社会目标和学生个体目标。社会目标是体育与健康课程标准对中学学生的统一要求,个体目标是体育教师根据学生具体情况制定的。这两种目标都是必要的。

中学教学内容是根据学生发展需要和教学条件进行加工的,在体育教学环境下传授给学生的身体练习、运动技术学习和教学比赛等,直接影响到中学体育教学的预期效益。中学体育教学内容选择应依据基础性、实用性、兴趣性、科学性原则,根据体育与健康课程标准、中小学体育教材来选择。

体育教学中的人际关系是指体育教师和学生以及学生与学生之间的关系,是一种教育性的交往。体育教师掌握着教学的方向、进度与内容,用自己先进的思想品质、丰富的知识、高超的运动技艺、生动形象的语言,教育和影响着学生,在教学中发挥主导作用。学生是学习的主体。学生的学习目的、态度、动机、积极性、身体状况、兴趣、思维能力、情绪以及学习纪律性等,都直接影响教学效果。体育教学中教师之间、师生之间、生生之间,都存在着多向的信息交流,呈现出体育教学互动方式的多边性,只有正确处理好师生之间、生生之间的相互关系,调动其积极性,体育教学效果才能得到显著提高。

沟通信息要靠各种传播媒介。教师应根据学习内容的需要、学生的特征、教学目标的要求、教学策略的安排来选择最恰当的教学媒体。

体育教学这四种组成因素的协调运动,就是体育教学的发展过程。体育教师和学生是其中最积极、最活跃的成分,体育教师经过充分的准备(钻研分析教材、编写教案、布置场地器材等),在开始教学之后,通过各种传播媒介,向学生发出各种信息,指导学生的学习活动。

学生在学习开始之前,也进行必要的学习准备(身体的、心理的、服装的);教学开始之后,运用自己各种感觉器官接收教师(或同伴)传来的信息,进行分析、处理或者储存,并做出相应的反应。这种反应就是学习的效应,也是学习结果的反馈信息。体育教师收到学生的反馈信息以后,分析出学生的现状与理想(目标)的差距,及时调整计划、方法,再发出新的信息,指导学生学习。如此循环进行，逐步完成体育教学目标。学生也接收自己的信息（内反馈信息），随时调整自己的行为，逐步达到教学目标（社会目标和个体目标）。可见，体育教学是师生之间多向信息交流的一个有序的可控过程，它既具有按时间顺序发展的平面结构，又具有多种因素相互交叉发挥作用的立体结构。①

七、中学体育教学过程的功能

体育教学是教师的教与学生的学所组成的一种双边活动。体育教学过程是为实现体育教学目标的一个完整而有序的活动过程，整个教学过程必须充分体现新课程背景下对学科教学目标全面达成的需求。中学体育教学过程的功能具体体现在体育教学活动的结果之中，它包括教养功能、教育功能和发展功能。教养功能侧重于使学生掌握一定的体育知识、技术和技能。教育功能是通过体育课教学内容的编排和组织，结合对学生知识、技术、技能的传播，向学生进行身体的教育、心理的教育，集体主义、勇敢顽强、吃苦耐劳、拼搏进取等良好品德的教育。发展功能侧重于提高学生的体力和智力，使他们掌握正确的学习方法，具有自学、自练、自评的能力，促进学生身体、心理和社会适应和谐发展，为终身体育打下良好的基础，教养、教育、发展这三种功能是相互渗透、相互促进的。在中学体育教学中，要优化中学体育教学过程的功能，首先要处理好诸功能的相互关系，其次是确立以"发展能力，培养创造性"为目标的教学重心。

八、中学体育教学过程的特点

体育教学与一般课程教学有共同点，也有不同点。共同点表现在两者都是教与学的双边活动，都是教师有目的、有计划地指导学生自觉积极地学习与锻炼，掌握一定的知识技能，发展认识能力，逐步使学生形成共产主义的世界观和道德意志品质的过程。在这一过程中，教师的主导作用和学生

---

① 滕子敬，刘绍曾.体育学科教育研究[M].合肥:安徽教育出版社,2004:102.

的主体作用始终应密切结合①。

中学体育教学与一般课程教学不同之处在于,一般课程的教学主要是通过思维活动,使学生掌握有关的科学知识与技能,发展学生的认识能力,多是室内课;而中学体育教学不但要使学生掌握一定的体育科学知识和体育锻炼的技术、技能,还要促进学生形态结构与生理机能、体能,心理和社会适应的和谐发展,多是室外课。由此可见,体育教学过程的主要特点是:

(一)中学体育教学过程中学生的身体直接参与活动

中学体育教学过程虽然也是通过认识活动来掌握有关的体育知识、技术、技能,但除此之外,更主要的是它要通过身体的各种练习,使学生达到增进健康,发展体能的目的。学生是通过身体直接参与,主要以身体活动为主,把教师讲授的知识,通过身体体验转化为自身的知识、技能。因此,中学体育教学过程应特别注意学生在身体方面的差异,合理确定教学目标,选择适合的教学内容,合理安排运动负荷。通过形式多样的教学手段与丰富多彩的活动,不断提高学生的学习兴趣。

(二)中学体育教学过程中体力和智力活动的结合性

在中学体育教学过程中,体力活动与智力、情感、意志活动紧密结合。智力的增长和发展,要求体力也得到相应发展,而身体素质的提高,又会改善智力活动的条件,中学体育教学过程中体力和智力活动的结合不仅能发展学生的体能,而且也促进了学生的思维活动。

(三)中学体育教学过程中身体承受一定的运动负荷

体育课的运动负荷是指学生进行练习时身体所承受的生理负荷和心理负荷。在中学体育教学过程中,学生身体的神经系统、运动系统、心血管系统、呼吸系统等各器官系统积极参与活动,学生身体要承受一定的运动负

---

① 吴海宽,刘笙.体育课程与教学论[M].长春:东北师范大学出版社,2005:84-86.

荷。运动刺激的大小与过程直接影响学生承受的生理负荷的大小与过程，体能素质及运动技能是学生在不断地练习及身体承受一定强度的负荷之后才能有效地掌握和发展。中学体育教学过程中合理地安排和调节学生体育课运动负荷是对教师体育教学的一项基本要求，从课程目标、教材特点、学生实际情况和教学条件出发，精心合理安排课中教材的运动量，使学生承受一定的运动负荷，学会简单判断运动负荷的知识，科学地参加体育活动。

（四）中学体育教学过程具有动态性

体育教学过程是在传授体育知识技术和发展体力的基础上最大限度地培养能力、发展学生智能和体能的多层次的动态变化过程。组成体育教学过程的因素是相互联系、相互作用的，处于一种不断变化却有规律可循的运动过程中，是动态的。教师根据学生的心理特点、学生的数量、发生的环境、师生的知识背景选择、调整体育教学内容、体育教学的组织、教学模式、教学方法以及教学程序。运动技能学习具有重复性，中学体育教学过程是在不断重复的动态中学习、掌握运动技能。

（五）中学体育教学过程具有实践性

体育是一门实践性课程，不仅能壮筋骨，还能调感情、强意志，是人格教育的最好方式。教师在中学体育教学过程中通过运用多种教学手段，不仅要传授系统体育运动的知识、技术、技能，提高学生的身体素质，还要培养学生从事体育活动的意识、态度和方法。中学体育教学过程中的实践性包含了行动性、经验性以及综合性等特点。在中学体育教学过程中不仅要锻炼学生的身体，提高他们的各项能力，还要对学生的个人意志进行锻炼，使学生具备坚强的品格和不畏困难的精神。

（六）中学体育教学过程具有社会交往性

中学体育教学过程是教师的教和学生的学的双边活动过程，包括教师指导、帮助学生从事各种身体练习和活动，同学之间、小群体之间的相互合作、相互帮助、相互评价。交往可以分为教师与学生、学生与学生、学生与集体等方面的交往。中学体育教学过程中的人际关系、人际交往是社会性和生活性的体现,在这个交往的基础上,体育教学才能得以开展。

(七)中学体育教学过程的组织具有复杂性

在体育教学过程中学生多处在不断变化、多种形式的运动中。体育教学组织形式在单人、双人、小群体、全班之间不停地转换,加之教学易受气候和周围环境的干扰,因此教学要考虑男女学生性别差异、个体差异,要精心设计、认真组织,使组织形式、教学步骤、教学手段具有较多的应变性。从某种意义上说,良好的教学组织工作与措施是达到体育教学目标的根本保证。

第二节　中学体育教学过程中的客观规律

一、中学体育教学规律的含义

体育教学过程是以体育课程内容为中介、以促进学生全面健康发展为根本目的的师生互动活动,也有其客观的规律。为达到教学目标,我们在进行中学体育教学时要结合体育教学的本质特点,必须遵循这些客观的教学规律。

体育教学规律是在体育教学过程中客观存在和必然显现的、与体育教学的特殊性有着密切联系的现象及其有规则的变化。[①]

二、体育教学过程的客观规律

目前,许多学者对教学规律有过总结和归纳,金钦昌、李祥、于长镇在所著的《学校体育学》和《体育教学论》中普遍认为体育教学过程规律分为一般规律和特殊规律,认为一般规律中包括社会制约规律,学生身心发展规律,认识事物规律,教育、教养和发展相统一的规律,教师的教与学生的学辩

---

① 毛振明.体育教学论(第三版)[M].北京:高等教育出版社,2017:47.

证统一的规律。同时,也包括人体机能适应性规律、运动技能形成规律、运动负荷变化与控制的规律、体育知识学习和运动认知的规律、体育学习集体形成与变化规律等特殊规律。

(一)社会制约规律

体育教学是一种培养人的社会活动,它要受到一定社会的物质条件、文化条件、社会需要,特别是一定社会的教育目标及其内容的制约。体育教学作为我国学校教育与学校体育的重要组成部分,与其他学科教学一道成为实现我国学校教育目标的基本途径和重要手段。同时,体育教学的条件和手段(体育教师、场地、器材设备等)对社会经济发展水平、文化教育和科学技术的发展状况具有依赖性。因此,体育教学必须与社会发展的条件和需要相适应,并随着社会发展和需要的变化而变化。

(二)学生身心发展规律

学生身心发展规律是指在体育教学过程中,体育知识和技术技能的传授,影响着学生身心的发展,学生身心的发展,又反过来影响着对体育知识和技术技能的进一步掌握。体育教学中制定体育教学目标,安排教学内容,采用相应的教学组织形式、教学方法等,均必须从学生的身心发展特点出发,要符合不同年龄、不同性别学生的接受能力和体质状况,因材施教,以适应学生身心发展水平。

(三)认识事物的规律

学生在体育教学中学习和掌握体育知识、技术与技能的过程,必须遵循认识事物的规律。体育教师要引导学生将感知、思维、实践三个环节紧密结合起来,缺一不可。感知是认识事物的开始,是形成表象的基础。思维是形成理性认识,掌握运动动作的关键。实践是巩固和运用知识,改进提高动作技术,发展身体,增强体质,培养良好思想品德和行为的必要途径。这反映了教学过程中学生认识事物的客观规律。

(四)教育、教养和发展相统一的规律

体育教学中教师在对学生传授体育知识、技术与技能的同时,向学生进行思想品德教育,发展学生的个性,使他们的思想感情、精神面貌、道德情操、意志品质等都受到熏陶和提高,这是体育教学的教育目标。体育教学又是认识过程,教师要以一定的、系统的知识、技术、技能武装学生,这是体育教学的教养目标。教学过程必须充分发展学生的体力和智力,使他们掌握正确的学习方法,具有自信、自练、自评的能力,为终身体育打下良好的基础,这是体育教学的发展目标。教育、教养和发展是密切相关的统一整体,在体育教学实践中相互联系、相互促进、相互渗透,统一于体育教学的目标中。

(五)教师的教与学生的学辩证统一的规律

教学过程是教师和学生共同活动的过程,既要充分发挥教师的主导作用,又要体现学生的主体作用。教师的主导作用是外部条件,即外因;学生是学习的主体,是取得教学成功的内部根源,是内因。教学是教与学的交往、互动,师生双方相互交流、相互沟通、相互启发、相互补充,在这个过程中教师与学生分享彼此的思考、经验和知识;交流彼此的情感、体验与观念,丰富教学内容,求得新的发现,从而达成共识、共享、共进,实现教学相长和共同发展。

(六)人体机能适应性规律

在体育教学中,学生运动时体内会产生一系列的变化,机体对这些变化有一个适应过程,有一定的规律性。当人体开始运动时,身体承受一定的生理负荷,体内异化作用加强,能量储备逐步下降,这一时期称为"工作阶段";经过休息和调整,体内能量储备逐渐恢复到接近或达到运动前的水平,称为"相对超量恢复阶段";再经过合理休息,机体恢复功能,可以超过原来的水平,称为"超量恢复阶段"。根据这一规律,为了使学生达到增强体质的实

效,必须合理安排体育课的间隔时间,才能产生运动动作练习的效果积累,提高学生的技能水平。①

(七)运动技能形成规律

体育教学要让学生学会和掌握一定的运动技能,而运动技能的形成是一个复杂的过程。要经历一个由不会到会、由不熟练到熟练的连续变化过程。通常将动作技能形成、提高的过程分为粗略掌握动作阶段、改进与提高动作阶段、动作的巩固与运用自如阶段。体育课安排不可能明显地体现和准确地划分出动作技能掌握的这三个阶段,但从一个动作技能掌握的长链结构上看,仍然是要遵循运动技能形成的规律的。此外,运动技能的难度、学习运动技能的总时间和时间的密度、体育教师的教学经验与教学能力、学生的前期经验积累、学生的体育基础以及学生身体素质强弱等,这些因素对运动技能形成的不同阶段都会产生一定的影响。

(八)运动负荷变化与控制的规律

体育教学是学生通过身体练习来完成的。学生的身体必定要承受一定的生理负荷。从某种意义上讲,这种生理负荷越大,对学生身体产生的生物性痕迹效应越深,对体能提高的效果也越强。体育教学与一般的体育锻炼和运动训练不同,其追求的不仅仅是生理负荷和生物性改造,还有其他方面的教育意义。所以,在体育教学过程中既要合理地利用生理负荷,又要合理地控制生理负荷,这就是运动负荷变化与控制的规律。在体育教学实践中,学生的身心发展特点(性别、年龄、健康状况、体育基础水平等)、教材的性质、教学组织教法以及教学条件等不同,学生机能活动能力上升阶段所需要的时间、最高阶段的高度、稳定的时间,以及身体承担急剧变化负荷的能力等均有所不同。因此,学生承受运动负荷的大小要根据现实情况进行及时的调整与控制。

---

① 潘绍伟,于可红.学校体育学(第三版)[M].北京:高等教育出版社,2015:92

(九)体育知识学习和运动认知的规律

体育教学活动的特殊性,决定了学生在体育教学中不仅要学习体育运动文化和身体锻炼的知识,同时也要学习其他学科不能替代的运动认知。因此,在体育教学中要遵循体育知识学习和运动认知的规律。

体育教学要提高学生对物体,对自我的速度,对时间、空间、距离、重量、力量、方位、平衡、高度等因素进行识别和控制的能力。如,帮助学生有效控制身体运动、熟练地操作运动器械与器材,培养学生的空间感知能力和对方向的判别能力,培养学生对器械的速度、重量的感知能力,从而不断地提高学生的运动认知能力。

(十)体育学习集体形成与变化规律

在体育教学过程中,学生的体育学习主要是通过集体合作和相互帮助进行的,大多数都是以集体形式呈现练习的,因此,体育教学中要注重和突出学生体育学习的集体性规律。体育学习集体形成与变化的规律要求教师设计体育教学要选择体育集体性项目作为教学内容;要采用分组的小群体教学组织形式;要研究集体性学习的评价方法。只有遵循好这条规律,才能更好地把集体教育和思想道德教育融于体育教学过程之中,体现体育学科特有的集体特性和集体教育的价值。

(十一)体验运动乐趣的规律

在体育教学过程中,要让学生体验运动的乐趣,这是培养学生运动兴趣,形成运动爱好的首要条件,也是学生掌握运动技能、增进健康的前提条件,更是体育教学过程中教师始终要把握的客观规律。体育教学要让学生通过参与运动,亲身体验体育运动的乐趣,培养学生自主、主动运动锻炼的良好习惯,营造体育教学充满乐趣的良好课堂氛围。

体育教学中的乐趣体验过程:①学生在自己原有的技能水平上充分地运动从而体验运动的乐趣的阶段,②学生向新的技能水平进行挑战从而体验运动学习乐趣的阶段,③学生在运动技能习得以后进行技术和战术的创新从而体验探究和创新乐趣的阶段。①

第三节　中学体育教学过程的层次②

中学体育教学过程的层次可以分为:学段体育教学过程、学年体育教学过程、学期体育教学过程、单元体育教学过程、课时体育教学过程、技术学习点教学过程等。

一、学段(3~6年)体育教学过程

学段体育教学过程,按现在我国教育的学制进行划分,分为小学、初中、高中、大学等体育教学过程;按体育与健康课程标准的划分,可分为水平一(小学1~2年级)、水平二(小学3~4年级)、水平三(小学5~6年级)、水平四(初中阶段)、水平五和水平六(高中阶段)。

二、学年体育教学过程

学年体育教学过程是指根据学校的体育教学情况,针对学生的特点,把学段体育教学标准和方案的内容、任务、要求等具体地分配到学年中,使之相互衔接,为实现体育教学目标而计划、实施的,使学生掌握体育知识和运动技能并接受各种体育道德和行为教育的教学程序。它是一种客观的体育教学过程,此过程一般由各级各类学校的体育部门来掌控,主要表现为学校的学年教学计划。

三、学期体育教学过程

学期体育教学过程是根据教师、场地、教材的特点、气候、教材性质等条件,把学年体育教学过程的内容、要求和任务分配到两个学期的各个教学周中去。此教学过程一般由各级各类学校体育教师和体育教研室来掌控,表

---

① 毛振明.体育教学论(第三版)[M].北京:高等教育出版社,2017:67.
② 毛振明.体育教学论(第三版)[M].北京:高等教育出版社,2017:58-63

现为体育教研组的学期教学计划。

四、单元(1—36 周)体育教学过程

单元体育教学过程是指教师按照学期体育教学过程的方案,按教学内容的学理性,安排一些单元,进行课时分配并实施教学的过程。单元是体育教学过程的基本单位,是由若干课时组成的"教学模块"。单元体育教学过程在体育教学中具有最重要的意义,它表现为体育教师的单元教学计划。目前,以大单元教学设计呈现,依据学情特点,凸显学科核心素养。

五、课时(45~90 分钟)体育教学过程

课时(45~90 分钟)体育教学过程是指教师根据单元体育教学过程对每节课的要求组织实施体育教学的过程。根据学段和学校情况不同,有的课时教学过程为 45 分钟,有的则为 90 分钟。课时体育教学过程实践性较强,它是超学段、学段、学年、学期和单元体育教学过程实现的主要环节。

六、技术学习点(10~30 分钟)教学过程

技术学习点教学过程是指在课时体育教学过程中,课堂教学的关键和核心部分,也就是课堂教学中的重点和难点部分,时间长短不等,为 10~30 分钟。技术学习点教学过程也具有较强的实践性,它是课时教学过程中的重中之重。新课标建议,每节体育课应有 10 分钟左右体现多样性、补偿性、趣味性和整合性的体能练习。同时,引导学生做好充分的准备活动,循序渐进,逐步提高运动负荷,在保证运动安全的基础上增强学习效果。

第四节 中学体育教学过程设计及案例分析

体育教学设计对教学过程的表述是采用类似于计算机流程图的形式,把复杂的教学过程分解为相对简单的几个环节,显示了教学过程各要素之

间的关系。这样有利于教学过程的有序展开,有利于教学过程的最优化。具体说来,采用流程图方式表示课堂教学流程具有以下优点:可以直观地展示整个体育课堂活动中各个要素之间的关系、比重;教师可以根据学习者的不同反应做出相应的教学处理,灵活性大,目的性强;浓缩了体育教学过程,层次清楚、简明扼要、一目了然。

一、体育教学过程流程图表示法

对于大部分的体育教学内容,我们可以采用流程图来表示其操作过程,规定的符号(见表6-1)。这样表示的教学过程不仅简单、易于修改,也便于交流。使用流程图表示体育教学过程应注意:首先,在框内简要说明此步的内容;其次,在框图上可注明需了解的信息;最后,反馈回路应是闭路循环,不能断开。

表6-1 体育教学过程流程图符号

符号	表示意义
矩形	教师活动
圆角矩形	媒体的应用
平行四边形	学生的活动
→	过程进行的方向
菱形	教师进行逻辑判断

对于大部分的体育教学内容,我们可以采用流程图来表示其操作过程,规定的符号。这样表示的教学过程不仅简单、易于修改,也便于交流。

课堂教学流程图的形式丰富多彩,下面介绍几种与体育教学相关的教学过程设计流程图,以供参考。

(一)示范型

示范型教学法是体育教学中应用最为广泛的教学方法。这也体现了体育教学以身体活动为主要形式的学科特征。在运动类的体育教材内容中，示范是体育教学过程设计的必要手段和重要途径。(如图6-6所示)

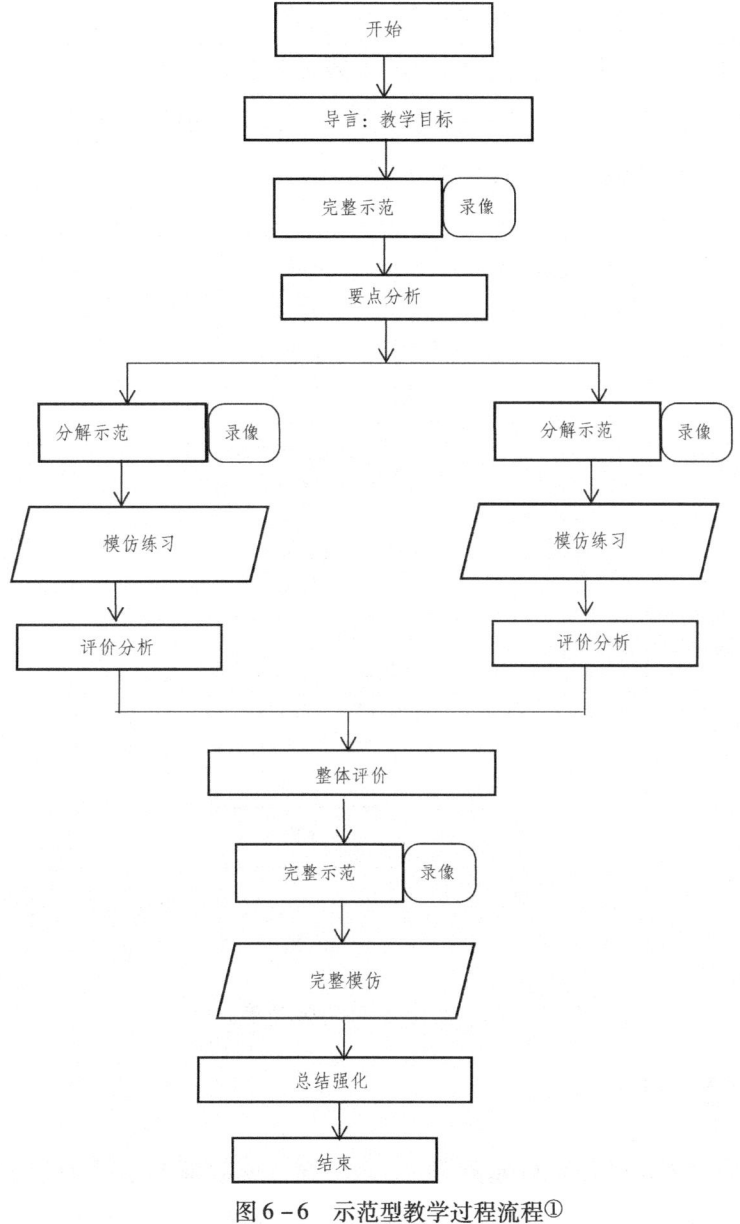

图6-6 示范型教学过程流程①

---

① 董翠香.小学体育与健康教学设计[M].北京:高等教育出版社,2020:169.

(二)探究发现型

探究发现型主要适用于在体育教学中组织学生观察、思考,探究原因、寻找规律等,是教学生学会体育学习的主要教学方法。如表现为某一动作技能的结构或原理等,可以有效地激发学生学习的主动性,培养学生发现问题探究问题、解决问题的能力(如图6-7所示)。

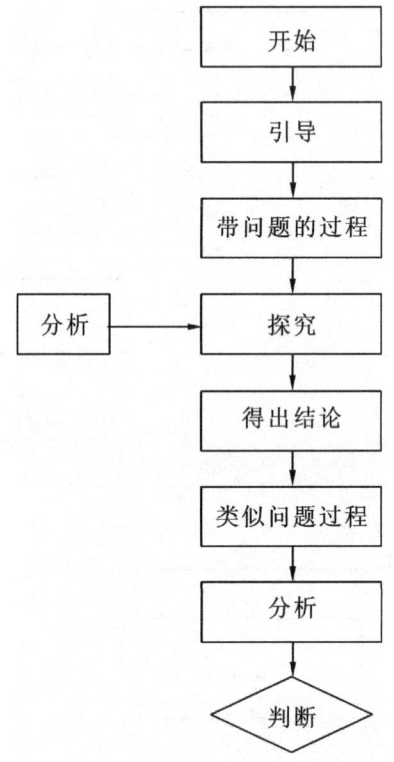

图6-7 探究发现型教学过程流程图①

(三)练习型

在以练习为主的体育课堂教学中,运用媒体或教师的示范为学生提供运动动作的路线、结构等主要动作要领,以及动作的变化发展过程等,学生

---

① 杨雪芹,刘定一.体育教学设计[M].桂林:广西师范大学出版社,2005:106.

通过各种感觉器官观察并模仿动作练习(如图6-8所示)。

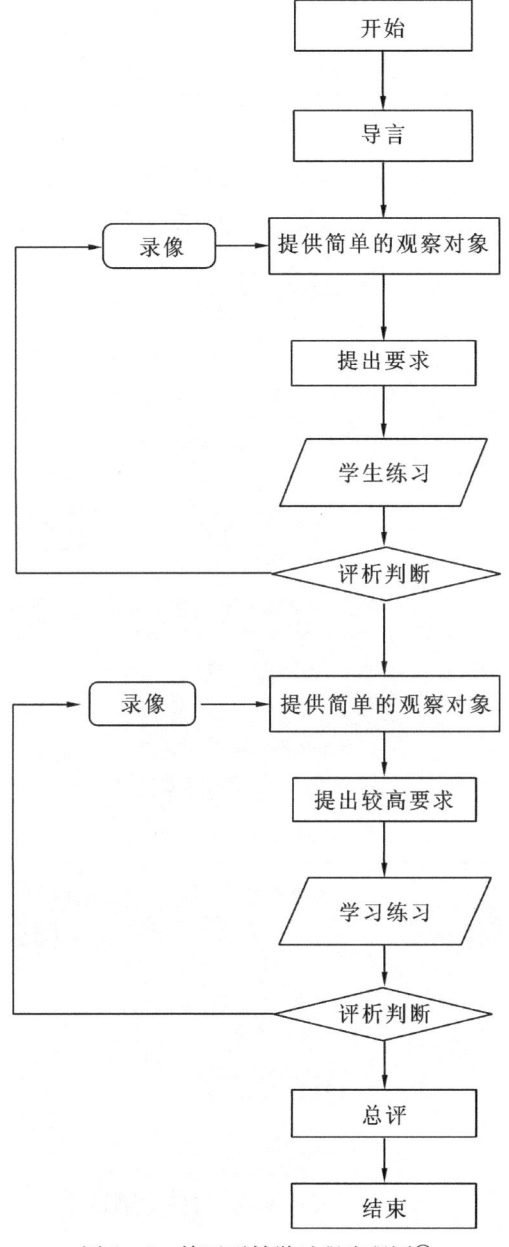

图6-8 练习型教学过程流程图①

---

① 董翠香.小学体育与健康教学设计[M].北京:高等教育出版社,2020:170.

二、体育教学过程设计案例

本案例在某中学实施教学,该校在近年来的学校体育改革中初步引入了少数民族的传统体育活动,并主要体现在其民族大课间等课外活动中。该校根据实际教学情况,在新课程标准理念和思想的指导下,尝试把经过改造和加工的民族体育游戏"嘟达达"引入体育课堂(如图6-9所示)。

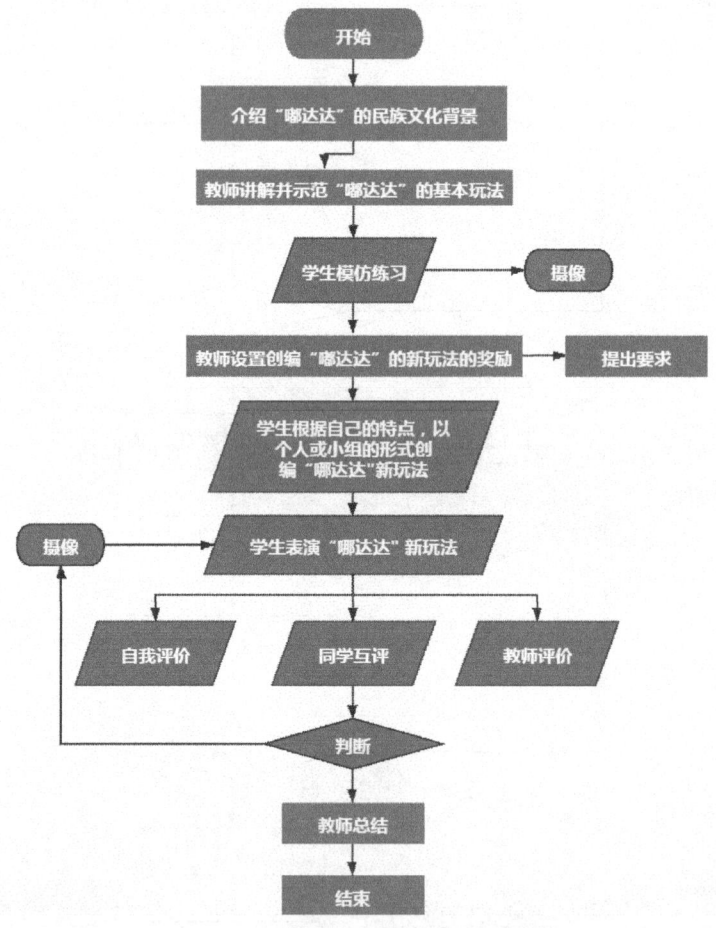

图6-9 "嘟达达"教学过程流程图①

---

① 董翠香.小学体育与健康教学设计[M].北京:高等教育出版社,2020:171.

【本章小结】

本章系统阐述了中学体育教学过程设计的概念、特点、设计过程的规律,通过案例分析帮助学生了解体育教学过程设计方法。

【实践演练】

1. 什么是体育教学过程?
2. 体育教学过程设计要求是什么?
3. 中学体育教学过程的特点是什么?
4. 如何理解中学体育教学过程的功能?
5. 体育教学规律的含义是什么?
6. 结合实际案例说明应用教学示范法的体育教学过程。

【拓展阅读】

[1]毛振明.体育教学论(第三版)[M].北京:高等教育出版社,2017.

第七章　中学体育教学计划设计

> 知识导图

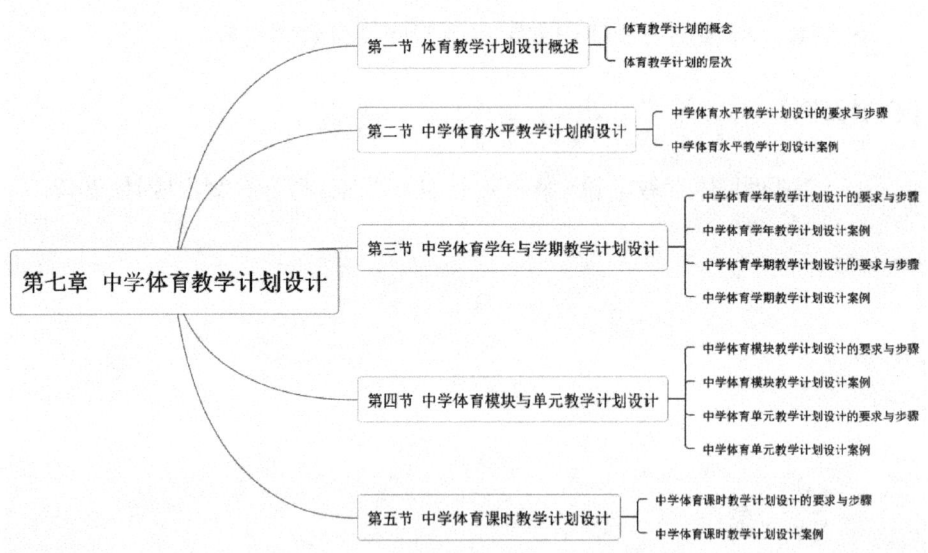

> 内容提要

体育教学计划是学校体育整体工作计划的一个重要组成部分,是体育教师进行教学工作的主要依据。科学、合理的体育教学计划设计对于做好学校体育管理、提高教学质量、提升体育教学工作意义重大。本章阐述了体育教学计划概念,中学学段、水平、学年、学期、模块、单元、课时等层次的体育教学计划的设计方法,各类教学方案撰写的要求,并提供了一些体育教学设计案例。

> **学习目标**

1. 了解体育水平、学期、单元、课时教学计划设计的概念。
2. 掌握体育水平、学年、学期、模块、单元、课时教学计划设计方法、步骤。
3. 通过分析体育课程教学设计实例,掌握与巩固中学体育水平教学计划设计。

第一节 体育教学计划设计概述

体育教学计划设计是对水平、学年、学期、单元、课时教学方案全面系统的特定教学过程、课堂教学的规划。实际上是要通过设计阐明"教什么""为什么教""如何教"及"教得如何"等一系列问题。

一、体育教学计划的概念

体育教学计划是结合学校的体育教学实际而制订的体育教学指导方案和教学过程实施方案①。

体育教学计划是根据国家颁布的体育与健康课程标准,结合本校实际情况制定的,是保证学校体育教学工作顺利进行必不可少的教学文件,也是体育教师进行教学工作的主要依据。

二、体育教学计划的层次

体育教学计划可分成超学段体育教学计划、学段体育教学计划、水平体育教学计划、学年体育教学计划、学期体育教学计划、模块体育教学计划、单

---

① 毛振明.体育教学论(第三版)[M].北京:高等教育出版社,2017:125.

元体育教学计划、课时体育教学计划。

(一)超学段体育教学计划

超学段的体育教学过程是学生从小学到大学毕业所接受的国家规定的体育教育过程,这一过程纵贯"九年义务教育"、高中教育和高等教育等阶段,可以理解为是体育课程的总教学过程,因此超学段的体育教学计划是整个体育教学过程的指导方案,一般由国家教育行政领导部门来制定。

(二)学段体育教学计划

学段体育教学计划是指以学段为单位,根据超学段的体育教学计划,参考所选用的体育教科书,结合本学校体育的实际情况,将选定的学段的体育教学内容和教学时数合理地分配到各个年级中,并进行相应的体育教学指导的方案。学段教学计划一般由各个学校具体制定。

(三)水平体育教学计划

水平体育教学计划是指根据体育与健康课程标准,参考所选用的体育教科书,结合本校的实际情况,将选定的学段体育教学内容和教学时数合理地分配到各个年级的体育教学指导方案中。水平体育教学计划一般由学校的体育部门来制定。

(四)学年体育教学计划

学年体育教学计划也称年度体育教学工作计划。它是以年级为单位,依据国家规定的课程标准,结合学校实际和学生年龄特点,将课程标准的目标、教材和教学时数及选修项目的时数、考核项目与标准,合理地分配到两个学期中的教学文件。学年体育教学计划一般由学校的体育部门来制订。

(五)学期体育教学计划

学期体育教学计划也称"教学进度",是根据水平体育教学计划或学年体育教学计划和本学期的气候条件,将学年体育教学计划所规定的本学期的各项教学内容,按照教学时数组成规模和目标不同的教学单元的教学文件,按照一定要求合理地分配到每次课中,并规定考核项目及考核时间,是制定单元或模块教学计划的依据。学期体育教学计划一般由学校的体育部门和体育教师共同来制定。

(六)模块体育教学计划

模块体育教学计划是依据学期体育教学计划,把某项主要教材内容,安排出每次课的目标、要求,课时学习内容,重点、难点,以及辅助学习内容等的教学工作计划。模块体育教学计划一般由体育教师设计和制订。

(七)单元体育教学计划

单元体育教学计划是把某个年级某项主要教材内容,按照学期或者模块教学工作计划中确定的课次顺序,安排出每次课的目标、要求、重点、难点,以及教与学手段的教学工作计划。单元体育教学计划一般由体育教师设计和制订。

(八)课时体育教学计划

课时体育教学计划又称教案。它是根据学期体育教学计划和单元体育教学计划,针对班级具体情况而编写的每次课的具体执行计划,是教师上课的直接依据。体育课的教案有两种类型,即实践课教案和理论课教案。

体育教学计划设计是对水平、学年、学期、单元、课时教学方案等的整体构思与具体规划。从教材分析、学情分析,到教学目标、教学内容、教学媒体、教学过程、教学策略和教学评价的设计,再到教学设计方案的评价、修订和完善。体育教学计划设计整体构思在不同计划层面的呈现方式具有差异性。

第二节 中学体育水平教学计划的设计

体育水平教学计划是根据体育与健康课程标准,结合本校实际情况和学生的主体需要,将某一水平的教学目标,各项教学内容的教学时数合理地分配到同一学习水平的不同学年中去的一种教学文件。体育水平教学计划的制定意味着体育与健康课程标准在学校层面运作的开始,不同的学校在制定体育水平教学计划时并没有统一规定的模式和类型。中学阶段有三个不同的水平,初中是水平四,高中是水平五、水平六。

一、中学体育水平教学计划设计的要求与步骤

(一)中学体育水平教学计划设计的要求

(1)制定水平教学计划时应该对整个水平阶段有整体的考虑,对体育与健康课程标准有一个完整的认识和把握。认真研究体育与健康课程标准等指导性文件,树立"健康第一",强化"教会、勤练、常赛"等教育理念,奠定体育教学计划设计理论基础。

(2)根据中学阶段体育课程目标在体育核心素养上的要求与课程内容,合理安排各个水平阶段的体育与健康教学计划。

(3)对同一水平阶段的教学内容进行统筹安排,考虑整体性。

(4)各个省市、各个地区根据中学和学生的实际情况,灵活调整中学水平体育教学目标,选择教学内容以及创造性地组合和优化教学内容。考虑在不同学年中教学目标、教学内容和教学策略的层次性、衔接性、连贯性。

(二)中学体育水平教学计划设计的步骤

1.确定中学体育水平教学计划教学目标

根据体育与健康课程标准对中学三个水平阶段的课程目标及内容标准

要求,结合学校、教师和学生实际,从运动能力、健康行为、体育品德三个方面,确定中学水平体育教学计划总的教学目标。

2. 选择和编排教学内容

根据体育与健康课程标准在各水平阶段的课程内容、学业质量要求,结合学生的基本情况及学校的体育传统、体育师资、场地设施器材条件等方面的具体情况,重视"学练赛评",精选中学三个水平阶段的体育教学内容,初中应多样化,高中应专项化。

3. 确定中学体育教学计划时数

如初级中学每学年上课周为 35 周,每周 3 节课,则每学年教学时数为 105 学时,而且初三下半学期体育考试结束后体育课可能会有变化。

4. 分配各项教学内容的教学时数

如把水平四的教学内容与教学时数合理地分配到中学三个年级之中。

二、中学体育水平教学计划设计案例

【案例】

表 7-1　××中学水平四教学计划

教学目标	1. 理解球类、田径、体操、武术等项目的相关原理、历史和文化,学习与掌握运动技能,能够欣赏和评价体育赛事,能运用知识和技能分析和解决体育展示和比赛中遇到的问题 2. 提高运用健康与安全知识和技能进行健康管理的能力,塑造良好体形和身体姿态,全面发展体能与健身能力,提高适应自然环境的能力。积极参与课内外体育学习和锻炼,基本形成自主、合作、探究学习与锻炼的能力。掌握控制情绪变化的方法,加强与同学之间的合作意识,学会团结互助 3. 体育活动中能够克服困难,勇于拼搏、勇于争先,做到诚信自律、公平、公正、规则意识强,具有责任意识和集体荣誉感,能正确看待比赛胜负

续表

具体教学目标	教学内容		安排方式(节)					
			初一年级		初二年级		初三年级	
			1学期	2学期	1学期	2学期	1学期	2学期
运动能力 1.学习运动项目的相关原理、历史和文化等常识 2.了解并运用所学运动项目的规则 3.在学练多种运动项目技战术和参与展示或比赛的基础上掌握运动技能 4.塑造良好体形和身体姿态 5.积极参与各种体能练习,全面发展体能与机能能力 6.观看体育比赛,并能简要分析体育比赛中的现象与问题	知识 (各校根据情况自选)		3~4	3~4	3~4	3~4	3~4	2~3
	球类 根据学校的条件每学期(或学年)任选一种	足球	12~18	12~18	12~18	12~18	12~18	9~12
		篮球						
		排球						
		网球						
		乒乓球						
		羽毛球						
	体操			9~12		9~12		3~6
	中华传统体育项目		9~12		9~12		9~12	
	田径	跑	12~18	12~18	12~18	12~18	12~18	12~18
		跳跃						
		投掷						
	新兴体育项目		3~6		3~6		3~6	
	了解并运用比赛规则		结合比赛安排					
	欣赏评析体育比赛、展示		结合比赛、多种媒介欣赏体育比赛					
	能用脉搏测定等常用方法测量运动负荷		在体育实践课中学会测定负荷的方法					
	发展速度性练习		2~4					

续表

		发展有氧耐力性练习	2~4		2~4		2~4	
		发展灵敏性练习	结合球类、跑的练习进行					
		发展力量性练习					2~4	2~4
		发展柔韧性练习	结合体操、武术的练习进行					
健康行为	1. 参与体育学习和校内外体育锻炼，逐步形成体育锻炼意识和习惯 2. 学会调控情绪的方法 3. 形成合作意识与能力 4. 提高适应自然环境的能力 5. 掌握卫生保健、营养膳食、运动伤病预防、安全避险等知识与方法	积极参加体育课学习	随体育课的学习进行					
		与同伴能够团结协作进行体育活动	随体育课的学习进行					
		知道合理安排锻炼时间的意义和方法并积极参与，形成习惯	在体育实践课进行					
		调节情绪，保持良好的心态	在体育实践课中进行					
		掌握个人卫生保健、营养膳食、青春期生长发育、常见疾病和运动伤病预防、安全避险等知识与方法	结合体育理论课、实践课进行					
		提高对于自然环境的适应能力	在体育实践课、体育活动中安排					
体育品德	1. 积极参与体育活动，保证安全的情况下培养坚强的意志品质	理解参与体育学练品德塑造的重要性，安全进行体育活动	在体育实践课中进行					
		遵守规则，相互尊重，公平竞争	在体育实践课、活动中安排					

续表

体育品德	2.遵守规则,相互尊重,诚实守信,具有公平竞争的意识和行为	在体育比赛时能与同伴合理分配角色	在体育实践课中进行安排				
	3.承担不同角色并认真履行职责,正确对待成败	将体育运动中养成的良好体育品德迁移到日常学习和生活	在体育实践课、体育活动中安排				
机动			2~3	2~3	2~3	2~3	2~3	2~3
合计			51	54	51	54	51	36

第三节 中学体育学年与学期教学计划设计

体育学年教学计划是以年级为单位,根据课程标准、教材和某个年级学生的身心特点和发展需要以及两个学期的气候条件,将学段规定的年度教学内容分配到两个学期,并确定每学期的考核项目与标准的教学文件。体育学年教学计划的制定相对比较宏观,主要是根据各年龄学生的身心特点来制定,体育教学计划要求与学年工作紧密配合。

一、中学体育学年教学计划设计的要求与步骤

(一)中学体育学年教学计划设计的要求

1.体育学年教学计划的系统性

学年教学计划的制定既要考虑上下学年体育教学计划的有机衔接,又要考虑学年内两个学期之间的联系;系统考虑教学目标如何分解、教学内容如何排列、教学时数如何分配、学年与学年间如何衔接;教材的安排也要考虑顺序与搭配要由易到难、由简到繁,处理好教材的纵横关系等。

2. 教学目标的全面性,教学内容的全面性、逻辑性和衔接性

在整个学年阶段安排什么教材、安排在哪个学期、出现几次、教学内容之间的相互关系等都应着重考虑。在安排两个学期的教材时,注意不同性质教学内容的合理搭配,防止同类教材过于集中在某一学期。

3. 要考虑季节、气候的特点,因时制宜地安排教材

例如,夏天可安排游泳、野营,冬天可安排滑冰和长跑等。考虑学生的年龄特征、思想认识、兴趣爱好、体育及健康的基础、经验等主体条件的可行性;考虑师资、场地、器材、设施等教学资源、体育传统、体育特色等客观条件的可行性。

4. 全面把握学生在"知识、能力、行为、健康"诸方面全面提升的要求

合理选择多元化教学模式和多样化组织方式,采用科学、操作性强的发展性评价指标体系,让学生体育学习评价更加具体、客观,建立"以评价促发展"的新理念。

(二)中学体育学年教学计划设计的步骤

1. 明确中学学年体育教学计划的教学目标

根据水平教学计划的教学目标要求,上一学年的教学工作总结,本年级教材的特点以及学生的特点,学生目标的达成情况,结合学校场地器材的条件确定本学年体育教学目标。从运动能力、健康行为和体育品德几个方面,确定中学学年体育教学计划的教学目标。设计学年教学目标时还要考虑学校年度的各项工作,如军训、冬夏令营和各种全校体育活动等。

2. 分配本学年教学时数与教学内容

突出以学生的发展为中心,本着健身性、娱乐性、终身性和实用性选定教学内容,按照教育行政部门的有关规定和本校的行政校历,根据一定的体育教材排列理论将全年的教学内容合理地分配到两个学期中去,并确定各个教材的教学时数。可以根据教材内容、性质、作用、难易程度来安排教学内容的时数;也可以根据学生达成学习目标的状况,对不同教学内容的时数和进度进行适当调整。每学年一般有35周体育课教学时间,并适当留出

2~3周作为机动时间。

3. 设计学生考核和评价内容

认真学习和钻研体育与健康课程标准考核项目的安排,考虑不同性质的教材,根据对全年教学效果的预测,确定年度和每学期的技能和体能测评项目、考核方案和标准。

4. 提出相应的教学要求

计划编制好后,还要根据年度体育教学目标,针对教学内容的实际情况提出相应的教学要求。

二、中学体育学年教学计划设计案例

【案例】

表7-2 初中二年级学年教学计划

教学目标	1. 学习个人卫生保健、营养膳食、心率测定等健康知识和方法,掌握球类、田径、武术等的基本知识和技能。能够欣赏体育比赛,以及分析和解决体育展示或比赛中遇到的问题 2. 运用健康与安全知识进行健康管理,结合运动项目练习提高灵敏性、速度、力量、心肺耐力等身体素质和健身能力,提高适应自然环境的能力 3. 积极参与课内外体育与健康学习与锻炼,在体育活动中表现出良好的道德行为,坚强意志、遵守规则、诚实自律,能够控制情绪,善于沟通合作,富有集体荣誉感																		

学期	课时\教学	课时安排																	总计学时	备注
		第1周	第2周	第3周	第4周	第5周	第6周	第7周	第8周	第9周	第10周	第11周	第12周	第13周	第14周	第15周	第16周	第17周	第18周		
上学期	知识	1							1							1					
	田径 跑	2	3	3	3																
	田径 跳					3	3														
	田径 投																				

续表

学期	课时\教学		课时安排																	总计学时	备注
			第1周	第2周	第3周	第4周	第5周	第6周	第7周	第8周	第9周	第10周	第11周	第12周	第13周	第14周	第15周	第16周	第17周	第18周		
上学期	球类	足球												3	3	3	3	3	2			
	花样跳绳																		3			
	体操	技巧							3	3												
		单双杠									3	2										
	锻炼教材		各种专项练习和基本素质练习,融于实践课中经常练习																		

学期	课时\教学		课时安排																	总计学时	备注
			第1周	第2周	第3周	第4周	第5周	第6周	第7周	第8周	第9周	第10周	第11周	第12周	第13周	第14周	第15周	第16周	第17周	第18周		
下学期	体育知识		1					1				1										
	田径	跑											3	3	3	1						
		跳															2	3				
		投																3				
	武术	太极拳							3	3	3	2										
	球类	篮球	2	3	3	3	3	2														
		毽球																	3	机动		
	锻炼教材		各种专项练习和基本素质练习,融于实践课中经常练习																		
	说明		体育欣赏融于实践课中																		

三、中学体育学期教学计划设计的要求与步骤

中学体育学期教学计划一般由各学校的体育部门和体育教师共同来制定,是根据学年体育教学计划和本学期的气候条件,把每一学期的各项学习

内容、时数,按课程标准的要求,合理分配到每个课时的过程。学期教学方案集中反映了教学工作的进程,是教师日常备课或编写模块、单元体育教学计划、课时教学方案的依据。因此,学期教学计划安排得是否恰当对下面计划的制定有着直接的影响。

(一)中学体育学期教学计划设计的要求

(1)认真领会中学各个水平与学年的体育教学计划和要求。

(2)中学体育学期教学内容排列要注意教学内容的系统性、全面性、连贯性、可行性。在安排每个学期的教学内容时,要考虑运动项目的多样化和全面性。合理安排不同形式和不同规模的教学单元,可多采用单一的教学单元,也可采用复式单元(即一节课采用两项或两项以上的教学单元)教学。动作技术上有干扰的教材内容在安排时应考虑一定的时间间隔。

(3)中学体育学期教学内容的安排应注意结合季节性特点,安排其在合适的季节进行,以利于学生的学习。

(4)理论知识的讲授可采用集中讲授和分散在实践课中讲授相结合的方式进行,集中讲授的课时数一般控制在每个学期课时数的10%左右。

(5)根据中学生的身心特点,注意学期内每节课教学内容的搭配。若一节课有两个教学内容,要注意上下肢之间的搭配、不同身体素质之间的搭配;若一节课只有一个教材内容,可适当安排简单的身体素质练习,以促进学生体能的均衡发展。

(二)中学体育学期教学计划设计的步骤

1. 确定中学体育学期教学目标

针对中学水平或学年体育教学目标与要求,结合本学期的教学内容,学期季节、气候特点,中学生实际情况,学校本学期工作,学校场地器材条件与学校传统项目等具体情况,促使学生在"知识、能力、行为、健康"诸方面得到全面提升,从运动能力、健康行为、体育品德三个方面,确定中学学期体育教学计划的教学目标。

2. 明确学期教学内容时数与上课次数的关系

若一节课是单个教学内容,那么上课次数与教学时数等同,若一节课是两个主要教学内容,则上课次数是该教学内容时数的2倍。

3. 根据教学目标和教材的性质,决定各个教材的单元规模

先将本学期各个教材的出现次数组合成不同规模的单元,可以形成"单一教材单元"(只有一个教材的单元)和"组合教材单元"(有 2~3 个教材的单元)。将锻炼性和介绍性教材等小单元穿插在各大单元之间。

4. 排列学期教学内容并填入表中

根据排列原则,先安排重点项目、考核项目,后安排其他项目。教学内容排列方法有三类:连续排列法、间隔排列法、混合排列法。要考虑季节的因素,有一定难度、季节性较强的教学内容可连续排列,如游泳等;比较简单的、技术性不强的教学内容可间隔排列,如耐久跑等。

5. 确定学期考核项目、评价内容、标准与要求

根据本学期的教学内容,结合国家学生体质健康测试的内容,考虑学期考核项目,一般在一个学期中以 2~3 个考核项目为宜。采用科学、操作性强的发展性评价指标体系,让体育学业质量评价更加具体、客观。

四、中学体育学期教学计划设计案例

【案例】

表 7-3　××中学初中二年级第一学期教学计划

教学目标	1. 基本掌握控制运动强度、心率测定、运动损伤与防护等科学锻炼身体的基本知识和方法,学习与掌握球类、田径、武术的基本知识和技能 2. 塑造良好体形和身体姿态,结合运动项目练习提高灵敏性、速度、力量、心肺耐力和健身能力,提高适应自然环境的能力 3. 积极参与课内外体育与健康学习与锻炼,保持稳定和积极的情绪,积极应对各种困难,并果断作出决策。在体育活动中表现出良好的道德行为,加强与同学之间的合作意识,学会团结互助																				
教材类型	教学内容	课时安排																		总计学时	备注
		第1周	第2周	第3周	第4周	第5周	第6周	第7周	第8周	第9周	第10周	第11周	第12周	第13周	第14周	第15周	第16周	第17周	第18周		
精学教材	篮球	课堂常规	传接球	行进间上篮	运球	罚篮	复习比赛														

续表

教材类型	教学内容	第1周	第2周	第3周	第4周	第5周	第6周	第7周	第8周	第9周	第10周	第11周	第12周	第13周	第14周	第15周	第16周	第17周	第18周	总计学时	备注
精学教材	篮球	球性	传接球	行进间上篮	交叉掩护	复习比赛	运动防护等														
			运球	运球	行进间传接球	行进间上篮	复习比赛														
	田径							起跑	快速跑	接力跑	合作跑	立定跳远	实心球								
								加速跑	弯道跑	定距跑	科学饮食	立定跳远	实心球								
								冲刺跑	障碍跑	定时跑		立定跳远	实心球	复习考试							
简学教材	武术—太极拳					基本功	第7~9式	第16~18式	复习												
						第1~3式	第10~12式	第19~21式	复习												
						第4~6式	第13~15式	第22~24式	复习考试												

续表

教材类型	教学内容	课时安排																		总计学时	备注
		第1周	第2周	第3周	第4周	第5周	第6周	第7周	第8周	第9周	第10周	第11周	第12周	第13周	第14周	第15周	第16周	第17周	第18周		
简学教材	毽球																脚内侧盘踢	膝盖磕踢	脚外侧拐踢	机动	
健康知识	课堂常规					运动损伤防护									科学饮食						
锻炼教材	各种专项练习和基本素质练习,融于实践课中经常练习																				
说明	体育欣赏融于实践课中																				

第四节　中学体育模块与单元教学计划设计

一、中学体育模块教学计划设计的要求与步骤

普通高中体育课包括必修必学和必修选学两个部分。必修必学是对全体学生学习体育课的共同要求,课程内容包括体能和健康教育;必修选学是满足学生形成运动爱好和专长以及个性发展的需要,课程内容包括球类运动、田径类运动、体操类运动、水上或冰雪类运动、武术与民族民间传统体育类运动和新兴体育类运动 6 个运动技能系列。每个运动技能系列由若干运

动项目组成,如足球、跳远、健身健美操、蛙泳、防身术、花样跳绳等,每个运动项目由包含内容相对完整的10个模块组成,以便学生对所选模块进行较为系统的学练。

课程内容之间的关系分为两类:一类是平行关系,一类是递进关系。课程内容中的体能、健康教育和运动技能系列三者之间是相互联系、相互促进的平行关系。运动技能系列下的运动项目模块之间呈递进关系,即下一个模块是上一个模块的延续和发展,它们之间是相互关联、衔接递进、螺旋上升和逐渐拓展的关系,如足球模块1、足球模块2、足球模块3……

高中学生在三年的体育课程学习中需上满216课时,修完12个模块,获得12个学分。平均每学年修习4个模块,1个模块一般为18课时。12个模块包含体能1个模块、健康教育1个模块、运动技能系列10个模块。每修完1个模块,经考核和评定,达到学业要求即可获得1个学分,修满12个学分并达到相应学业质量,准予毕业。[①]

高中的单元教学方案通常以模块教学计划的形式出现。模块教学计划设计思路清晰、有新意,符合学生身心发展。

(一)制订中学体育模块教学计划的要求

1. 要有明确的教学指导思想

以"学生发展为中心",落实立德树人根本任务和"健康第一"指导思想,进一步全面提高学生的学科核心素养,为学生终身体育锻炼和保持健康奠定坚实的基础。认真领会中学学年、学期的教学计划和要求。

2. 模块内容具有时代性、有效性

落实课程基础性、实践性、选择性和综合性要求,优化教学内容,重点教会学生健康知识、基本运动技能和专项运动技能。钻研体育教材,把握住该项教材的技术结构、重点和难点;把握住该项教材与学生发展之间的联系;

---

① 中华人民共和国教育部. 普通高中体育与健康课程标准(2017年版2020年修订)[M].北京:人民教育出版社,2020:9-12

把握该项教材对每次课的分配，每次课前后的联系、每次课的重点与本教材重点的联系。

3. 创新体育教学过程

要根据有限的教学时数，精心设计教学过程，充分利用场地器材资源，关注学生的运动基础、体育文化认知、兴趣爱好和个性发展，实施更有效的教学，全面提高教学质量。积极探索与适当增加"体育选项走班制""体育俱乐部"教学组织形式。

4. 评价方法与评价标准具有科学性、可行性和可操作性

丰富评价内容，倡导开展多元性评价，注重对学生知识、能力、行为、健康等的多方面检验，完善评价方式，提升评价效果。

(二) 中学体育模块教学计划制订的步骤

1. 明确中学体育模块教学计划教学目标

依据体育与健康课程标准，针对中学学期的体育教学计划和要求，结合中学生实际等具体情况，从运动能力、健康行为、体育品德三个方面，确定中学模块体育教学计划的教学目标。

2. 设置中学体育模块教学计划单元内容

考虑本校实际，师资力量，学生的年龄、性别、身心发育特点，按照逻辑清晰、系统连贯的结构化内容体系，确立具体单元内容。各单元之间要有进阶性，合理安排教学单元的大小、教学的深度。比如，锻炼单元可小一些，低年级学生的单元可小一些，而那些有深度和难度教材的教学单元或高年级的教学单元则应大一些。

3. 模块考核项目、评价内容、标准与要求

根据模块的教学内容，结合国家学生体质健康测试的内容，设定考核项目。

二、中学体育模块教学计划设计案例

【案例】

表7-4 ××高中二年级第二学期排球模块教学计划

教学目标	1. 学生进一步了解排球运动的知识，学会排球的组合技术和简单战术、基本规则，能够进行多种形式的排球游戏、比赛活动，承担简单裁判工作以及欣赏比赛。发展学生的速度、灵敏、协调等身体素质，提高快速反应、随机应变能力 2. 积极参加排球课程学习以及课外排球锻炼活动，激发学生运动兴趣，培养积极进取、不怕困难、挑战自我、顽强拼搏、追求卓越、团结合作、公平竞争和遵守规则等体育品德，体验竞争与合作，学会控制情绪，提高适应环境能力		

	课次内容	课时教学目标	重、难点	课时学习内容安排
组合技术	排球游戏 脚步练习 身体素质 练习	1. 学生能了解准备姿势和移动步法在排球运动中的重要性 2. 90%的学生能熟练掌握几种移动步法并能灵活运用 3. 能够积极主动地参与校内外的体育锻炼，掌握科学锻炼方法，发展学生协调性和快速反应能力，增强学生合作意识	全身协调配合	1. 熟悉球性、移动步法 2. 各种模仿练习 3. 身体素质练习 4. 排球游戏
	复习正面双手传球和正面双手垫球	1. 掌握正面双手传球和正面双手垫球的动作方法和技术要领 2. 70%的学生熟练掌握正面双手垫球、传球的动作技术，并能合理利用此技术，发展学生协调性和快速反应能力 3. 练习中学生不怕困难、挑战自我、积极主动、乐于思考、敢于尝试、相互鼓励	手腕紧张击球部位	1. 徒手模仿 2. 接3米外抛球 3. 一人抛球一人低重心垫球 4. 两人一组互传、互垫

续表

课次内容		课时教学目标	重、难点	课时学习内容安排
组合技术	改进传球和垫球技术	1. 掌握传球和垫球的动作方法和技术要领。80%的学生熟练掌握垫球的动作方法和技术要领 2. 发展学生的灵敏协调等身体素质，加强指腕力量 3. 能够积极主动地参与校内外的体育锻炼，主动学习，积极交流，提升比较评价能力	手型、击球点	1. 徒手模仿 2. 自传自垫，体会蹬地伸臂，协调用力 3. 两人一组一抛一垫固定球 4. 两人一组互相传球、垫球 5. 游戏
	改进传球、垫球技术	1. 掌握传球和垫球的动作方法和技术要领。体会传、垫球动作方法 2. 80%的学生能传、垫球过网。发展协调性和指腕力量 3. 对排球运动有兴趣，乐于参与，激发主动学习、积极进取、不怕困难、挑战自我	手型、击球点	1. 自传自垫练习 2. 复习上步、交叉步移动 3. 两人一组，一人左右抛球，一人移动，对正来球传球或垫球 4. 游戏
	进一步改进传球、垫球技术	1. 掌握正面双手传球和正面双手垫球的动作方法和技术要领。70%的学生熟练掌握正面双手垫、传球的动作技术，并能合理利用此技术 2. 发展学生协调性和快速反应能力 3. 能够积极主动地参与校内外的体育锻炼，积极主动、乐于思考、敢于尝试、相互鼓励	脚步配合对正来球	1. 复习传球、垫球 2. 行进间自传自垫球，强化体会击球点 3. 两人一组，一人左右抛球，一人移动对正来球 4. 游戏

续表

课次内容		课时教学目标	重、难点	课时学习内容安排
组合技术	巩固提高战术、传球、垫球技术	1. 80%的学生进一步改进传垫球技术,提高灵活运用水平 2. 提升学生的灵敏性、协调性、提高小肌肉群力量 3. 增强追求卓越、主动学习、合作学习意识,培养团结协作能力	对球的控制	1. 两人一组,一人抛球,一人移动对正来球,练习战术、传球、垫球 2. 对传对垫练习,控制传球、垫球用力 3. 师生、生生互评
发球	复习正面下手发球	1. 学生掌握正面下手发球的动作方法要领和技术特点 2. 通过练习,70%的学生基本上能掌握正面下手发球的动作,并能提高稳定性 3. 培养学生团结合作的意识和敢于吃苦的意志品质	协调发力	1. 发球徒手模仿 2. 两人近距离对发 3. 两人隔网对发 4. 教学比赛 5. 补充介绍场上位置和轮换
	复习提高正面下手发球	1. 学生熟练掌握正面下手发球的动作方法要领和技术特点 2. 通过练习,80%的学生基本上能掌握正面下手发球的动作,并能提高稳定性 3. 激发学习兴趣,能够积极主动地参与校内外的体育锻炼,挑战自我、顽强拼搏、追求卓越、团结合作	击球点	1. 两人近距离对发 2. 两人隔网对发 3. 教学比赛 4. 介绍简单规则

续表

课次内容		课时教学目标	重、难点	课时学习内容安排
发球	学习正面上手发球	1. 70%的学生初步了解正面上手发球的动作方法要领和技术特点,初步学会正面上手发球技术,体会发球用力 2. 增强学生的协调性 3. 激发学习兴趣,培养学生善于学习和学会学习的能力	抛球协调用力	1. 一人一球,抛球练习,要求抛得平稳适度 2. 击球臂的挥摆练习,手腕保持适度紧张 3. 将球击过网距离由近及远,强调腰的转动配合 4. 两人隔网对发
	运用正面上手发球	1. 80%的学生掌握正面上手发球动作方法要领及发球技术,体会发球用力 2. 发展学生的协调性、上肢和腰腹力量 3. 提高学生的挑战自我、顽强拼搏、团结协作、主动学习、善于学习意识	击球动作,击球部位	1. 击固定球练习体会击球点,全掌击球的中下部 2. 抛击动作吻合,转腰配合用力 3. 两人发球区隔网对发 4. 小比赛 5. 介绍简单进攻防守战术

续表

课次内容		课时教学目标	重、难点	课时学习内容安排
扣球	学习正面扣球技术	1.70%的学生初步了解正面下手发球的动作方法要领和技术特点,初步体会原地正面扣球的挥臂和一步两步助跑起跳的正确方法 2.70%的学生完成模仿练习,发展学生身体协调性和快速起跳能力 3.增强主动学习、善于观察的能力,学会与他人合作学习	挥臂方法助跑起跳	1.挥臂练习,扣固定球,一人高举球,一人原地挥臂模仿扣球 2.一人一球,自抛,向前挥臂,头上拍球,体会挥臂方法 3.教师示范一步两步助跑起跳方法,学生模仿
	复习正面扣球技术	1.80%的学生正确完成两步助跑起跳,并能做出"一小二大三直跳"动作,体会并保持人与球的位置关系 2.发展弹跳力和身体协调性 3.激发学习兴趣,启发终身锻炼,主动学习的意识	挥臂方法和助跑起跳	1.原地挥臂练习,扣固定球 2.学生原地一步两步助跑起跳动作练习 3.做两步助跑起跳击打高处固定球 4.做两步助跑起跳击打手抛球
	复习扣球	1.90%的学生能说出助跑起跳时机并学会两步助跑起跳方法 2.发展学生的适时反应速度素质和身体的协调性 3.培养挑战自我、顽强拼搏、团结合作、主动学习,互相学习的意识	助跑起跳时机	1.一人一球原地挥臂击球练习 2.学生原地一步两步助跑起跳动作练习 3.做两步助跑起跳击打手抛球 4.完整扣球过低网动作练习

续表

	课次内容	课时教学目标	重、难点	课时学习内容安排
扣球	学习2号位扣球技术	1.70%的学生初步掌握2号位助跑起跳扣球技术 2.发展学生的适时反应速度素质和身体的协调性 3.激发学习兴趣,培养学生主动学习、互相学习的意识	起跳时机	1.一人一球,2号位原地挥臂击球练习 2.做两步助跑起跳击打手抛球 3.完整扣球过低网动作练习 4.小比赛
	复习改进2号位扣球技术	1.80%的学生复习改进2号位扣球技术动作并改进助跑起跳动作 2.发展学生弹跳力和身体协调性 3.培养终身体育的习惯与能力,增强学生善于学习和学会学习的能力	空中人与球位置关系	1.一人一球,2号位原地挥臂击球练习 2.2号位原地一步两步助跑起跳练习 3.2号位一步两步助跑起跳空中击球 4.小比赛
	巩固提高正面扣球技术	1.80%的学生逐步掌握完整的正面扣球技术动作要领与技能 2.发展学生弹跳力和速度、协调等身体素质 3.提高顽强拼搏、追求卓越、团结合作,培养善于观察的能力,学会与他人合作学习	挥臂速率	1.一人一球原地扣手腕,体会鞭甩动作 2.一人一球原地挥臂扣球过网 3.教师抛球助跑起跳扣球 4.学生互抛各位置助跑起跳扣球

续表

课次内容		课时教学目标	重、难点	课时学习内容安排
扣球	教学比赛加考评	1.90%以上的学生参与串联技术练习及教学比赛 2.增强学生的灵敏、协调、速度、力量等身体素质 3.提高学生的合作、协同、互助的团队意识,培养终身体育的习惯与能力	协同合作	1.传球、垫球、发球、扣球练习及考评(边练边赛边考评) 2.教学比赛
	教学比赛加考评	1.90%以上的学生参与串联技术练习及教学比赛 2.增强学生的灵敏、协调、速度、力量等身体素质 3.提高学生的合作、协同、互助的团队意识,培养终身体育的习惯与能力	协同合作	边教学比赛边考评战术运用和组织能力

三、中学体育单元教学计划设计的要求与步骤

单元教学计划是指根据学期或是模块教学计划的规定与要求,按运动项目的内在结构与逻辑排列课次顺序、目标、内容与方法等,并提出考核或考查标准与方法的一种教学文件。单元是教学过程的基本单位,是通过设计单元规模与类型、设计单元教学目标、选择单元教学内容、策划单元教学策略和单元教学组织而确定的。依据不同的分类标准,我们可以把单元教学方案分成不同的类型。在体育课程的教学中,不同学段(水平)之间在教学目标、教学内容和教学策略的安排上有着明显的差异。例如,小学阶段通常采用复式单元的教学,初中阶段通常在相对集中的时间内进行某一内容的教学,而高中阶段则采用选项形式进行教学。单元教学直接影响学习内

容的广度与深度。因此,在体育与健康课程教学中,我们应特别重视单元教学方案的设计。

(一)中学体育单元教学计划设计的要求

(1)认真钻研中学单元教学内容的性质与教学难度。

(2)把握中学单元教学内容的逻辑性、系统性和衔接性。根据各学段教学目标,合理选择多元化教学模式和多样化组织方式。

(3)根据中学生特点,充分考虑学生的实际需求、单元教学内容难度,合理安排中学单元教学时数与课次顺序。

(二)中学体育单元教学计划设计的步骤

1. 确定中学体育单元教学目标

根据学期或是模块教学目标与要求以及内容标准,结合运动项目特点、学生特点等,从运动能力、健康行为、体育品德三个方面,确定中学单元体育教学计划总的教学目标和要求。

2. 选择单元教学内容

从学期教学计划每一个学期的内容集群中,确定一项或一组内容,并将其分解成有机联系的几个部分。

3. 确定中学体育单元教学步骤及每节课的教学目标

根据单元教学设计原理,或者参照某个体育教学模式,设计出该单元教学过程、教学组织形式,合理安排每节课的教学目标并将各步骤的课时进行分配。

4. 安排中学体育单元教学内容重难点,选择适当的教学方法

按单元教学的内部结构、目标、学生特点与学校具体情况等,合理安排教学重难点、学生学练步骤、教学策略等。有针对性地选择每次课主要的教学手段和辅助教学内容。

5. 明确中学体育单元教学考核方法与评价方法

根据学年、学期教学计划的要求,结合本校的实际情况确定单元教学考核或考查项目、考核方法与评分标准。

四、中学单元教学计划设计案例

【案例】

表7-5 ××中学一年级单元教学计划

年级	高一		学期		课次	8	教师	
单元学习目标	1.学习耐力跑的基本知识和技能,掌握步伐与呼吸节奏相配合的跑步方法 2.增强心肺功能,提高有氧代谢水平,学会通过监测心率的方法来调整运动强度,合理分配自己的体力,选择适宜的运动负荷,发展耐力、速度、力量等相关体能,提高持久奔跑的能力,体验竞争与合作,学会控制情绪,能够适应不同环境 3.体验参与体育学习和锻炼的乐趣,促进身心的健康发展,培养不怕困难、挑战自我、顽强拼搏、团结合作、公平竞争和遵守规则等体育品德				重点	1.步幅、步频的协调放松 2.步伐与呼吸节奏的配合		
					难点	身体、步伐与呼吸节奏的协调配合		
课次	单元内容	课时学习目标			重难点		教学策略	
1	交替跑	1.体验与学习走跑交替的方法,80%的学生了解步伐与摆臂、步伐与呼吸的协调配合方法 2.发展持久奔跑能力,增强下肢和腰腹肌的力量,上下肢走跑结合的协调性 3.体验运动的快乐,激发运动兴趣,培养自我挑战、竞争与合作的意志品质			重点:正确的呼吸方法 难点:摆臂、步伐、呼吸的有效配合		运用重复法、竞赛法、合作学习法 主要的练习形式有: 1.100米走跑交替 2.200米走跑交替 3.300米走跑交替 4.直道弯道交替跑	

续表

课次	单元内容	课时学习目标	重难点	教学策略
2	音伴跑	1. 80%的学生掌握耐力跑技术，学会通过监测心率的方法来调整运动强度，提高自我健身能力 2. 体验节奏与呼吸的有效配合，建立良好的跑动节奏和速度感，发展耐力、速度、力量等相关体能，提高持久奔跑的能力 3. 激发并保持运动兴趣，不怕困难、挑战自我、顽强拼搏，提高创新能力	重点：步伐与呼吸节奏的协调配合 难点：建立良好的跑步节奏与速度感	运用重复法、游戏法、合作学习法，辅以节奏感强、节奏稳定的音乐 1. 30米加速跑 2. 30米计时跑 3. 30米、100米、200米追逐跑 4. 400米音伴跑
3	迎面接力跑	1. 80%的学生体验与学习接力跑的方法，掌握接力跑的呼吸节奏与配合调整步伐的方法 2. 发展下肢力量、速度，发展接力跑的协调性 3. 体验成功感，树立自信心，形成学生之间的配合能力，以及进一步增强学生进行自我锻炼的主动性和积极性	重点：起跑的加速与交接的减速 难点：接力跑的交接	运用讲解示范法、合作学习法以及游戏法、比赛法，辅以音乐伴奏，并通过挑战活动来激发学生的积极性 主要的练习形式有： 1. 2人20~30米接力跑 2. 4人20~30米接力跑 3. 4人50米接力跑 4. 4人100米接力跑

续表

课次	单元内容	课时学习目标	重难点	教学策略
4	变速跑	1. 85%的学生掌握变速跑跑步方法,合理分配体力 2. 发展上、下肢肌肉力量、协调性,提高心肺功能 3. 培养不怕困难、挑战自我、顽强拼搏、调节心理、生理节奏的能力以及培养自评、他评的能力	重点：变速跑节奏的合理掌控与调整 难点：不同跑速与呼吸节奏的配合	运用讲解示范法,合作学习法以及游戏法,并通过创意活动、挑战活动来激发学生的积极性。主要的练习形式有： 1. 50米慢速跑 2. 100米快速跑 3. 100米慢速跑 4. 200米快速跑 5. 200米追逐跑
5	25米×8往返跑	1. 80%的学生了解掌握心率与运动量的知识,体验与学习25米×8往返跑的方法 2. 发展下肢力量、速度耐力、发展身体协调性,有效提高机体、机能的抗疲劳能力 3. 培养坚持不懈、克服困难、挑战自我、顽强拼搏、团结协作的能力。	重点：起跑的加速 难点：往返跑技术	运用讲解示范法、竞赛法,辅以音乐伴奏,并通过挑战活动来激发学生的积极性。主要的练习形式有： 1. 25米×2往返跑 2. 25米×4往返跑 3. 25米×6往返跑 4. 25米×8往返跑

续表

课次	单元内容	课时学习目标	重难点	教学策略
6	定距跑	1.80%的学生了解耐久跑锻炼的价值,掌握合理的跑步节奏,学会用脉搏测量心率 2.通过学习与练习,发展速度、耐力、协调等身体素质,锻炼心肺功能,发展学生的有氧耐力和灵敏性 3.培养学生克服困难的坚强意志品质,体验成功感,树立自信心、团队意识	重点:控制跑速、合理分配体力 难点:跑步节奏与呼吸的有效配合	运用讲解示范法、合作学习法及重复训练法,并通过创意活动、挑战活动来激发学生的积极性。主要的练习形式有: 1.200米匀速 2.400米匀速 3.男子800米,女子600米校园定向跑
7	定时跑	1.感受和克服"极点"现象,85%的学生掌握正确的跑步方法,学会正确的呼吸方法,合理分配体力 2.发展上、下肢肌肉力量,提高各机体、技能的抗疲劳能力 3.建立自信心,培养克服困难的意志品质,团结协作能力,形成体育锻炼的习惯与能力	重点:正确的呼吸方法 难点:体力分配及呼吸配合的方法	运用讲解示范法、合作学习法、循环训练法,辅以音乐伴奏,并通过挑战活动来激发学生的积极性。主要的练习形式有: 1.定时1分钟 2.定时2分钟 3.定时3分钟 4.男生5分钟,女生4分钟

续表

课次	单元内容	课时学习目标	重难点	教学策略
8	耐久跑考核	1.85%以上的学生调整状态耐力跑时合理分配体力,节奏与呼吸有效配合 2.积极参加课内外学习体育锻炼,提高持久奔跑的能力 3.培养形成勇敢顽强、积极进取的意志品质和责任心、团队协作的竞争与合作精神	重点:调整身体状态、合理分配体力 难点:呼吸、步伐节奏的高效配合	采用分组轮换的组织方法,运用讲解示范法、合作学习法,主要的练习形式有: 1.自由分组、自主练习 2.分组测试
	安全保障	1.学生配备健康卡 2.安全教育 3.检查场地、服装、跑鞋 4.出现极点时的个别指导	评价与方法	1.终结性评价:教师评价、学生评价 2.过程性评价:表现性评价
	教学资源	400米跑道、标志桶10个、标志盘若干、敏捷圈若干、绳梯4个、秒表4只、音乐播放器4个		

第五节 中学体育课时教学计划设计

课时是指连续教学的时间单位,1课时就是一堂课所占用的时间。按照惯例,各级学校规定1课时为40~50分钟。课时教学计划也被称为教案,是一种以课时为单位设计的具体的教学方案。课时教学计划是根据学期计划的安排和要求,参照单元教学方案设计,针对班级学生具体情况,并结合场地器材、教材等实际情况,逐一设计体育教学系统的各要素,包含如教学目标、重难点、课的内容安排、教与学活动、练习时间、次数、密度、心率曲线、课后反思等,是教师教学设计成果的主要组成部分和最终形式,是教学设计的核心内容。所以,教案质量的高低直接关系到课堂教学的成败,同时也是反映教师专业素养和专业能力的高低、教学技巧的熟练或生疏,以及工作态度好坏的重要窗口。

从体育课的目的出发,体育课教案可以分为理论课教案和实践课教案。理论课教案是教、学、思、讨以及教学内容等方面在时间上有序展开的书面形式,体育理论课教案一般包括讲授课题、教学目标、教学内容、课时安排、教学重点、教学难点、教学方法、教学过程等。在教学设计中应该把先讲什么、后讲什么、怎样讲、怎样提问、怎样练习及讲练习的分配,相关的作业和检查等进行系统的安排。从实践课的类型出发,体育课教案可以分为新授课、复习课、综合课和考核课教案。从实践课教案的形式进行分类,体育课教案可以分为文字式教案、表格式教案和卡片式教案。目前,大部分体育教师都采用表格式教案,教案格式目前没有统一规定,各个地区与学校根据需要选择和运用。体育课时教学设计是指对各个教学环节的局部设计进行整合。

一、中学体育课时教学计划设计的要求与步骤

(一)中学体育课时教学计划设计的要求

(1)依据学期教学计划、单元教学计划与要求,编制课时教学计划,要简明,细而精,不烦琐。

(2)课堂常规的内容可不在每次课时教学方案中重复写,但公开课和观摩课除外。

(3)课时教学计划各阶段、各要素的设计要准确、具体、高效。教学目标应具体、明确、可操作、可评价;教学内容的设计既要考虑学生的年龄、性格、爱好和特长,又要考虑学生的自身要求。

(4)认真钻研教材、教法,有效把握教材内容的技术要领、重难点、易出现的错误动作及纠正方法。

(5)教学方法和教学手段丰富化、新颖化,优化教学过程,提高学生参与活动的积极性。

(6)教案的小结,每位教师要及时认真填写,不断积累教学经验,提高教育教学能力。

(二)中学体育课时教学计划设计的步骤

1. 明确指导思想

根据体育与健康课程标准的基本理念、单元规划及本班学生的特点,体现出体育与健康课程标准的精神,落实立德树人根本任务,树立"健康第一"教育理念,强化"教会、勤练、常赛",帮助学生掌握1至2项运动技能,促进中学生运动能力、健康行为、体育品德等核心素养的形成。

2. 写清授课对象等基本信息

根据单元教学方案的安排,写明教学课题、年级、班级、人数、周次、课次、课的类型及任课教师姓名。

3. 学情与教材分析

在学情分析中,可针对具体的班级,分析中学生的认知水平、身心特点、能力水平等情况。在教材分析中,可针对具体教学内容的动作结构、运动认知、体能基础、相关知识进行深入的分析,明确教学重难点。

4. 确定课时教学目标

首先,针对中学水平教学目标、学年教学目标、学期教学目标、单元教学目标与要求,结合课的类型、教学内容、运动项目特点、学生学情、学校场地器材特点,从认知、技能、体育品德、体能四个方面,确定全面、明确、具体、可操作、有侧重点的中学课时体育教学计划的教学目标。其次,在制定课堂教学目标时要把握目标陈述的基本要素,这些要素包括行为主体、行为动词、行为条件和表现程度。

5. 安排各个部分的内容

一般来说,实践课由准备部分、基本部分、结束部分(三段式)或开始部分、准备部分、基本部分、结束部分(四段式)组成。而理论课主要由导入部分、基本部分和结束部分三部分组成。安排课的内容和组织教法与学练法时,一般先构思基本部分。首先考虑的应该是基本部分的内容,如果一节课安排两个以上内容,则应先确定其先后次序,一般要先易后难、先简后繁、先负荷小后负荷大、先局部后全身等。然后找出各项内容的重点难点、动作要领以及学习的方法。课的组织教法与学练法的构思,应根据本课教学目标、教学内容、学生及场地器材等条件来安排。基本部分构思成熟后,再根据需要考虑准备部分的练习内容以及结束部分的放松练习等。

在安排基本部分的教学时,应处理好以下几个方面的问题:

(1)通常应将新的、较复杂或难度较大的,发展速度和灵敏性的教学内容放在基本部分的开始阶段,使学生具有饱满的精力去完成较复杂,较难的学习任务。

(2)应根据课的目标和主要教学内容的性质与学生的特点,正确地选择和安排一些必要的辅助练习、诱导练习、转移性练习和体能练习,如在进行难度大或强度大的练习前应做一些相应的专门性准备练习和辅助性练习。

(3)根据课的教学目标、教学内容性质、学生特点和场地器材设备等具体条件,设计和安排好练习密度、生理负荷与心理负荷。采用相应、有效的组织教法措施,调控练习的次数、强度与休息时间,使之合理地交替进行,使基本部分练习的密度、生理与心理负荷达到适宜的程度。

(4)具体时间根据各部分内容的需求进行安排。一般情况下,基本部分要占总课时的60%。

6. 确定教学方法与学练法步骤以及教学组织形式

以学生的学习状态和学习需求为参照,根据教学内容与教学目标,制订相应的教师活动和教法,教学方法包括语言法、直观法、完整法、分解法、游戏、竞赛等方法,而教学手段则要充分利用学校的场地、器材、仪器、设备等。常用的教学手段有挂图、模型、多媒体、哨、录音机等各种器材。根据学习内容与教学目标,制订相应的学生活动和学法,并估计各种练习的时间、次数、组数等。教学组织形式明确是否分组,分组是否轮换。用文字或图表表示分组的形式、队伍、队形的安排及调动。

(1)要根据各个教学内容重点、难点考虑必要的教法,一般来说应考虑以下 10 个方面的问题:

①教法的选用和运用顺序:选用什么教法?什么教法在前?什么教法在后?

②教具的安排:需要不需要教具?需要什么样的教具?是否需要购置和制作?如何进行演示?

③分组和分组轮换的方法:按什么分组?分几组?需要不需要交换场地?如何交换场地?

④学生的调动:如何在最短的时间内完成学生队伍的调动?何种队形效果最佳?

⑤如何有效利用场地与器材:有多少器材?用多少器材?如何使学生获得较多的练习次数?

⑥学生自主练习的形式:给学生多少时间?什么时候给?教师如何进行指导?出现问题时如何处理?

⑦交流与反馈:如何与学生进行情感交流?如何反馈学生的学习情况?如何进行过程中的评价?用什么样的态度和语言?

⑧集体性活动安排:要不要安排比赛和游戏?规则及要求如何制定?组织时会有什么问题?

⑨安全措施:各个教学环节有哪些安全隐患?如何消除?出现危险时采取什么措施?

⑩学生干部:需不需要学生干部的辅助?是否应该进行课前的培训?

(2)学法指导的选择与设计。

①要分析学生在掌握教学内容时可能出现哪些问题及问题产生的原因。

②要以学生的发展为主线,优先考虑学生想怎么学,学生愿意怎么学,学生能怎么学,学生原有的学习习惯、学习方法等怎样,教师在什么环节、什么时间点拨等。

③教师要精心设计课堂提问、巧设悬念,引发学生求知欲,让学生通过自主交流、质疑、探究,促成其创新能力、实践能力的形成,让学生尽快掌握

技能、技巧和锻炼身体的方法。

7. 合理安排课的各部分时间、练习时间及练习次数

（1）合理安排课的各部分时间：

①准备部分：45 分钟的课中占 8~12 分钟，90 分钟的课中占 20~25 分钟。

②基本部分：45 分钟的课，大约占 30 分钟；90 分钟的课，大约占 60 分钟。

③结束部分：45 分钟的课，一般为 3~5 分钟；90 分钟的课，一般为 8~10 分钟。

（2）步骤：

①定出"各项教学内容"的时间：

各项内容的教学时间的总和应等于或小于课的总时间。

②定出"各项教学内容"的练习次数：

练习次数是各个教学内容里每项练习中一个学生的练习次数。

③定出"练习的次数"并算出时间：

练习次数的确定应根据各项内容的教学时间和相应的组织时间来决定，确定练习次数要留有一定余地。

8. 设计课的运动负荷，预计课的练习密度

根据教学内容特点、学生年龄特点、学生分组情况，做好运动负荷与练习密度的预计，中学生每节课平均心率指标一般在 140~160 次/分钟，每节课群体运动密度应不低于75%，个体运动密度应不低于50%，每节课应达到中高运动强度。为了更好地实现体育的教学目标，教师应以该班中等水平的学生为依据，根据教学内容、场地器材条件、气候条件等，预计本课学生的运动强度、最高心率、平均心率、练习密度，还要根据教学人数和场地器材情况设计课的练习密度。

体育教师在设计体育课负荷时要遵循以下的原则：

（1）课的生理负荷的量与强度的安排，应符合学生的身心发育水平，确保学生活动安全。

（2）根据课型和组织教学形式的要求安排生理负荷。

（3）要考虑教材内容的性质、结构、难易程度、练习强度及气候环境等条件来安排生理负荷。

（4）合理安排课的生理负荷，要依照负荷强度大小，适当地安排间歇时间，使练习与休息交替进行，结合有效的卫生措施来促进学生体能的提高，以不影响下节课教学为原则。

（5）应根据心理负荷变化的趋势安排教学内容，如在学生注意和情绪的高峰期安排学习各种知识、方法与动作技能。

9. 安排场地器材

安排场地时要相对集中以便于指导，要尽可能地充分利用学校现有的体育器材以增加学生的练习量。设计后，应在"场地器材"一栏内填上本课所需的场地器材和用具的名称、数量、规格，以便课前进行准备。

10. 课后小结

课后小结虽然是每节课后教师要完成的工作，但也是教案的组成部分。记成功之举，记败笔之处，记教学机智，记学生见解，记再教设计。每位体育教师应在课后将本次课教学目标的完成情况、主要优缺点及改进的方面等简明扼要地写在"课后小结"的栏目中，以便为今后的备课和教学检查提供参考和依据。

二、中学体育课时教学计划设计案例

【案例】

远撑前滚翻课时教学计划设计

一、指导思想

本课贯彻"健康第一"的指导思想，着重培养学生的体育学科核心素养。结合学校实际情况，立足初中学生的学情特点，关注学生的性别差异和个体差异，结合游戏、音乐和韵律运动，充分利用器材的多种功能和作用，创设内容丰富、形式多样的体育课堂，在练习中注重对学生因材施教，区别对待，提高学生参与活动的积极性，体验运动的成就感，增强运动的自信心。

二、教材分析

体操是体育课必修内容之一。远撑前滚翻是体操中的一项技巧运动,动作由手臂远撑用力蹬地、获得滚翻动力、迅速低头屈膝、团身滚动、上体迅速起立五个动作组成。动作要点远撑蹬地与团身滚动连贯,上下肢动作协调。学习远撑前滚翻对学生的柔韧、灵敏、力量及身体协调性有一定作用,有助于培养学生克服困难、团结协作的优良品质。远撑前滚翻共有六个课时,本课为第二次课,本课的重点是远撑和蹬地,难点是团身紧、滚动圆滑。

三、学情分析

本次课是在共有40人的高二年级的一个班进行教学,班级男、女比例相当。通过学习前滚翻,学生对垫上运动的基础知识、技能、价值与功能有了一定的了解,具备一定的滚翻能力。学生组织纪律性和集体荣誉感很强,求知欲强,善于学习,有比较强的模仿能力、自学能力、同伴合作探究的能力。由于远撑前滚翻有一定的技巧性,对体能有一定的要求,部分女生的上下肢和腰腹力量都比较弱,有一定畏惧情绪。本课在解决远撑问题的同时,需尽可能多地创造不同条件,尽量做到因材施教。

四、教法与学法

教法:

1.示范法:通过正确优美的示范,使学生建立正确的技术动作表象,激发学生的学习欲望。通过示范培养学生观察、思维能力,使之明确要领,学会练习方法。

2.分解法:让学生从简到难地学习,使学生更容易掌握技术。

3.游戏法:通过游戏活跃课堂气氛,启发学生,培养学生的协作能力和集体主义精神。

4.多媒体教学:利用多媒体设备为学生展示生动形象的示范,利用投射功能,反馈学生的练习情况,改进提高动作。

学法:

1.游戏法:激发学生的兴趣,活跃课堂气氛。

2.菜单式练习:自主选择练习方式,使学生领会方法要领。

3.展示法:通过展示促进学生进行创造性的学习。

4.评价法:通过评价发展问题、解决问题,进一步启发学生的学习兴趣。

5.合作学习法:小组成员积极讨论,明确技术动作的重点,互相纠错,互帮互助。

五、评价设计

以课程标准中提出的运动能力、健康行为、体育品德三个方面为评价内容,选择反映学生体育学习情况的相关指标,根据一定的比重进行综合评价,力争做到评价主体、评价方式多元化。

六、预计教学效果

1.预计85%以上的学生能够初步掌握本课所学的动作技术,40%以上的学生能够较熟练地掌握动作技术。

2.预计本课学生的运动强度为中等,最高心率为160次/分左右,平均心率140次/分左右,运动密度为75%左右。

七、场地器材的布置回收

1.场地:一块。

2.体操垫子15块,音乐播放设备,多媒体设备。

3.课后师生一起回收器材。

表7-6 水平四 远撑前滚翻课时教学计划

课的类型	综合课	年级		周次		课次		执教教师		日期	
内容主题	远撑前滚翻					重点		远撑、蹬地			
						难点		远撑与蹬地的衔接配合			
教学目标	1.掌握远撑前滚翻动作知识与动作要领,80%的学生能独立完成远撑前滚翻动作,做到远撑与蹬地的衔接连贯,学会保护与帮助的方法 2.发展腿部、上肢和腰腹力量,以及柔韧、灵敏等身体素质,提高身体平衡及控制能力 3.激发学习热情,经历同伴之间相互交流与合作,增强自信心,不断挑战自我,体验成功的乐趣,进而课内外坚持锻炼										

第七章 中学体育教学计划设计

续表

课序	时间（分）	活动内容	预计运动负荷			教与学	教学组织与要求
			次数	时间（分）	强度		
准备部分	8	课堂常规： 1. 整队、清点人数 2. 师生问好，宣布内容 3. 检查服装，安全教育 4. 安排见习生 准备活动： 1. 慢跑 2. 音伴的垫上操 (1) 头部运动 (2) 肩部运动 (3) 扩胸运动 (4) 体转运动 (5) 滚动练习 3. 专门性练习 (1) 手撑垫蹬直 (2) 预摆接手撑垫蹬地练习		2 6	小 中	教师讲解本次课的内容安排，要求并对见习生另作安排，整队，检查人数 要求：快、静、齐 教法： 教师示范并提出要求，口令指示学生学做 学法： 1. 操的幅度渐大，充分活动各关节 2. 体育班长配合老师带操	○○○○○○ ○○○○○○ ○○○○○○ ○○○○○○ △ △代表教师 ○代表学生
基本部分	32	1. 复习 (1) 复习前滚翻 (2) 颈下夹纸前滚翻 (3) 腿部夹纸前滚翻 2. 手撑固定标志线的练习 3. 练习（菜单式练习） A. 手撑不同距离的标志线 B. 手撑垫跃过固定高度的练习		10 5 10	中 中 中	教法： 1. 教师语言讲解完整动作并示范 2. 语言提示错误动作，指导练习 3. 利用设置障碍法改进技术	前滚翻和远撑前滚翻

203

续表

课序	时间(分)	活动内容	预计运动负荷			教与学	教学组织与要求
			次数	时间(分)	强度		
基本部分	32	C.手撑厚垫的滚动练习 D.从高垫向低垫的滚动练习 E.完整动作练习 4.展示与交流 5.体能练习 (1)仰卧起坐 (2)两头起 (3)俯卧撑 (4)立卧撑		2 5	中 中	4.利用练习间隙,进行图示讲解,通过图示达到直观效果 5.逐步提高练习难度,达到循序渐进的效果 6.通过骨干生展示,提高学生的学习兴趣 7.学生练习时教师参与其中,起到示范效果,达到共同参与的目的 学法: 1.认真听讲解、看示范,明确技术要领以及相关要求 2.按要求认真进行练习,及时纠错 3.利用障碍进行改进练习	1.利用音乐和场地布置创设体能训练情境 2.在小组长带领下自主选择核心力量训练项目,循环练习

续表

课序	时间(分)	活动内容	预计运动负荷			教与学	教学组织与要求
			次数	时间(分)	强度		
基本部分	32					1. 通过探讨图片,动脑思考,明确自己的动作是否正确合理 2. 积极参与练习,注意观察动作 3. 互相之间进行交流	
结束部分	5	1. 整理放松 放松操(音伴) 2. 课堂小结 3. 归还器材 4. 师生再见		5		1. 利用音乐创设放松氛围,语言创设宽松的讲评氛围 2. 活动任务:拉伸放松,在教师引导下自评、互评	放松
场地器材		垫子15块、音乐播放器	安全保障与相关措施			教师:提示、引导学生注意自我保护 学生:学会安全的自我锻炼与自我保护方法 器材:课前检查器材,合理布置场地	
运动密度		75%	练习密度		35%	强度	中等
课后小结							

【本章小结】

　　体育教学工作计划是保证学校体育教学工作科学、有序进行的必不可少的教学文件,是体育教师进行教学工作的主要依据。本章阐述了中学体育水平、学年、学期、模块、单元、课时教学计划的设计要求与步骤,并列举一些案例,希望为体育教师提供一些参考。

【实践演练】

　　1. 什么是中学体育与健康教学计划设计？特点是什么？

　　2. 制定水平五高中二年级上学期学期教学计划。

　　3. 制定水平五高中一年级下学期模块教学计划。

　　4. 制定水平四初中二年级单元教学计划。

　　5. 体育课教案都包含哪些内容？

　　6. 体育课教案编写的要求是什么？

　　7. 制定水平五高中一年级"篮球双手胸前传接球"的课时教学计划。

　　8. 制定水平四初中一年级"跳远"课时教学计划。

【拓展阅读】

　　[1] 董翠香,田来,杨清风. 核心素养导向的体育与健康教学设计[M]. 上海:上海教育出版社,2020.

第八章　中学体育基本课型的教学设计

▶知识导图◀

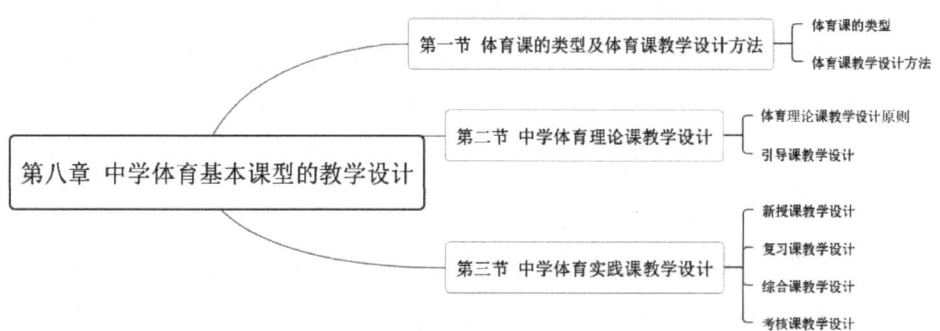

▶内容提要◀

本章主要阐述了体育课的类型的基本划分、体育课教学设计方法,其中结合案例着重阐释了体育理论课、实践课教学设计理论和方法,便于学生根据体育课类型进行体育课教学设计,利于体育课教学设计中教学目标、内容、结构、媒体呈现形式的优化。

▶学习目标◀

1. 了解体育理论课、实践课基本知识。
2. 掌握体育理论课、实践课教学设计方法。
3. 能够分析体育课程教学设计实例。

第一节　体育课的类型及体育课教学设计方法

一、体育课的类型

体育课的类型指根据体育教学目标、教材内容特点和学生学习的需要所划分课的种类。从体育教学目标和教材内容性质来区分,体育课可分为理论课与实践课两大类。

(一)体育理论课

体育理论课指向学生传授体育、健康、卫生、国防的基础理论知识和基本方法的一类课型,亦称"体育健康教育课"。其作用是通过向学生传授体育、健康、国防的基本理论知识,提高学生的人文素养;培养学生的体育、健康和国防的意识,激发学生学习和参加体育活动的兴趣,使学生具备有关的知识并能运用这些知识去指导自身的卫生保健和体育锻炼活动。

体育理论课的基本内容有:学校体育教育、教学的目标与要求,体育卫生要求与科学锻炼身体的方法,学校体育卫生法规,体育教材内容体系与运动知识、竞赛规则简介,健康的概念、卫生保健措施和国防常识教育等。

根据教学目标的不同,体育理论课又可分为讲授课和考核课。中学体育理论课以讲授课为主。

1. 讲授课

讲授课是体育理论课的主要形式,是指按照体育教学目的和课程标准,在课堂上向学生系统地讲授体育、健康和国防基本理论知识的课型。中学体育讲授课主要包括基础知识课和引导课两种。基础知识课可安排在开学初或重大体育活动日前讲,也可结合季节特点讲。要把机动时间或雨雪天充分利用起来。新学期第一节体育理论课被称为"引导课",主要任务是使学生明确本学期的教学任务、内容要求、考核项目标准、课堂常规,以及学校体育开展情况、学生体质变化情况等。对刚入校的新生班级,进行本校开展体育活动的优良传统教育和体育教学常规教育,使他们明确学校体育的意义,激发学生上好体育课的积极性。

2. 考核课

考核课是检查学生掌握所学理论知识的情况的一种课型。它一般安排在学期的期中或期末进行。考核的方式有抽查个人或小组,课堂测验,期中、期末考试等。

(二)体育实践课

体育实践课是根据教学进度所规定的教学内容和要求,组织学生在体育场馆进行身体活动练习的课。它的目的是帮助学生掌握锻炼身体的基本动作、技能动作与方法,发展体能,增强体质,促进学生身心健康。中学体育课绝大部分是实践课。按照课的具体任务,体育实践课主要分成新授课、复习课、综合课和考核课四种类型。

新授课是以学习新教材内容为主的课型。其主要任务是帮助学生形成正确的身体活动动作的概念与表象,初步掌握身体活动动作的要领与方法。

复习课是对所学过的教材内容进行复习、熟练、改进和巩固提高的课。复习课不是简单地重复已学过的教材内容,而是在初步学习的基础上不断地练习、改进、提高动作质量,形成正确、完整的动作定型。

综合课是在一节课内完成两种以上教学任务(如新授、复习、检查等),多表现为新授和复习合理搭配的一种课型,即学生在课中既要学习新内容,又要复习已学过的内容。

考核课是以检查学生阶段或学期学习成绩为目的的一种课型,即给予学生某一种教材内容或某一阶段的学习情况以技能与体能等方面的评价。

二、体育课教学设计方法

体育课教学设计是根据课程标准、教材、学生、教师、场地器材条件等诸多因素,选择教学内容,设置学习目标,采用科学有效的方法,按照一定的时间顺序,进行最优化组织与规划的过程。

体育课教学设计一般包括指导思想、教材分析、学情分析、教学目标、教学过程(教学流程)、教法与学法、教学效果预计、教学中可能出现的问题及预防方法、教学准备(包括教具、学具等)、板书设计(理论课)、教学反思。

(一)指导思想

指导思想是每一节课的教学设计和课堂教学的灵魂,包括体育课程标准精神,有关教育学、心理学的理论,相关教育专家的观点,以及被教育实践证明了的经验等。在新课程背景下,体育教学设计要研究体育与健康课程标准等指导性文件,落实"立德树人"根本任务,树立"健康第一"教育理念,强化"教会、勤练、常赛",做到灵活多样,具有主导性,体现主体性和有效性。

【案例】

篮球行进间运球(初二年级)第一次课指导思想

本课以"健康第一"为指导思想,依据体育与健康课程标准水平四的精神,构建"以学生为主体"的教学模式,教学在关注学生个体差异与不同需求的基础上,采用有效的、富有吸引力的教学手段,运用各种激励性的教学语言,注重激发学生学习兴趣,让学生在愉快和谐的教学氛围中进行学习,使学生形成良好的集体荣誉感和团队协作能力,提高身心健康水平,使每个学生学有所得。

(二)教材分析

教材分析就是解决教师教什么,学生学什么的问题。教师对教材内容的分析包括分析教科书既定的学习内容的地位与作用,与前后知识间的联系,教材的重点和难点,教材中的过程、方法、情感态度价值观等因素分析,又要包括根据本校的实际情况以及学生的基础对学习内容进行重新建构。教师要以学生已有的生活背景、学习经验、知识积累为基础,根据学生的认识规律,合理选择、组织教学内容,恰当地确立学习起点,确定学习内容的范围与深度,从学生体育知识的需求,学习运动技能需要,终身体育的需要出发,在学习内容分析的基础上根据对运动技能本身的价值判断,设计出更具生活意义和生命价值的学习主题。

1. 教材的基本结构

义务教育阶段体育课内容主要包括,基本运动技能、体能、健康教育、专项运动技能和跨学科主题学习。普通高中体育课内容包括必修必学和必修选学两个部分。必修必学课程内容包括体能和健康教育,必修选学课程内容包括球类运动、田径类运动、体操类运动、水上或冰雪类运动、武术与民族民间传统体育类运动和新兴体育类运动6个运动技能系列。每个运动技能系列由若干运动项目组成。体育课教材包括基础知识教材;以自然地走、跑、跳、投、攀爬、悬垂、支撑、滚翻、平衡、搬运、钻越等为主要内容的身体基本活动能力教材;以快速跑、耐久跑、接力跑和障碍跑为基本内容的走、跑教材;跳高、跳远,提高弹跳力等各种跳跃教材;推铅球、投实心球、投标枪等投远、投准的投掷教材;队列和体操队形、徒手操、持轻器械体操、负重搬运和角力等基本体操教材;滚动、滚翻、倒立、平衡等技巧教材;一般跳跃、支撑跳跃等支撑跳跃教材;单杠的基本握法、悬垂、摆动和支撑为重点的基本技术和基本姿势教育为主要内容,并发展学生身体素质的单杠教材;双杠教材;游戏教材;由基本技术、简单战术和教学比赛三部分组成的篮球教材;由基本技术和简单战术和教学比赛组成的排球及软式排球教材;由踢、停、顶、运球等基本技术、简单战术和教学比赛组成的足球教材;韵律操和舞蹈教材;发展身体素质教材;中华民族传统体育教材;新兴体育项目教材等内容。

2. 教材的重点、难点和关键

重点:体育教学重点是指身体练习的主要部分,即某一个身体练习的技术关键或技术环节的重要连接部分。教学的重点是客观的,它不以学习对象的不同而改变。

难点:一是难以理解和掌握;二是容易出错或混淆,有主观性。

关键:起决定作用的内容。

教材分析要分析体育课程标准对本课教学内容的要求;本课内容的来源、特点、功能、作用;教学内容的单元时数,在整个单元学习中的地位和作用;分析本课内容与相关教材、相关内容的区别和联系。重点把握对"教材特点"的分析,"教材功能"的分析,"教材安全"的分析。

【案例】

少年拳(第二套第 5~8 动)马步横打、并步搂手、弓步推掌、搂手勾踢

少年拳第二套是国家统编的套路,全套动作由 12 个动作组成。本课在复习 1~4 动的基础上学习 5~8 动。本课内容从学生兴趣出发,利用动作的攻防含义,积极引导学生在课堂中自学、自练,充分调动学生的思维和积极性。

重点:明确动作的攻防含义。

难点:动作之间的衔接。

(三)学情分析

学情分析就是考虑"谁学"的问题。目的是了解学生在学习新知识时,其原有的知识水平、心理发展水平对新的学习内容的适合性及其学习策略的最优方式,为教学内容的选择和组织、学习目标的确定、教学活动的设计、教学方法与媒体的选择和运用等提供依据。学情分析一般包括学生的学习态度、起始能力、背景知识与运动技能等。

【案例】

表 8-1 九年级篮球行进间单手低手投篮学情分析[①]

教学对象	认知水平	身心特点	能力水平
九年级男生	初步了解行进间单手低手投篮,能够认识到其重要作用,但对于其动作概念模糊、动作要领了解较少	1. 学生身体处在发育期,具有一定的速度与弹跳,协调能力较差 2. 学生活泼好动,喜欢球类运动,能够积极参与学练,相互协作	具有一定的运球和控球能力,但对于行进间单手低手投篮节奏的把握能力较薄弱;针对班里基础稍薄弱的学生采用多媒体教学,及时反馈动作信息,了解自身存在的问题

[①] 董翠香,田来,杨清风.核心素养导向的体育与健康教学设计[M].上海:上海教育出版社,2020:204.

(四)教学目标

体育课程目标规定着体育课程编制的方向,决定着课程内容的选择和组织,也是体育课程实施和评价的依据。各地、各校和教师可以选择多种不同的内容,采用多种不同的形式和方法去达成课程学习目标,并根据所学内容的难易程度、学生的接受能力,将教学目标进行分级,呈阶梯式递升,使"教有所循、学有所依"。科学、合理地确定体育课的教学目标,是进行体育课件教学设计时必须正确处理的首要任务,是衡量体育教学质量的尺度之一。

教学设计中对于目标阐述,能够体现教师对课程目标和教学任务的理解,也是教师完成教学任务的归宿。教学目标的描述包括认知、体育品德、动作技能、体能四个领域,应该明确目标的行为主体是学生,准确使用行为动词,规定行为条件,说明预期结果。

(五)教学过程(教学流程)

现代教学系统由教师、学生、教学内容和教学媒体等要素组成,教学系统的运动变化表现为教学活动进程(简称"教学过程")。

1. 常见的教学过程设计

教学过程设计包括导入设计、情境设计、提问设计、练习设计、讲解设计、演示设计、强化反馈设计和结束设计等。

几种常见的教学过程设计:

(1)掌握运动技能为主的模式。以掌握运动技能为主线,兼顾其他领域功能的教学设计选择以传授体育知识、技术和形成动作为主的模式。

常用流程:教学准备(教师提出教学目标)→定向认知学习(教师讲解示范明确做什么和怎么做)→教师组织并指导练习(分解练习、完整练习、巩固练习、应用练习)→教学结束(教师对学习结果作总结评价)。

(2)身体锻炼为主的模式。以身体锻炼、发展素质、提高体能为主线的教学,采用以遵循人体生理机能活动变化规律和负荷与休息合理交替的规律,设计以身体锻炼为主的模式。

常用流程:提出课的目标→准备活动→教学组织与指导→学生练习,运动负荷监控→练习结果评价,放松整理。

(3)"快乐体育"模式。在注重学习领域中增进学生心理健康,培养良好心理品质,即掌握运动技能身心全面发展的教学设计,可选择"快乐体育"模式。

常用流程:环境优化→情感驱动→增力评价→协同教学→快乐体验。

(4)主动学习体育模式。以注重认知掌握体育技能为主,激发学生主动学习,开发思维,提高综合能力的教学设计,则可选择主动学习体育模式。它是以认知规律为主线,贯穿发现学习、探究学习,突出学生主动学习的教学方式。

常用流程:启发动机→问题导入→尝试练习→集体讨论→验证练习→归纳总结。

(5)以身心发展为主的模式。

常用流程:确立目标(基本指标)→自我检测(主观感受)→教师咨询(客观诊断)→练习方法(运动处方)→实施过程(数据积累)→效果检验(信息反馈)。

(6)以运动参与为主的模式。

常用流程:活动设计(围绕目标)→组织实施(优化结构)→创建氛围(提高情趣)→表扬鼓励(巩固理念)。

(7)以合作交往为主的模式。

常用流程:选定目标→寻求途径→设计内容→检验效果。

2. 教学流程及设计意图

教学流程及设计意图主要包括课的结构、教学内容、教学方法与组织措施、时间与次数、设计的意图、作业设计及意图说明等。

(1)课的结构。

①开始准备部分。

整队集合、点名或清点人数、师生问好、宣布课的内容及目标要求,检查服装与佩戴物,安排见习生,安全检查与安全教育,集中注意与激发情绪,慢跑、徒手操,专门性准备活动。

②基本部分。

要合理安排好主要教材的学习顺序,辅助练习发展身体素质,合理安排好密度与运动负荷、练习时间,采用全班的、分组的或个人进行练习的形式等。

③结束部分。

放松,小结,布置课后作业,收还器材等。

(2)教学内容。

构思课的内容时,必须考虑教材的先后顺序,教材的重点、难点、要领、要求,教材的辅助性或诱导性练习;选择身体素质练习内容或游戏活动内容,以激发学生对体育的兴趣。

书写时要写清教学内容的名称,新授课要写出教材的动作要领、教学的重点、难点、保护与帮助等,复习教材要确定教学的重点、难点,重点内容的安排等。特别要注意重点内容的练习要有一定的练习时间,确保对运动技术的理解、掌握;重点内容的练习要有一定的练习次数,确保运动技术的巩固;重点内容的练习要有一定的针对性,技术性越强针对性越强;重点内容的练习要有一定的辅助练习,以促进学生全面素质的提高,以促进学生更好地掌握各项运动技术。

(3)教学方法与组织措施。

①教学方法。常用体育教学方法分类:以语言为主包括讲解法、问答法、讨论法;以直观感受为主包括示范法、演示法、保护与帮助法;以身体练习为主包括分解练习法、完整练习法、循环练习法;以比赛活动为主包括游戏法、比赛法、情景法;以探究活动为主包括发现法、探究法、合作学习法等。

②组织实施。体育课组织的内容包括体育课堂常规、安排学生的队形与调动队伍、布置教学器材、确定教学组织形式、体育骨干的使用和培养等。体育课堂常规是为了保证体育教学的顺利进行,师生必须遵守的基本要求,是学校体育教学管理的一项重要工作。体育课堂常规包括课前常规要求、课中常规要求、课后常规要求。学生队伍的安排与调动设计包括队列和体

操队形练习,安排学生学习队形,调动学生队伍等。场地器材的布置设计要注意。场地器材的布置应在教师的视线范围内,并考虑到安全与卫生的要求。场地器材的布局要既美观又实用,不同的练习场地距离得当,可移动器材应尽量向固定器材靠拢,有利于增强练习密度和适宜的生理负荷。场地器材的布局要有利于练习转换时的调动队伍,节省调动队伍和分发器材的时间。为了防止教学过程中器材的遗失,器材的布置要有利于提取和收回。要尽可能最大限度地利用有限的场地器材,根据每节课所能提供的场地器材来考虑场地器材的布局和使用,避免因考虑不周而造成的场地与器材冲突。

组织实施中应注意以下几方面的问题:第一,在班内人数少、场地器材配备充足的条件下,尽量不采用分组轮换的形式。第二,分组轮换教学时,教师应对学习新内容的小组重点指导,兼顾复习内容的小组。如果都是复习内容,应对教材难度较大或带有危险性的内容,如铅球、铁饼、单双杠等重点照顾。第三,在安排内容顺序和生理负荷时要先照顾体弱组、基础水平差组和女生组。第四,重视体育骨干协助做好教学组织和队伍调动工作的作用。要求全体学生服从统一安排,整齐、有序地进行轮换。

(六)教法与学法

根据体育教学的不确定性特征,学习过程的个性化和多样化将取代传统体育教学中"三段式"课堂结构,注重背景知识和延展性知识与技能的设计等是体育课设计中必须重视的内容。教有定规,但无定法。教法的选择得当与否直接影响教学设计的成败和教学效益。在传统的课堂教学中,由于受应试教育"重教师行为轻学生行为、重知识轻能力、重结果轻过程、重模仿轻创造"的影响,造成学生被动接受知识,缺乏参与获取知识的过程,因而学生能力的培养、素质的提高大都无从落实。

在新课程理念下,所设计的体育课教学策略应实现下列转变:学习方式上,应从机械性的模仿练习为主要特征的接受式学习向以自主体验、互助交往和创新为主要特征的探究式学习转变;内容呈现方式上,要从以规范动作的讲解示范为主要形式的呈现向以学生模仿、体验、感悟为主要形式的间接呈现方式转变。体育课的设计还要注重师生互动方式的设计,以及学生与学生的互动设计,克服体育课堂的单向传递倾向。

学法指导要既具体又明确,既恰当又体现主体性,要把学法指导摆在先于选择教法的位置上来考虑。

(七)教学效果预计

教学设计要预计多少比例的学生对所学的动作技术掌握的程度,预计本课学生的运动强度、最高心率、平均心率、练习密度等。

(八)教学中可能出现的问题及预防方法

1. 教学中可能出现问题的原因

(1)学生因素:①安全意识不足;②体质差;③心理因素;④好强和逞强行为;⑤忘我地投入运动中,对抗得过于激烈;⑥上课前的准备工作不充分。

(2)教师因素:①课堂纪律存在问题;②保护帮助不到位;③场地器材布置不合理;④教学内容过难、要求过高、运动负荷过大;⑤运动器械长时间缺乏检修;⑥准备活动组织不充分;⑦活动规则没有讲清楚。

(3)环境因素:①自然环境因素:下雨或下雪、结冰导致地面湿滑。学生在湿滑的场地上运动,容易产生安全问题。②其他班级学生的干扰,导致学生的注意力分散或者其他班级学生的体育活动造成学生的安全问题。教学中,同学不理解运动规则或者不清楚练习活动要求,造成运动中碰撞,容易产生安全问题。③学校对于体育课的安全问题不重视。

2. 预防方法

(1)提高教师的安全防范意识和保护技能,对学生练习中的错误动作应及时纠正。

(2)科学合理设计教学方法、教学组织、教学内容、动作难易程度,确保场地器械的安全。

(3)严格执行课堂常规,课前认真检查学生的服饰和健康状况,提高教师的规范工作程序。

(4)培养学生的安全意识和掌握初步的紧急处置办法。

(5)了解学校场地和器材情况,合理布置教学场地器材,完善学校的相关管理制度。

(九)教学准备

教学准备包括:场地、器材、教学用具、服装等的准备,以及安全措施等方面的内容。

(十)板书设计

课堂板书是指教师在课堂教学中,为了帮助学生理解和掌握知识,配合讲授,教师写在黑板上或投影片上的文字和其他符号。在多媒体教学中,课件的文字图像也是一种板书。板书包括正板书和副板书。正板书一般反映教学的主要内容,副板书反映的是提示内容。好的板书,线索明确,逻辑严密,层次清楚,简洁明了。教师备课时要设计板书,并把设计好的板书写在教案上,作为教案的重要组成部分。

1. 板书的类型

(1)提纲式:把一节课的内容分析总结归纳出几个要点,提纲挈领地反映。

(2)表格式:适用于对有关概念、物质的性质、实验进行归类、对比,从而认识其异同和联系。

(3)图示式:用文字、数字、线条、关系框图等来表达。它适用于将分散的相关知识系统化。

(4)综合式:或将教学中所涉及的几方面知识内容,或将零散孤立的知识"串联"和"并联"起来,综合地反映在板书里。

(5)计算式和方程式:以数学运算来表述,文字少,逻辑性强,应用于讲解计算。

另外,还有词语式、线索式、总分式、对比式、线条式板书等。

2. 课堂板书的基本要求

首先,要精选内容,突出重点,要与教学目的联系起来设计板书;其次,要层次分明,形式灵活,布局合理;再次,设计板书要注意启发性、条理性、简洁性;再次,要注意文字、语言的规范性和示范性,最后,板书时机要恰当。具有启发性的知识,应超前板书,写在推导过程之前;演算、推理等板书要与讲授结合进行,采用并进方式,一边讲一边写;具有结论性的知识,应滞后板书,写在分析推理之后。

3. 课堂板书注意事项

①布局合理;②板书内容与教学内容相匹配;③板书形式与学生年龄特征相匹配;④板书的适时性;⑤板书要预先设计;⑥板书字迹要工整、清晰、醒目,必要时可采用不同的颜色;⑦不要连续长时间板书。

(十一)教学反思

教学反思包括教师教学的反思、学生学习的反思、课堂教学的反思。在日常的教学实践中,教学设计方案需要不断修正和完善。通常情况下,一个体育教师教同一年级的几个班,前一个班级的教学,可以作为后一个班级教学前的试教。在第一个班级教学结束后,教师就必须对教学设计方案及时评价,并进行修改和调整。在所有班级教学结束后,教师再对教学设计方案进行评价、修改和调整,为今后进行同一内容的教学做好准备。教师在整个过程中引导学生学习、帮助制定学习策略、学习目标、提供学习资源等方面要调整、理顺各要素之间的关系,使其达到最优化,取得最好的教学效果。

第二节 中学体育理论课教学设计

一、体育理论课教学设计原则

(一)理论知识与实践教学的连贯性原则

体育理论教学必须与实践课教学及各类体育活动的开展有机结合。它既有一定的理论指导成分,也有明确的教学实践指向性,即理论与实践的统一。在体育理论课教学设计中,设计者掌握整个教材的知识点,有计划、分步骤指导实践教学,从学生特点与需求分析入手,确定教学目标、选择教学内容、安排课件结构、选择呈现方式,以及教学评价等一系列步骤。前一个步骤是下一个步骤的起点,后一个步骤是前一个步骤的必然选择。由此,构成一个合乎逻辑的系统过程。从关心教师"教"转变为关注学生的"学",在教学理论的指导下着眼于学生的实际,并为学生的身心发展创设良好的学习条件。

(二)知识的创造性与趣味性原则

体育理论课教学设计是一项极富创造性的工作,创造性是体育课价值的体现。体育理论课的教学设计不能完全照搬课堂教学设计方案,要根据中学生心理、生理特点,有目的地选择具有趣味性的补充教材,如传授奥运知识的趣闻与体育新闻,让学生在欢乐的气氛中增长知识。

(三)教材的科学性与整体性原则

确定各学期传授理论知识的点和面。依据大纲、教材的基本要求,结合本校、本地及传统项目的特点补充教材。注意传授知识的更新和延伸,如某些项目规则的更改和技战术的变化。突出某些教材理论知识的整体性,如篮球、快速跑、耐久跑等,都是一个学段内连续编写的教材。

(四)知识的信息化与时代性原则

重视体育信息资源的开发,强调充分利用各种媒体,如报纸、广播、电视和网络等,及时获取体育信息,比如,可以让学生收看体育频道的节目,了解体育新闻和体育信息,了解近期体育赛事,了解体育风云人物等。要根据学生的特点,从学生生活经验和国内外时事出发,收集学生喜闻乐见的运动素材加以创编,使教学内容真正有益于学生的学习生活和身体锻炼。

二、引导课教学设计

引导课主要是每学期开始教师向学生宣布本学期的教学任务、内容、要求和考核项目与标准,以及课外体育活动的要求、时间分配、全校性的竞赛活动安排等,内容可以包括不同年龄段的体质特征、身体锻炼的方法与原理、体育保健知识、运动创伤的预防与处理等;倡导健康的生活方式,懂得调节情绪的能力,以提高他们参加体育锻炼的积极性和自觉性。对刚入学的新生班级,除进行常规教育外,还要向他们介绍本校体育活动方面的情况和优良传统,以及课堂常规等要求,一般是以课堂讲授为主。

引导课教学设计一般流程包括:①指导思想;②教材分析;③学情分析;④教学目标;⑤教学过程(教学流程);⑥教法与学法;⑦教学效果预计;⑧教学中可能出现的问题及预防方法;⑨教学准备:包括教具、学具等;⑩板书设计;⑪教学反思。

【案例】

表8-2　××学校 初一理论课教案

课题名称	课堂常规与中考知识				
学科	体育	授课班级		授课数	1
本节(课)教学内容分析					
本节课是初一学生进入中学的第一节体育课,通过利用多媒体PPT讲解一些关于体育课堂常规的知识、中学体育课的重要性、中考的一些项目要求和规则,对初一年级学生了解基本的体育常识,遵守课堂行为规范,养成良好的运动习惯和上好体育课有重要作用					
本节(课)教学目标					
1.能说出初中体育课的重要性,了解初中体育课的基本要求及规则,了解体育中考的目的和形式 2.通过与小学体育课的对比活动,认识中学体育课堂模式的异同;通过对课堂常规的理论学习,提高学生对体育课的认知,掌握如何进行安全的运动,保护自己 3.激发学生学习兴趣,培养合作创新能力,培养学生遵守纪律、执行规则等优良品质					

续表

学情分析
本次课的授课班级为农村初级中学,学生来自多个小学,由于之前体育课模式存在差异,入学时学生的体育基础参差不齐,对体育课的认识也不一样,平时活泼,上课好动、好奇,缺乏安全意识,但学生总体身体素质都比较好,学生求知欲强,学习积极性高,上进心强。本课采用了讲解、示范、启发、模仿、创新等教学方法,循序渐进,充分挖掘每个学生的潜在能力,充分发挥学生的主体作用,更好地促进学生努力达到教学目标

课堂教学过程结构设计

教学环节	教师的活动	学生的活动	教学媒体（资源）	设计意图、依据
一、情景设计引入	提出问题:体育实践课跟室内体育理论课有何异同	讨论和回答 各小组讨论,纷纷说出自己的看法		通过问题设置引入第一部分的内容
二、体育课的常规要求	提出: 1.体育委员负责制 2.请假制度 3.提出"九个不准"	讨论"九个不准" 各小组讨论,纷纷说出自己的看法	PPT展示	通过向学生介绍上体育课的课前、课内及下课时应遵循的基本规则及要求、注意事项,让同学们有了进一步的认识
	明确要求: 1.课前要求 2.课中要求 3.课后要求		PPT展示	

第八章 中学体育基本课型的教学设计

续表

三、活动：创新游戏	创新游戏：我们一起来数数 1.介绍中英文数数游戏 2.创新游戏	分小组创编、展示，各小组进行点评		通过这个环节，学生能充分发挥自己的创新能力和思考能力，编出自己和同学喜欢的游戏和比赛
四、体育中考项目及考试规则	介绍中考体育近几年的情况	各组进行现场讨论和演示	PPT展示体育考试的选项和规则	这个内容主要是让同学们了解中考体育的一些项目和考试规则，提高对体育中考的认识

板书设计
一、初中体育课的重要性
1.健康的需要
2.安全、坚韧、合作等品质的需要
3.升学的需要
二、体育课堂常规的知识
1.课前要求
2.课中要求
3.课后要求
三、体育中考项目及规则
教学反思、总结
略

第三节　中学体育实践课教学设计

体育实践课指根据教学进度所规定的教学内容要求，组织学生在体育场馆进行身体活动练习的课。它的目的是帮助学生掌握基本动作、技能与方法，发展体能，增强体质，促进学生身心健康。中学体育课绝大部分是实践课。不同的教学内容、不同的教学目的,就要使用不同的课型。下面就体育实践课的教学设计作初步探讨。

一、新授课教学设计

新授课是指以学习新教材内容为主的课型。其主要任务是遵循动作技能形成规律,运用正确教学方法,使学生对新教材形成正确的身体活动动作的概念与表象,初步掌握身体活动动作的要领与方法。根据教材的性质和学生特点,科学安排教学步骤,以减少学生学习的困难,较快地掌握动作。

在进行新授课教学设计时,应注意处理以下几方面的关系:第一,明确学习新教材内容的作用和基本要求,在复习的基础上,为新知识找到生长点,激发学生的学习动力。第二,教师应合理安排讲解与示范,以及辅助、诱导、帮助、保护等教法措施,帮助学生在学习新教材内容过程中,迅速形成正确的概念与表象,明确完成新动作要领与方法,并着重解决教学过程中普遍存在的缺点和错误,使学生更快领会和掌握新动作。第三,教师应根据新教材内容的性质和学生的具体情况,合理地、科学地安排教法、教学步骤,分清主次,突出重点、难点,符合学生的实际,减少学生学习过程的困难,提高教学效果。第四,设计新学内容的迁移练习,练习安排时要先易后难,先具体后抽象,先局部后综合;帮助学生掌握所学新动作的基本环节。注意纠正学生中普遍存在的错误,加强辅导,使学生尽快正确地掌握新动作。第五,新授课中,教师要根据教材的难易程度,合理设计课的练习密度和生理负荷,精讲多练,对容易掌握的动作,可适当加大负荷,难度较大的,适当减少负荷。使学生既能学习和掌握好动作技能,又能使机体活动能力得到提高与发展。第六,应设计安排给学生反馈和评价的环节。

新授课的传统模式:导入新教材—学习新教材—巩固新教材—布置作业。

【案例】

初中足球新授课

教学内容:

1.介绍足球运动的发展概况及锻炼价值。

2. 学习脚内侧踢地滚球技术、脚内侧接地滚球。

3. 教学比赛。

表 8-3 水平四脚内侧踢接地滚球技术教案

课的类型	新授课	班级		周次		课次		执教教师		日期	
内容主题	脚内侧踢接地滚球技术				重点		踢接地滚球的部位				
					难点		远撑与蹬地的衔接配合				
教学目标	1.85%的学生初步掌握脚内侧踢地滚球技术、脚内侧接地滚球技术动作要领知识与技能,30%以上的学生能够较熟练地运用动作技术 2.巩固提高脚内侧踢、停球技术动作和对球的控制能力、支配能力,在学与练的过程中提高学生力量、速度、灵敏等身体素质 3.体验到足球运动所带来的愉悦感和成就感,培养学生勇敢、机智、果断、胜不骄败不馁的优良品质和团结一致、密切配合参与集体运动的积极性,培养良好的体育道德观和相互协作的团队意识										

课序	时间(分)	活动内容	预计运动负荷			教与学	教学组织与要求
			次数	时间(分)	强度		
准备部分	12	课堂常规: 1.整队、清点人数 2.师生问好,宣布内容 3.检查服装,安全教育 4.安排见习生 准备活动: 1.音伴的行进间徒手操 2.专门球性练习 ①单脚拉球 ②两脚敲球 ③两脚荡球	20	2 4 6	小 中	教法: 教师示范并提出要求,口令指示学生学做 学法: 1.操的幅度渐大,充分活动各关节 2.体育班长配合老师	○○○○○ ○○○○○ △ △代表教师 ○代表学生 要求: 快、静、齐

续表

课序	时间(分)	活动内容	预计运动负荷			教与学	教学组织与要求
			次数	时间(分)	强度		
基本部分	30	1.学习脚内侧踢地滚球技术 ①无球练习 脚内侧踢球支撑腿站位及踢球部位模仿练习 ②踢固定球 两人一球,一人用脚底挡球,另一人做脚内侧摆腿练习 2.学习脚内侧接地滚球 两人一组,每组一球,一人用脚内侧传地滚球,另一人用脚内侧接球,传→接→传→接,两人反复练习 ①近距离练习 ②远距离练习 3.足球脚内侧传接地滚球"8"字环绕比赛 组织学生分两组有序练习,一哨一动,然后比赛 4.音伴体能练习 (1)抱膝跳(20次) (2)波比跳(20次) (3)俯卧撑(15次) (4)运球折返跑接力(15米)	15 20 20 20 20 5	10	中 中 中 中	教法: 1.教师语言讲解完整动作并示范,指导学生进行练习 2.教师巡回指导,并指出错误的地方予以纠正 3.逐步提高练习难度,达到循序渐进的效果 4.通过骨干生展示,提高学生的学习兴趣 学法: 1.认真听讲解,看示范,明确技术要领以及相关要求 2.学生认真观察、模仿明确自己的动作是否正确合理 3.利用音乐和场地布置创设体能训练情境 4.在小组长带领下自主选择核心力量训练项目顺序,循环练习,互相之间进行交流	○○○○○ ○○○○○ △ ● ● ● ↕ ↕ ↕ ● ● ● ● ● ● ● ● ● ● ● ● 要求: 1.认真听教师讲解练习方法及要求 2.积极参与分组练习,注意安全

续表

课序	时间(分)	活动内容	预计运动负荷			教与学	教学组织与要求
			次数	时间(分)	强度		
结束部分	3	1.放松（音伴） 2.课堂小结 3.归还器材 4.师生再见		3		教法： 1.教师指导进行放松 2.总结本节课的上课情况以及学习情况 学法： 做放松性活动时要肌肉放松，心理放松	○○○○○ ○○○○○ △
场地器材		足球场地，足球20颗音乐播放器，标志物若干	安全保障与相关措施			1.课前教师要检查器材，课中要合理安排运动量和运动强度 2.学生要遵守课堂常规，掌握自我保护要领	
运动密度		80%	练习密度		40%	强度	中等
课后小结							

二、复习课教学设计

复习课指教师有目的、有计划地指导学生温习已学过的教学内容，并将其归类系统化，以达到系统掌握知识的课型。复习课的实质是教师帮助学生对已学知识进行回忆、再认识的过程。复习课有利于学生对已学知识的理解与记忆；有利于正确引导学生理解知识体系，促成学生形成科学的认知结构。复习课是巩固知识的一种重要课型。教师通过复习要达到既查漏补缺,又加深学生对所教内容的理解,为后继学习打下良好基础,是对所学过的内容进行复习、改进和巩固提高的课。复习课不是简单地重复已学过的内容,而是在原有学习的基础上逐步地熟练、巩固、提高动作质量,形成正确、牢固的动力定型。复习课遵循的基本原则是:新中有旧,旧中有新。此处的"新"不是引入新知识,而是有新意,在原有知识基础上深化、引申,使学生产生一种新的认识与理解。

设计复习课应主要把握:第一,设计时同一材料以不同形式呈现,根据学生对已学教材所掌握的实际情况,用不同练习方式呈现,对复习教材提出明确、具体的教学目标与要求,并考虑如何采用有效的教法措施来实现这些基本要求。第二,由于学生以往掌握动作的程度和存在的问题不同,教师应注重帮助学生改进、巩固和提高动作的质量的方法设计,着重在重点、难点处下功夫,应在统一指导的基础上注意区别对待,根据学生能力和水平不同设计多种方案。对基础较差的学生,应着重增加辅助练习、纠错方法设计,帮助他们改进动作。对基础好的学生,应根据具体情况,变换练习方式,适当提高要求。第三,改进、巩固和提高动作质量,发展学生体能,增强体质。在复习课中,要根据实际情况适当增加练习的重复次数和强度,合理增大这类课的生理负荷,使学生更好地掌握技术,增强体质。复习时应对知识进行系统梳理,形成脉络,加深学生对知识的认识与理解,注意引申迁移。

复习课的传统模式:提出复习要求—系统归纳—重点练习—小结。

【案例】

排球正面双手垫球复习课

一、指导思想

依据新课标的要求,课程在教育方式,教学内容,教学评价等方面都有了新的发展和侧重点,以促进学生身心全面发展为目标,以"健康第一"为指导思想。在课堂教学中除了传授学生基本技能之外，也要注重培养学生的组织能力、创新能力、吃苦耐劳的意志品质及团结互助的集体意识，为将来适应社会打下良好的基础。

二、教材分析

排球运动是九年制义务教育课程，也是学生非常喜爱的学习内容之一。根据教学内容安排，本课教学内容排球垫球技术是排球的基础动作之一，垫球在排球比赛中占有重要位置，是组织进攻的基础。正面双手垫球是各种垫球技术的基础，是最基础的垫球方法，适用于接各种发球、扣球等，在困难时也可以用来组织进攻，起着组织全队相互配合的重要桥梁作用，垫球技术的好坏直接影响到集体力量的发挥和战术配合的质量。

三、学情分析

1. 本课教学对象是农村中学初二学生，班级50人左右。学生各方面素质一般，男女学习能力和掌握动作水平有一定差异。

2. 授课班级学生具有好奇心强、勤奋好学、善于模仿、组织纪律好等特点，便于组织调动和传授知识，且通过一节练习的课，已对学习内容有了初步了解。

3. 可能存在的问题：由于排球技术技巧性强，有些学生在学习过程中较难掌握，学习效果差异性大。

四、教学目标

1. 建立排球正面双手垫球的动作概念，会讲解，并能简单运用。进一步掌握正面双手垫球的手型及正确的击球部位，掌握正面双手垫球的动作方法及各种锻炼方法。

2. 结合运动项目练习，提高灵敏、速度、协调等身体素质，提高快速反应、随机应变能力。

3. 培养学生终身锻炼的意识，使学生在快乐中掌握锻炼的方法，积极参加体育锻炼，增强身心健康。培养学生团结合作、不怕挫折的精神,遵守规则的意识,学会观察和发现问题。

五、教法与学法

教法:

1. 观摩法:通过视频使学生形象、直观地了解垫球技术,迅速进入排球运动的教学情境。

2. 讲解示范法:教师运用语言和直观的动作示范,使学生形成正确的垫球技术概念。

3. 自主练习法:培养学生学会自觉、积极、主动参与运动的习惯,增强学生独立完成动作的能力。

4. 评价教学法:引导学生运用对比的方法对所学知识、技术进行互评、自鉴,不断矫正和改进技术动作。

5. 合作练习法:在练习过程中,引导学生合作交流和积极探讨,促进团结友爱、互助互爱。

学法:

1. 游戏法:提高学生的兴趣,活跃课堂气氛。

2. 观察法:直观地了解垫球技术。

3. 小团体练习法:互相帮助,共同进步。

4. 模仿练习法:由观察进入简单尝试性实践。

5. 评价法:通过评价发现问题,解决问题,进一步启发学生的学习兴趣。

六、教学过程

1. 准备部分(12分钟):

(1)课堂常规。

(2)游戏导入,活跃课堂气氛,热身,初步了解准备姿势。

2. 基本部分(28分钟):

(1)观察与体验动作要领:学生初步复习垫球的技术。

(2)学习动作与方法:目的是让学生对排球垫球技术有更进一步的了解,掌握动作方法。

(3)练习和发展:

①队形组织成圆形。通过教师的示范,学生进一步加深对排球垫球的动作方法、动作概念的理解。

②徒手练习:原地徒手做垫球动作姿势。学生通过观察教师的示范动作模仿练习准备姿势、垫球的姿势、手型,教师发现问题并及时解决问题。

③滑步练习:按照教师的指令做移动。目的是提高排球垫球的实用性,为以后的排球动作学习奠定基础。

④自由组合,自由练习:

A.垫固定球:是让学生体会全身协调用力和正确的击球位置。加深学生对垫球技术的理解。

B.一抛一垫:相距3~4米,一人抛球,另一人垫球。要求抛球到位,尽量不要移动位置。此练习是让学生体会垫球动作的插和蹬送动作。

C.移动中的一抛一垫:相距3~4米,一人抛球,另一人垫球。要求抛球由到位向不到位变化,垫球由近向远变化。此练习是让学生体会移动接球,巩固技术,避免实际应用中动作变形。

D.小组练习,合作发挥。

(4)游戏——垫球接力:

分成4小组,2组为一队,相对站立,相隔3米左右,当哨声响起的时候开始对垫球,每人垫完球后排到队尾,时间为5分钟。比较两队垫球个数的多少,个数多的为胜。

3.结束部分(5分钟):

(1)用《幸福拍手歌》音乐进行舞蹈放松,时间安排3分钟。

组织:学生站在直径为15米的圆内。学生在放松时做到轻松、快乐,听讲时认真。

(2)对本课进行小结,学生参与自我评价、小组评价和综合评价。

(3)布置回收器材。

七、场地器材

排球26个,音乐播放器。

八、预计课的效果

预计课的教学目标基本实现,90%以上的学生能学会排球垫球技术的基本动作。预计课的平均心率140次/分左右。运动密度75%左右。

三、综合课教学设计

综合课是在一节课内完成两种以上教学任务(如传授新知识、复习巩固学过的知识、培养技能、检查等)的课,是中小学最常用的课。设计综合课应主要把握:第一,注意合理安排教材的教学顺序,加强教材内容之间的联系性和整体性。第二,在实际教学组织过程中,合理搭配不同性质,不同难度、特点和难易程度的教材内容。第三,根据教材内容特点和要求、教学任务、性质、特点和难易程度,对不同年龄、性别、水平的学生进行合理分组练习,并合理地分配练习时间,安排练习密度和生理负荷。

【案例】

篮球综合课

教材内容:

篮球:运球+行进间单手低手投篮。

一、指导思想

本课以新课程标准为指导,坚持"健康第一"的指导思想,以学生发展为中心,教师为主导,学练结合为主旨,充分体现兴趣性、师生互动性和学生的个性化教学背景。本课通过"快乐教学法、成功教学法",力求体现"大容量、高密度"的教学特色,锻炼学生的心肺功能,培养学生的竞争意识和团队精神,树立勇于战胜困难、挫折的信心和勇气,培养良好的道德品质和意志品质。

二、教材分析

篮球运动是由跑、跳、投等动作组成,是在快速、激烈、对抗的情况下通过传递、抛接、运拍,最终把球送入固定篮圈的一项综合性的体育运动,具有集体性、竞争性强、趣味性浓等特点。篮球赛攻防频繁,技术动作多样,使之富有吸引力,深受广大中学生喜爱。初中阶段重点是学习各种基本动作,行进间单手低手投篮在教材里所占的比重最多。选择教学内容为篮球复习运球,学习行进间单手低手投篮。因此,本课的重点是停球上篮的时机和步法,难点为停球上篮的时机。

三、学情分析

我校初三的学生具备了一定的基本运动能力,能够说出常用的体育锻炼方式和比赛项目,具备独立思考、判断、概括等能力。但对单个技术的学习并不满足,而对学习整体性练习特别感兴趣,当前独生子女合作意识较弱,通过本次活动,可以增强学生的团结协作意识,增进集体荣誉感。

四、教学目标

1. 明确篮球运球、行进间单手低手投篮的技术原理及作用,90%以上的学生能正确掌握运球技术,75%以上的学生能正确运用行进间单手低手投篮技术,提高手对球的控制支配能力。

2. 认识篮球运动的目的是全面发展身体素质、增进健康。发展学生的灵敏、速度素质,提高协调性及快速反应能力。

3. 增强学生团结协作、勇于拼搏、遵守规则、安全运动的意识,激发学生学习的积极性和创造性,对篮球项目感兴趣,乐于参与课内外学习与锻炼。

五、教法与学法

教法:示范法、指导法、语言法、设问法、启发式教学法、合作与探究法、游戏法。

学法:自主学习法、探究学习法、互助学习法。

六、教学过程

导入→游戏热身、熟悉球性、水平展示、身体素质、放飞心情

↓

教→引导、要求、巡视、讲解示范、纠错

↓

学→尝试、讨论、听、练、创、运用

↓

整理→放松(音乐)小结、作业

↓

下课→收还器材

1. 第一阶段:

用我国篮球运动员的优异表现引入教学主题,通过开口螺旋形跑,活跃气氛,集中学生的注意力,紧接着成闭口螺旋形跑至站位做球性练习。通过持球练习使有关肌肉、关节、韧带得到充分的活动,而且与要学的技术动作有机结合。这部分用时为10分钟。

2. 第二阶段:

首先,运用各种变化的运球练习,改进提高原地运球技术动作及控制球的能力,在运球中要求学生养成观察前方的良好习惯,重点强调正确的身体姿势和脚部动作,为新内容的教学做铺垫。在学生情绪已活跃的基础上学习新教学内容,进入行进间单手低手

投篮教学,学生讨论、尝试,并运用不同手段组织学生进行行进间单手低手投篮练习,然后安排学生进行运球、行进间单手低手投篮游戏。这部分用时32分钟。

3. 第三阶段:

配乐并围着篮球场做放松练习,使学生的身心得到充分放松。最后进行小结,指出学生练习中的优点和不足之处,提出今后应注意的事项,安排回收器材,最后师生道别。这部分用时3分钟。

七、场地器材

1. 场地:篮球场一块。

2. 篮球20颗,标志盘若干,音乐播放器。

八、预计教学效果

预计平均心率为145~155次/分,最高心率为180次/分,运动密度为80%~85%,运动负荷为中等。

表8-4 水平四行进间单手低手投篮教案

课的类型	综合课	班级		周次		课次		执教教师		日期	
内容主题	行进间单手低手投篮				重点		行进间运球和单手低手上篮的衔接				
					难点		停球上篮的时机				
教学目标	1. 明确篮球运球、行进间单手低手投篮的技术原理及作用,90%以上的学生正确掌握运球技术,75%以上的学生能正确运用行进间单手低手投篮技术,提高手对球的控制支配能力 2. 认识篮球运动的目的是全面发展身体素质、增进健康。发展学生的灵敏、速度素质,提高协调性及快速反应能力 3. 增强学生团结协作、勇于拼搏、遵守规则、安全运动的意识,激发学生学习的积极性和创造性,对篮球项目感兴趣,乐于参与课内外学习与锻炼										

续表

课序	时间(分)	活动内容	预计运动负荷			教与学	教学组织与要求
			次数	时间(分)	强度		
准备部分	10	课堂常规： 1. 整队、清点人数 2. 师生问好，宣布内容 3. 检查服装，安全教育 4. 安排见习生 准备活动： 1. 音伴的行进间持球操 ①头部运动 ②肩部运动 ③扩胸运动 ④体转运动 ⑤全身运动 2. 音乐伴奏下球性练习 ①原地单手前后运球 ②原地单手左右运球 ③原地双手左右交换运球 ④自由展示		2 3 5	小 中	一、组织形式 集体 二、教法 检查出勤服装 要求：教师教态端正，声音洪亮 三、学法 1. 集合要快、静、齐 2. 了解本课内容及要求 3. 见习生随堂观摩，协助教师 一、组织形式 集体 二、教法 1. 教师边讲边示范、领做 2. 教师口令指挥 要求： 1. 声音洪亮 2. 动作规范 三、学法 1. 音乐伴奏下模仿教师热身动作，按照规定路线进行热身跑 2. 运球动作规范，可以跟上音乐节奏且能眼睛不看球地	

续表

课序	时间(分)	活动内容	预计运动负荷			教与学	教学组织与要求
			次数	时间(分)	强度		
基本部分	32	1.行进间运球练习	10~15	3	中	运球 一、组织形式 集体讲解,分组练习 二、教法 1.教师语言讲解完整动作并示范 2.语言提示错误动作,指导练习,改进技术 3.利用练习间隙,进行图示讲解,通过图示达到直观效果 4.利用手机拍摄学生学练情况,与正确的动作进行对比,让学生在反思中改进运球上篮的技术动作 5.教师发现优秀案例进行展示 6.学生练习时教师参与其中,起到示范效果,达到共同参与的目的 学法: 1.认真听讲解,看示范,明确技术要领以及相关要求	
		2.单手低手投篮徒手练习	10~15	5 5	中 中		
		3.近距离运球的行进间单手低手投篮					
		4.三分线外运球的行进间单手低手投篮	10~15	5	中		
		5.分层学练与展示 (1)近距离运球的行进间单手低手投篮 (2)三分线外运球的行进间单手低手投篮 (3)三分线外绕标志物运球的行进间单手低手投篮 (4)行进间传接球接单手低手投篮	15~25	9	大		
		6.游戏 运球上篮接力		5	大		

续表

课序	时间(分)	活动内容	预计运动负荷			教与学	教学组织与要求
			次数	时间(分)	强度		
基本部分	32					2.学生按教师要求认真进行观察、模仿练习,及时纠错 3.观看录制视频,互相之间进行交流 4.根据自己的情况自评后进行分层学练,分层展示	
结束部分	3	1.整理放松 放松操(音伴) 2.课堂小结 3.归还器材 4.师生再见		3		一、组织形式 集体 二、教法 1.利用音乐创设放松氛围,语言创设宽松的讲评氛围 2.参与学习评价 3.师生再见,回收器材	
场地器材		篮球30颗,篮球场,标志盘若干,音乐播放器	安全保障与相关措施			教师:提示、引导学生注意自我保护 学生:学会安全的自我锻炼与自我保护方法 1.课前检查场地器材,合理布置场地 2.做好准备活动,充分活动关节 3.教学游戏注意安全	
运动密度	80%~85%	练习密度		45%		强度	中等
课后小结							

四、考核课教学设计

考核课是指以检查学生体育课学习成绩为主的实践课,是对学生掌握动作技能、学习态度、身心素质和思想品德进行全面评价,以检查学生阶段或学期学习成绩为目的的课。考核课既是对教与学的检测与反馈,更是促进学生养成良好的体育学习习惯、自觉遵守体育规则与考试纪律,提高学生练习的积极性与主动性、追求"更快更高更强"的重要教育契机。

设计考核课应主要把握:第一,营造良好的备考氛围,使学生在身心上做好充分准备。第二,要加强考核课中的教学因素,考核测试的意义在于检测教的效果及学的水平,加强对学生正确动作与方法的指导,并达到以考促练的目的。第三,考核课设计应注重安排学生充分做好准备活动,准备活动时间是根据考核项目的需要而定。除安排测验项目内容外,可以适当地安排一些轻快的练习内容。做好安全措施,防止伤害事故发生。第四,场地设计应体现课程与教学中多样、新颖、实效、安全的理念。第五,考试结束加强放松指导,帮助学生尽快恢复,提前告知反馈考试结果时间。

【案例】

快速跑考核课

一、指导思想

本课以"健康第一"的教育理念为依据,学生终身受益为宗旨,结合水平四学生的实际运动技能水平而设计的。发展学生跑的能力,提高身体素质,根据自己技术特点学会几种发展步频、步幅的方法,进行检测。激发学生的表现欲望及求胜信心,培养学生的竞争意识和团队合作精神。本课运用"快乐体育"教学模式,大胆设计多种游戏贯穿于教学中,寓教于乐。

二、教材分析

跑步的实用性较强,是人体基本活动能力,也是人们生活、运动中必不可少的基本活动技能。快速跑是初中年级田径教学的主要教学内容,通过快速跑练习不仅可以提高学生各种快速反应能力、机体无氧代谢能力,而且可以培养青少年勇往直前、奋发向上的精神,快速跑对于促进学生生理、心理健康起着积极作用。

三、学情分析

初二年级的学生已经经过一年的新课程学习,在学习方法上已有了很大转变,已具备一定的自学、自练能力,在教师的引导下,在学练中具有探究、分析、解决问题的能力、自控能力。这是本课教学的必备条件。他们正处于比较平稳发育期向发育高峰期过渡的阶段,可塑性强、模仿能力好,性格活泼好动,喜欢游戏活动,乐于接受友情分组和同质分组等不同的教学形式。但由于诸多因素的影响,学生的学习能力以及技术掌握状况存在着一定差异。

四、教学目标

1.90%的学生领悟步频、步幅与跑速的关系,巩固发展步频、步幅的正确方法;95%的学生通过快速跑的技术动作的检测。

2.积极主动参与教学活动,体验学习的乐趣,增强沟通协作、公平公正、勇于竞争意识以及集体荣誉感、责任感。

3.发展学生快速跑能力,训练学生下肢力量素质,并且培养学生的空间感。

五、教学过程

1.课前准备(10分钟):课堂常规,准备活动,游戏。

2.激发兴趣(8分钟):学习和掌握该技术的基本动作要领。试图通过课程资源的开发利用,使学生复习快速跑中发展步频、步幅的技能方法。

3.考核(12分钟)。

4.体验运动愉快感(6分钟)。

篮球场半场中线,各小组各成一路纵队,2人一组,用绳(安全起见,也可以不用)将参加者相邻的左脚、右脚捆绑在一起。各组同时出发,2人到达篮球场底线下一组出发,依次接力直至所有人做完,看哪队能以较快速度完成。

5. 培养良好的合作意识(6分钟)。

分组方法同前,但换成横队。用绳(也可以不用)将左右参加者相邻两脚捆绑在一起。各队队员可以用手相互搭在肩上,同时出发,看哪一队最先"跑"完规定距离(10~12m)。

6. 放松总结(3分钟)。

六、教法与学法设计

教法:

1. 示范讲解法:教师对所教授的内容精讲细练,让学生对所学知识有个清晰的概念。

2. 评价教学法:引导学生运用对比的方法对所学知识、技术进行互评、自鉴,不断矫正和改进技术动作。

3. 练习法:通过尝试模仿学习,教会学练方法,领会动作要领。

4. 游戏法:通过游戏培养兴趣,锻炼意志。

学法:

1. 自学法培养学生独立获取知识的能力。

2. 自练法可以提高学生实践能力。

3. 讨论法可以通过各种探讨交流见解,培养学生合作精神,集思广益、相互启发、互相学习、取长补短,并加深对学习内容的理解。

七、教学效果预计

预计课的教学目标基本实现,90%以上的学生能够达标。预计课的平均心率为140~150次/分,运动密度为75%。

八、教学准备

田径场、绳梯、绳子、敏捷圈、音乐播放器。

体育教学设计中不同知识类型的教学都有一定的标准、原则与方法,需要有效选择与组织教学内容、教学方法,合理确定教学步骤,有秩序地呈现教材,促进学生积极地投入知识的建构中去,达成学生的学习目标,最终实现教育目的。

【本章小结】

体育课的类型按教材内容性质分为理论课与实践课两大类。体育理论课又可分为讲授课和考核课两种类型,传统的体育课实践教学类型主要分成新授课、复习课、综合课和考核课四种类型。体育课教学设计一般包括指导思想、教材分析、学情分析、教学目标、教学过程(教学流程)、教法与学法、教学效果预计、教学中可能出现的问题及预防方法、教学准备(包括教具、学具等)、板书设计(理论课)、教学反思。

【实践演练】

1. 体育课教案包含哪些内容?
2. 任选一个体育课类型,进行体育教学方案设计。
3. 分析一个体育教学设计方案案例。
4. 选择一篇体育教学设计论文,进行学习交流并评价。
5. 设计一份"篮球双手胸前传接球"的课时计划。

【拓展阅读】

[1]陈雁飞.中学体育教学设计100例:点击课堂 聚焦质量[M].北京:高等教育出版社,2011.

第九章 中学体育学习评价的设计

> 知识导图

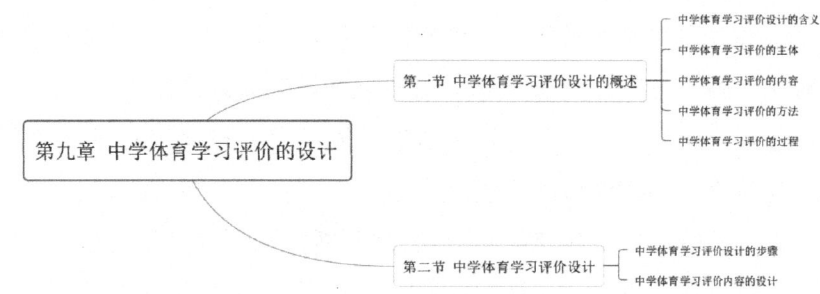

> 内容提要

体育教学评价是体育教学系统的要素之一,体育教学评价设计对完整体育课堂教学目标的实现和教学有效性具有验证、检查、反馈的作用。本章阐述了中学体育学习评价设计的含义,中学体育学习评价的主体、内容、方法、过程以及中学体育学习评价设计的步骤,中学体育学习评价内容设计。

> 学习目标

1. 了解中学体育学习评价设计的含义和主体。
2. 掌握中学体育学习教学评价内容设计。
3. 了解中学体育学习教学评价的过程。

4.学会中学体育学习评价设计的方法。

第一节　中学体育学习评价设计的概述

一、中学体育学习评价设计的含义

《基础教育课程改革纲要(试行)》明确指出,评价不仅要关心学生的学业成绩,而且要发现和发展学生各方面的潜能,了解学生发展中的需求,帮助学生认识自我、建立自信。教学评价设计是教学设计的重要组成部分,教学设计包括对解决教学问题的预想方案进行评价和修正的内容,评价是修改和完善教学的基础。

体育教学评价是依据体育教学目标和体育教学原则,对体育的"教"与"学"的过程及其结果所进行的价值判断和量评工作。① 一般体育教学评价包括对学生的学习评价、教师的教学评价和课程建设评价三个内容。

体育学习评价是通过系统收集学生的体育学习态度与表现、课外体育锻炼情况与成效、健康行为等信息,根据一定的标准和方法对所达到的学科核心素养水平进行判断和评估的活动,是不断完善课程建设的重要环节和途径。② 评价的目的功能、评价的内容标准、评价的方法等,都直接影响着学生的进步与发展。

体育教学评价设计是指对课堂教学过程中教学目标的实现状况以及教学原理、原则的运用情况进行价值判断和量化评定的预设评价方案的规划过程。其中涵盖教学中拟采用的评价主体设计、评价内容设计、评价方法设计以及评价工具的选用、评价标准的制定。③

体育课程建设评价是以体育与健康课程标准和《学生体质健康标准(试行方案)》为依据,对整个体育课程的过程进行监控和评价,通过定期与不定

---

① 毛振明.体育教学论(第三版)[M].北京:高等教育出版社,2017:289.
② 中华人民共和国教育部.普通高中体育与健康课程标准(2017年版2020年修订)[M].北京:人民教育出版社,2020:82.
③ 杨雪芹,赵泽顺.体育教学设计[M].桂林:广西师范大学出版社,2014:185.

期的评价结果所反映出的客观数据,不断地进行课程改革的过程。

中学体育学习评价设计是指根据体育课程教学目标,通过系统收集学生的运动能力、体能、健康行为等信息,根据一定的标准和方法,将教学评价内容和行为融入教学过程中的一种设计活动。

二、中学体育学习评价的主体

评价主体主要指的是"谁来评价",评价设计应当注意评价主体的多元性,体育教学评价的主体包括学生、体育教师、其他人员。

学生的体育课程学习评价要有教师的评价,同时要重视学生的自我评价和相互评价。学生评价是学生以评价的主体身份参与形成性评价,学生评价包括学生自我评价、学生相互评价、小组互评、全班合作评价。学生自我评价是学生对自己体能、知识与技能、健康行为、体育品德等进行评价。学生相互评价是学生对班内其他成员的体能、知识与技能、健康行为、体育品德等进行评价。小组互评是课堂形成性评价的难点。全班合作评价,对学生合作能力的培养更有意义。此类评价活动实际上与教学活动是一体的,评价活动本身就包含着教学内容。学生作为体育教学评价的主体,能够充分发挥学生的主观能动性,增强学生正确认识和评价自己与他人的能力,培养学生的观察力、判断力、分析问题和解决问题的能力,有利于增强学生的创新能力,有利于学生主体意识的增强。同时,可以减少体育教师单方面评价的片面性,从而保证体育课程学习评价结果的公正性。

【案例】

学生自我评价表

1. 通过这段时间的学习,我的啦啦操动作(　　)。

　　A. 非常标准　B. 比较标准　C. 一般　D. 不太标准　E. 不标准

2. 在上课时,我学习啦啦操(　　)。

　　A. 非常认真　B. 比较认真　C. 一般　D. 不太认真　E. 不认真

3. 当动作出现错误时,我对错误的原因(　　)。

A. 总会仔细思考　B. 会进行一些思考　C. 有时会思考　D. 很少思考　E. 从不思考

4. 我的啦啦操学习目标完成程度(　　)。

A. 完全完成　B. 大部分完成　C. 完成一半　D. 小部分完成　E. 彻底没有完成

5. 在上啦啦操课时,我学习(　　)。

A. 非常主动　B. 比较主动　C. 一般　D. 不太主动　E. 不主动

教师评价是教师依据学生的测试成绩、技评成绩、学习目标达成度、行为表现和进步幅度,参照学生自我评价与相互评价的情况,对学生体能、知识与技能、健康行为、体育品德等方面进行全面评价。强调学生的自我评价和相互评价,并不意味着要否认教师的评价。体育教师的评价包括体育教师对全班的评价、体育教师对部分学生的评价、体育教师对小组的评价、体育教师对学生个人的评价。

学生的体育课程学习评价应把教学过程中的教师评价、学生自评以及学生间的相互评价作为重要的设计内容,从而使教师在教学过程中更有效地把握评价环节,及时发现学生的进步,激励学生的学习,并对改进教学活动及时提供有效的信息。

三、中学体育学习评价的内容

《义务教育体育与健康课程标准(2022年版)》《普通高中体育与健康课程标准(2017年版2020年修订)》针对体能、健康教育和运动技能等,分别制定了不同水平的学业质量合格标准,提出将核心素养的培养贯穿在学年、学期、单元、课时等各层次的学习目标、教学内容、教学情境、教学方法、学习评价等设计中。评价内容的选择围绕核心素养,紧扣学业质量,结合具体的教学内容,评估学生核心素养的发展水平。具体评价内容主要包括以下三个方面。

(一)运动能力的发展

1. 体能

体育课程标准更强调对与健康有关的体能进行评价,包括学生身体承受的运动负荷、学生身体素质的提高状况以及学生的受伤情况等,如心肺耐力、柔韧性、肌肉力量、肌肉耐力、身体成分等。在对学生的体能成绩进行评定时,应结合中学生的年龄特点,根据不同水平学生的体能发展目标,考虑到学生在体能、兴趣、爱好、特长等方面的差异,参照《学生体质健康标准(试行方案)》,确立符合实际的、科学合理的考核标准。建议学生自主选择体能测定的项目进行评定,以激励学生努力学习,提高体育教学质量。这方面教师可以根据不同课程重点发展的体能要素以及学生在学习中承受运动负荷的能力、学生身体素质的提高状况和学生的受伤情况,作定量或定性的评价;也可以引导学生通过观察和感受自己或同伴的体能变化状态并作定性评价。

2. 知识和技能的评价

根据体育与健康课程标准的学习目标与要求,以及教学的实际情况,选择相应的体育与健康知识、技能评价指标,评价学生掌握体育与健康知识和技能的程度,以及对所学知识和技能的应用能力等。学生体育知识学习成绩的评定内容,主要包括对体育的认识,对身体和健康的认识,了解、理解、熟悉情况,学生掌握的体育与健康知识的数量、科学健身方法,以及运用能力,包括学生动作完成正确、规范和熟练的程度,学生在活动中运用技能的程度,学生掌握技能的种类,学生掌握技能的快慢等。专项运动技能掌握与运用情况的评价,应根据各校实际情况和学生选择的具体运动项目进行评价,具体的评价可以包括规定动作的展示、在教学比赛中学生所学专项的运用、学生擅长技能的展示等,挖掘学生运动潜能,提高运动欣赏能力。根据具体教学环节有针对性地使用评价,可以是共性评价,也可以是个性评价,可以通过教师提问、观察,同伴相互检查或观察,学生自己再现知识、表现出来的运动行为方式的自我认定等方式获取评价信息。学生对运动技能的掌握情况是反映体育教师的教学任务完成情况的重要标准,是体育课程教学评价的重点内容。这方面教师可以根据不同教材的技术、技能评价标准实施具体的定性或定量评价,也可以引导学生通过观察和感受自己或同伴的运动技术、学习状态作定性评价等方式来获取评价信息。

(二)健康行为的形成

健康行为的形成包括体育锻炼情况、所学健康知识与方法掌握程度、运用所学健康知识与技能解决实际问题的能力、情绪调控与环境适应能力、健康意识与行为习惯的养成等。在体育学习和活动中的行为表现包括:学生主动练习的次数、学生主动练习的时间以及与教师或同伴交流的情况;理解个人健康与群体健康的密切关系;学习兴趣、积极主动地探究问题,以及课外运用所学知识和技能参与体育与健康活动的行为表现;学生对体育与健康知识的掌握程度、学生运用获得的体育与健康知识修正个体的健康行为与习惯等;了解和体验体育活动对心理健康的知识,调控自己的情绪,积极应对挫折和失败情况;主动同他人交流与合作,掌握不同环境下进行体育锻炼的方法和注意事项。这方面一般使用定性评价,伴随着课堂教学的始终,可以是共性评价,也可以是个性评价,可以通过教师观察、同伴观察和学生自己感受来获取评价信息。

(三)体育品德的养成

体育品德的养成包括学练、展示或比赛中表现出来的体育精神、体育道德和体育品格等,主要对学生在体育学习和锻炼中的情感表现、意志品质、规则意识、人际交往与合作行为等进行评价,包括学练、展示或比赛中表现出积极进取、勇敢顽强、不怕困难、坚持到底,形成现代社会所必需的合作与竞争意识等的体育精神;学练、展示或比赛中表现出的遵守规则、尊重裁判、尊重对手、诚信自律、公平竞争等的体育道德;学练、展示或比赛中表现出的自尊自信、文明礼貌、建立起对自我、群体和社会的责任感、正确的胜负观的体育品格。这方面一般使用定性评价，伴随着课堂教学的始终，可以是对全班同学的共性评价，也可以是对个别学生的个性评价，可以通过测量、教师观察、同伴观察和学生自己感受来获取评价信息。

四、中学体育学习评价的方法

（一）中学体育课程学习评价常用的方法

学生的体育课程学习评价可采用多种评价方法，如观察、口头评价、测验、技能评定、成长记录、量表评价、清单式评价、展示或比赛评价等方法。体能的评价可采用测验、成长记录等方法，知识、技能评价可采用观察、展示、技能评价、口头评价、测验等方法，健康行为与体育品德的评价可采用观察、量表评价、口头评价等方法。

1. 学科成就测验

学科成就测验俗称"考试"，主要考查学生的知识、技能，是日常教学的常见评价方法。考试分为教师自编测验与标准化考试两种类型，在现实中的应用也较为广泛，但任何考试都不能完全真实地反映学生学业成就的整体面貌，因此应用辩证的眼光来看待学科成就测验。教师应当注意改革测试内容，改造测试题型，有效发挥测试的诊断、调整、激励和甄别的功能，准确把握测试时机，提高测试设计与实施的专业化水平。

2. 测量

测量是对非量化实物的量化过程。为全面评价学生的学习态度、方法、习惯和有关能力，需要开展测量。虽然教师重视测试的评价作用，但是，往往没有重视测量的特定作用。实际上，在语言教学中态度测量、情绪测量、一般智商的测量，都对教学改进有明显的效应。专门的心理量表具有稳定的评价标准、固定的施测程序和系统的资料分析方法，其科学性较强。

3. 观察

课堂教学观察是一种经常性的检查和了解学生学习情况的方法。这种形式可将学生多方面的学习动态信息及时提供给教师，包括调查严密组织的系统观察方法、生态学观察方法、人种学观察方法、同步等级界定观察方法、非正式观察法。一般常用人种学观察方法，其要点是详细记录所见所闻，而且可以通过录音和录像收集原始信息。日常观察可以采用口头提问、批改作业、小测验等形式。

4. 调查

观察是在活动过程中同步采集信息，调查则是在活动之后采集信息。行之有效的调查方法有问卷和访谈两种。问卷的设计应简单、明了。访谈是一种召集学生和相关人员就有关问题进行专门交谈或与个别人员进行单独交谈而获取所需信息的方法。访谈要精心准备，预先计划好交谈的问题，谈话过程中应把握住话题并记录要点。问卷和访谈都需要掌握一定的专业技术。

5. 档案袋

档案袋也可以称为"成长记录袋"，是根据教育教学目标，有意识地将各种有关学生表现的作品及其他证据收集起来，通过合理的分析与解析，对学生高级能力、学习过程、个性品质等方面进行评价，反映学生在学习与发展过程中的优势与不足，反映学生在达到目标的过程中付出的努力与进步，并通过学生的反思与改进，激励学生取得更高的成就。这种方法是纸笔测验的有益补充。

6. 轶事记录

轶事记录就是对某一时间、地点和环境下发生的有价值的、有意义的行为和反应以及可表现学生个性的行为事件进行持续的客观描述。此种方法可以用于学生执行解决问题的任务或项目时的质性评价。

（二）中学体育课程学习评价方式

在评价时，注意多种学习评价方法的有机结合。注重定性评价与定量评价相结合，终结性评价与过程性评价相结合，绝对性评价与相对性评价相结合。

1. 定性评价与定量评价相结合

定性评价与定量评价相结合主要表现为两个方面：一是在对某些可量化的因素进行量化以后，再对不能量化的因素进行定性评价；二是对某些因素进行量化后得到的结果进行定性分析,这样就使定量评价和定性评价有机地结合在一起。对体能、知识与技能指标应主要采用定量评价的方法(如等级制评价、分数评价等),对健康行为、体育品德指标应主要采用定性评价的方法(如评语式评价等)。

2. 过程性评价与终结性评价相结合

过程性评价是指在体育教学活动过程中,为不断了解活动进行的状况,及时对活动进行调整,提高活动质量而进行的评价。在体育健康学习中,体育道德、体育品格、体育精神、健康行为等有关目标,需要在过程中进行评价。在学生学习成绩评定上,以学生体育健康课的学习档案、问卷调查、观察记录作为重要的过程性评价依据。

终结性评价就是对课堂教学的达成结果进行恰当的评价,是在教学活动结束后为判断其效果而进行的评价。终结性评价侧重于对学生个体运动知识和技能的掌握以及运用情况进行评价。在对学生学期或学年的学习成绩进行评价时,教师应综合学生在体能、知识与技能、健康行为、体育品德方面的情况和发展变化,以及期末测试成绩,进行终结性评价,给出综合成绩,写出评语,将评价结果反馈给学生。

表9-1 终结性评价与过程性评价比较

种类	终结性评价	过程性评价
作用	评定学业成绩:体质、技能、知识等	确定学习效果:体质、技能、知识、心理等
主要目的	证明学生已达到水平,对学生进行甄别	改进学习过程,调整教学方案
评价重点	结果	过程
测量手段	考试	测验、作业与日常观察
评价内容	体质、技术、知识	体质、技术、知识、情感态度、创新能力等
评价标准	定量评价	定性与定量结合
评价主体	教师	学生、教师
实施时间	课程或一段课程结束后每学期1~2次	课程结束后,经常进行

3. 绝对性评价与相对性评价相结合

绝对性评价法是在评价对象的集合之外确定一个标准,评价时把评价对象与客观标准进行比较,确定评价对象达到目标基准绝对位置的评价方法,是针对于事物本身所具有的特色来进行评价的。相对评价是在被评价对象的群体中建立基准(通常均以该群体的平均水平作为这一基准),然后把该群体中的各个对象逐一与基准进行比较,以判断该群体中每一成员的相对优势。利用相对评价可以了解学生之间的差异,便于比较个体学习成绩的优劣。学生的体育课程学习评价强调学生的个体差异和进步幅度,在学生入学之初,通过诊断性评价建立一套学生个人的体育课程学习档案,包括对学生的知识、技能、体能等方面的摸底,作为学生的入学起点成绩。教师将每学期结束时的测试结果、学生在该学期学习各方面的进步幅度(即进步成绩=期末成绩-期初成绩),以及教师的课堂教学记录结合起来,对相应的评价指标(如体能、知识与技能等)进行综合评价。

五、中学体育学习评价的过程

评价是检验教学效果和调整教学过程的重要手段,确定评价策略和方式是教学设计的必要一环。学习评价过程一般包括确定评价的目标、选择评价的内容和方式、收集评价所需要的信息、依据标准进行评价四个步骤。

(一)确定评价的目标

在课堂教学评价中,一定要把握教学目标,正确处理基础与发展的关系,保证学生参与学习的时空,使不同学生的学习需要得到充分满足,从而使所有学生的基础能力都有所提高。第一,了解学生体育与健康学习和发展过程,包括学科核心素养的运动能力、健康行为和体育品德三个方面情况,为制定下一步教学计划做好准备。第二,对学生在体育与健康学习中存在的困难和不足进行分析、判断,进而改进教学。第三,挖掘学生的体育与健康学习潜能,为学生提供展示自己能力、水平和个性的机会,鼓励和促进学生的体育与健康学习。第四,培养与提高学生自我认知、自我教育和自我发展的能力,促进其学科核心素养的形成。

(二)选择评价的内容和方式

在学习评价的过程中,评价内容的选择应围绕运动能力、健康行为、体育品德三个方面的学科核心素养,依据评价目的、评价内容、评价主体、评价情境等实际情况,注重过程性评价与终结性评价、定性评价与定量评价、相对性评价与绝对性评价相结合,重视过程性评价,多种评价方法的有机结合,强调多元评价主体的共同参与,加强运用现代信息技术开展实时和精准的评价。

表9-2 学习目标与评价方法的关系①

学习目标	评价方法
知道	各种客观测验,标准测验
理解	论文测验,选择测验,面谈调查
创造力	论文测验,问题情境测验,面谈调查
鉴赏力	论文测验,问卷调查,面谈调查
读,写,算	各种客观测验,标准测验,观察
会话或讨论技能	各种客观测验,人际关系测验
动作或实验技能	观察,客观测验
态度,习惯,适应性	观察,面谈调查,问卷调查
职业能力倾向	能力测验,观察,面试调查

(三)收集评价所需要的信息

应收集两类反馈信息:一是学生的学习成绩信息,以了解学习者达到教学目标的程度,通常用数据表示。数据来源可以是对学生的一系列测试项目的反应。二是教学过程信息,指反映设计成果在特定情境中的运行和作

---

① 陈晓慧.教学设计(第2版)[M].北京:电子工业出版社,2009:198.

用情况,通常用陈述表示。陈述对象可以是影响学习成绩的各种相关因素的状况分析。学习评价应该紧扣学科核心素养,通过不同方式收集学生在运动技能、运动认知、体能、锻炼习惯、心理状态、适应能力、体育品格、体育精神、体育道德等方面的表现信息。

(四)依据标准进行评价

在学习评价的过程中,依据体育与健康课程标准,选择相应的评价指标,关注学生的个体差异,针对不同的评价内容进行学习评价。

第二节 中学体育学习评价设计

一、中学体育学习评价设计的步骤

(一)明确评价的目的

明确评价目的是进行中学生体育学习评价的首要任务。如果评价的目的是了解学生的学科核心素养的运动能力(运动认知、运动技能、体能)方面的情况,则可在上课之初采用诊断性评价;如果是了解学生体育与健康学习和过程表现,可采用过程性评价;如果是评定学生在期末的表现,可采用终结性评价。

(二)确定评价的内容与方法、评价主体

确定评价内容必须依据教学目标来进行,选择多元评价内容,同时根据评价内容的特性和重要程度来确定各项评价内容的权重系数。在确定评价内容后,教师要制定各项内容的评价标准。体能方面的评价标准,可参照《学生体质健康标准(试行方案)》,在运动技能方面,教师可以制定动作技能的等级标准。体能和运动技能方面的评价,可以采用教师评价权重系数为100%。健康行为、体育品德表现方面,可采用学生自评、学生互评和教师评价相结合的方式。

(三) 确定收集评价所需信息的步骤与方式

学习评价应该明确怎样紧扣学科核心素养,怎样收集学生在运动技能、运动认知、体能、锻炼习惯、心理状态、适应能力、体育品格、体育精神、体育道德等方面的表现信息。

(四) 明确归纳和分析资料方法,报告评价结果

应该明确评价者怎样对资料进行初步分析,考察各种现象的相互关系。依据体育与健康课程标准,选择相应的评价指标,关注学生的个体差异,针对不同的评价内容进行学习评价。评价结果以简明扼要为宜,具体资料,如各种数据、访谈、记录、分析说明等可以作为附件。

【案例】

表9-3 学生对自己的运动技能、健康行为、体能等进行的综合评定

\multicolumn{4}{l}{1. 通过田径跑的教学,你认为自己的技术动作是否正确? A. 比较正确　B. 基本正确　C. 不太正确}
\multicolumn{4}{l}{2. 你12分钟跑的距离与学期初比较有什么变化? A. 增长了　B. 没有变化　C. 缩短了}
\multicolumn{4}{l}{3. 调整极点的方法你会吗? A. 基本会　B. 不完全会　C. 不会}
\multicolumn{4}{l}{4. 你的跳远成绩比学习初始提高了多少? A. 26~35cm　B. 16~25cm　C. 0~15cm}
\multicolumn{4}{l}{5. 通过耐力跑的学习,你能否合理运用耐力跑的技术和有关知识进行耐力锻炼? A. 能　B. 一般　C. 不能}
分值	选A得3分	选B得2分	选C得1分
标准	优秀 15~12	良好 11~8	及格 7~5
自我评定	\multicolumn{3}{l}{将每项得分相加,自己总分为_____,与标准对照并做出评语及打分。}

二、中学体育学习评价内容的设计

(一)学习认知方面的评价设计

体育认知的评定针对学生对运动项目的基础知识和基本原理、规则等认知、健康认知、个人或团队健康行为和家庭健康行为等方面进行评定,学生的体育与健康知识认知主要采用理论考试的形式,个人或团队健康行为的评定主要采用自评或互评的形式,家庭健康行为的评定主要由学生采用行为调查等形式进行。理论考试的形式一般采用客观题与主观题结合的评测方式,客观题型主要针对认知领域内的记忆、理解部分,题型如选择题、多项选择题、填空题、判断题、简答题,测试的是学生较低水平的认知能力,主观题型则针对简单应用、综合应用,题型以问答题、论述题、分析题等为主,测试学生的分析、综合和评价等较高级的认知能力。

【案例】

水平六　网球理论测试题(部分)

一、填空题

1. 世界上最具影响的男子网球团体赛事是_____,女子团体赛是_____。

2. 网球场地长_____米,双打场地宽_____米、单打场地宽_____米。

3. 正手击球的基本技术环节有_____、_____、_____、_____。

二、选择题

1. (　　)是网球技术中唯一能由自己掌握而不受对方影响和干扰的技术。

　　A. 高压球　　　B. 发球　　　C. 截击球

2. 网球拍上的(　　)是在击球时能给您提供最大力量,又能使你的手感最舒服的一个区域。

A.减震点　　　B.弹力点　　　C.甜点

3.合法的发球触及球网,仍落到对方发球区内,应判定(　　)。

A.重发　　　B.失误　　　C.有效

三、判断题

1.ITF 即国际网球联合会,成立于 1913 年。　　　　(　　)

2.网球场上的线的宽度都是 5 厘米。　　　　　　　(　　)

3.比赛中,网球拍的弦突然断裂,运动员还可以继续比赛。

(　　)

四、简答题

1.简述双手反拍击球要点。

2.比赛中什么情况应判定"脚误"?

3.上手发球技术的动作要领是什么?

五、论述题

简述网球比赛中"抢7"局如何进行。

(二)学习体能方面的评价设计

体能方面评价设计考虑到学生在体能、兴趣、爱好、特长等方面的差异,学生可以自主选择体能测定的项目。评价的目的在于引导学生学习掌握和运用适宜的体能练习方法,利用所学的知识对自己的体能状况和身体形态进行评估,能够根据实际情况制定适合自己的课外体能锻炼计划,并予以实施,增强体能,保持良好的体型,并在这一过程中养成锻炼身体的良好习惯和克服困难、勇于进取的体育品德。体能测试一般有相关的测试方法和客观标准,例如远度、时间、高度、速度等方面。评分方法采用素质测试。评分可依据《学生体质健康标准(试行方案)》。

表9-4　中学生常用体能测试指标

体能	测评指标
心肺耐力	12分钟跑,20米折返跑,30秒30次下蹲,800米(女)跑,1000米(男)跑
柔韧性	坐位体前屈
力量	1分钟仰卧起坐,引体向上,俯卧撑,前抛实心球
灵敏性	20米往返跑,5×25米跑
速度	30米跑,50米跑,100米跑

(三)学习运动技能方面的评价设计

运动技能评价是中学生学习成绩的重要评价内容之一,常使用技术评定来进行。评价的重点不是学生对某运动项目单个动作技术的掌握,而是灵活有效运用动作技术的能力。通过评价激发学生的运动兴趣,提高学生的运动能力,促进学生形成良好的健康行为和体育品德。对运动技能掌握和运用程度的评价,可以针对个人,也可以针对团队,关注学习过程中整个团队的表现。中学体育与健康运动技能方面的评价方法常用的主要有核检表和评分规则等。

【案例】

运动技能的评价标准

足球踢准:

面对足球墙,相距12米,任意一种脚法踢墙上的"门"(将球门按照5、4、3、2、1标出不同分值),共踢5次,评价得分情况。

表9-5　足球踢准评价标准

分数	15分以上	12分以上	8分以上	8分以下
等级	优秀	良好	及格	不及格

动作表现的三个阶段与核检表制订①

动作表现可分为三个阶段,即动作的准备阶段、执行阶段和后续阶段。我们可以据此来观察学生的技术动作,并制订相应的核检表。在接球核检表中,可以按这三个阶段对接球主要的动作特征进行排序(见表9-6)。

表9-6 接球核检表

学生姓名:	评价者:	日期:
准备阶段: □眼睛一直盯住球 □脚步移动与球一致 □手臂伸出呈环状,双手一起抓住球		
动作执行与后续阶段: □接球后,肘关节弯曲随球后引 □接住低于手腕的球时,手指朝下 □接住高于手腕的球时,手指朝上		

(四)学习健康行为、体育品德方面的评价设计

健康行为、体育品德方面的评测很复杂,一般与学习者的态度或偏好有关。健康行为、体育品德目标的考题或者需要学习者陈述他们的偏好,或者要求教师观察学习者的行为。对中学生健康行为、体育品德方面的评价,可以在课堂教学中运用行为观察来评价中学生的表现,也可以通过相关问卷测验来了解中学生的表现。在对中学生健康行为、体育品德方面的表现行为进行观察时,经常用的工具主要有等级量表和评分准则等。

---

① 董翠香.小学体育与健康教学设计[M].北京:高等教育出版社,2020:183.

【案例】

表9-7　班级各团队体育健康学习评价表①

团队名称：××队

团队成员：××，×××，××，×××，×××，×××，×××，××，×××

计分标准：3＝达到目标，2＝部分达到目标，1＝部分向着目标前进，0＝没有向着目标前进

得分＼课次	1	2	3	4	5	6	7	8	9	10	…	18	总计
团队技战术的运用	3	2	3	3	3	3	3	3	3	2			
合作行为	3	1	3	3	2	3	2	2	3	3			
角色胜任													
尊重他人（队友、裁判等）													
……													
……													
比赛成绩胜为3、平为2、负为1	2	3	3	2	2	3	1	3	3	2			
奖励	2	0	2	1	1	1	0	0	2	2			
总计	10	6	11	9	8	10	6	8	11	9			

总体来说，学习评价的主要目的是对学生的体育与健康行为进行观察、诊断、反馈、引导和激励，并衡量课程目标的达成程度。体能评价主要采用定量评价与定性评价相结合、过程性评价与终结性评价相结合的方法。运动技能评价采用定量评价与定性评价相结合、过程性评价与终结性评价相结合的方式进行。健康教育方面评价，健康认知的评定主要采用理论考试

---

① 中华人民共和国教育部. 普通高中体育与健康课程标准（2017年版2020年修订）[M]. 北京：人民教育出版社，2020：104-105.

的形式,个人或团队健康行为的评定主要采用自评或互评的形式,家庭健康行为的评定主要由学生采用行为调查等形式。评价以发展学生能力为导向,重视评价的激励功能;评价要厘清学段、水平、学年、学期、单元和课时教学评价设计之间的层次关系,使它们之间在内容、标准、要求和具体操作上彼此衔接;力争评价方式、评价工具、评价主体多元化。

【案例】

表9-8 单元教学评价设计表①

评价维度	评价内容	评价观测点	评价方式
运动能力	运动认知	1.运动技战术要领、项目知识与裁判法的掌握情况 2.健康知识、运动相关的跨学科知识的掌握情况	口头测试 试卷测验
	运动技能	1.运动技战术的掌握情况 2.体育展示或比赛的水平	技术观测 口头点评
	体能状况	1.身体成分、身体形态的评定情况 2.身体素质的发展水平及测试情况	体能测试 成长记录
健康行为	锻炼习惯	1.参与体育学习和课外锻炼的兴趣与态度 2.锻炼方法的掌握情况和健康管理水平	行为观察 口头点评 问卷调查 访谈
	情绪调控	1.学练和比赛过程中的情绪稳定性 2.体育锻炼过程中的情绪稳定性	
	适应能力	1.适应自然环境的情况 2.交流互动、组织协调的水平	

---

① 董翠香,田来,杨清风.核心素养导向的体育与健康教学设计[M].上海:上海教育出版社,2020:61.

续表

评价维度	评价内容	评价观测点	评价方式
体育品德	体育精神	1. 运动过程中展现的精神风貌 2. 面对问题、困难和挑战时的应对情况	行为观察 口头点评 问卷调查 访谈
	体育道德	1. 运动过程中遵守规则、公平参赛的情况 2. 运动过程中诚实守信、自觉自律的情况	
	体育品格	1. 运动过程中对待他人和比赛胜负的态度 2. 运动过程中展现的合作意识和责任意识	

表9-9 高二年级耐力跑单元评价设计[①]

评价维度	评价内容	评价观测点	评价方式
运动能力	运动认知	能说出耐力跑的呼吸方法和体力分配方法，知道如何通过心率判断运动强度	口头测试
	运动技能	动作轻松自然、节奏感强、呼吸深而顺畅，速度保持好	技术观测
	体能状况	男生1000米和女生800米跑的测试成绩，学生速度耐力的发展情况	体能测试
健康行为	锻炼习惯	能积极参加耐力跑的学练，并能主动通过长跑锻炼身体	行为观察
	情绪调控	面对长距离奔跑等体能消耗大的练习时，能避免消极怠慢的不健康情绪，表现出乐观开朗的态度	行为观察
体育品德	体育精神	遇到极点时能主动克服，坚持完成练习，表现出顽强的意志品质	行为观察 口头评价
	体育道德	遵守游戏和比赛规则，公平、公正地参加比赛	行为观察 口头评价
	体育品格	在分组跑、定向跑等活动中，能相互尊重，主动合作完成任务，表现出良好的责任意识	行为观察 口头评价

[①] 董翠香,田来,杨清风.核心素养导向的体育与健康教学设计[M].上海:上海教育出版社,2020:84.

表 9–10　篮球模块学分评定表①

年级：____　班级：____　学期：____　姓名：____　性别：____　学号：____

评价方面	评价内容					综合评分
体能	项目		助跑摸高	1500 米	俯卧撑	
	期初	测试成绩				
		分数				
	期末	测试成绩				
		分数				
	进步幅度	进步成绩				
		分数				
	单项评定分数					
运动技能	项目		一分钟定点投篮个数	全场往返运球速度	三对三教学比赛表现	
	单项评定分数					
运动认知	篮球运动发展简史、文化价值与内涵，篮球比赛规则的理解和运用		打手	A. 准确判断 B. 判断需提醒 C. 不能判断		
			走步	A. 准确判断 B. 判断需提醒 C. 不能判断		
			推人	A. 准确判断 B. 判断需提醒 C. 不能判断		

---

① 中华人民共和国教育部. 普通高中体育与健康课程标准（2017 年版 2020 年修订）[M]. 北京：人民教育出版社，2020：107—109.

续表

评价方面	评价内容	综合评分
健康行为		
体育品德		
奖券分数		
总分		
等第		
学分评定		

说明：

1. 本评定表由体育教师填写。

2. 评价方法：

(1) 体能的评价：

①每个运动技能模块的体能测试项目由各校根据学生的实际情况和教学需要确定，一般为3~4项。各单项体能进步幅度分数以附加分的形式加入相应的单项体能评定分数中，其附加权重可以根据教学实际情况和激励学生发展的需要进行确定和调整。

②每个模块学习末的体能测试成绩即为下个模块学习初的体能测试成绩。

(2) 运动技能的评价：

①每个模块运动技能测试的具体项目数由各校根据学生的实际情况和教学需要予以确定，一般为3~4项。

②对于运动技能方面的评价主要通过设置运用情境，考查学生对于所学运动技能的灵活、有效运用，也可采用团队评价的方式进行。

(3) 运动认知的评价：

①等第折算分值是：A为100分，B为50分，C为0分，也可以继续细化。

②运动认知的综合评分 =（内容1分值 + 内容2分值 + 内容3分值……）/ 内容总数。

(4) 总分 = 体能综合评分 × 权重1 + 运动技能综合评分 × 权重2 + 运动认知评分 × 权重3 + 健康行为评分 × 权重4 + 体育品德评分 × 权重5 + 奖券总分，各权重之和为1。

为了有效地预测教育现象，传统的体育学习评价，往往把被评对象置于一个共同的标准或常模之下，用评价者认为的某一种价值观要求被评对象。

目前还没有哪一种评价标准能为体育教师评价学生提供全面而充分的依据。中学体育学习评价设计应坚持"以学生发展为本"的教学思想,关注学生的现在和未来,建立起合理、科学的评价体系,使学生在知识、技能、体能、健康行为与体育品德方面都得到良好的发展,更大幅度地提高学生各方面的能力。体育教师可以自己根据教学实际来设计和制定评价标准,尊重学生的个体差异,从多种角度评价学生,发现学生的优点和长处,有利于每个学生在自尊、自信中快乐地学习体育课程。

【本章小结】

本章阐述了中学体育学习评价设计的含义,中学体育学习评价的主体,中学体育学习评价的内容,中学体育学习评价的方法,中学体育学习评价的过程,中学体育学习评价设计的步骤。

【实践演练】

1. 中学体育学习评价内容包括哪些方面?
2. 中学体育学习评价的主体是什么?
3. 中学体育学习评价的方法有哪些?
4. 中学体育学习评价设计的步骤有哪些?
5. 请自选中学体育课程某个单元的教材,设计该单元的教学评价。
6. 请根据所学运动技能的评价方法,依据体育与健康课程标准,自选中学某一运动技能,制订其核检表或评分规则。
7. 请根据所学健康行为、体育品德方面的评价方法,依据体育与健康课程标准自选中学生的某一表现行为,制订其评分规则。

【拓展阅读】

[1] 潘绍伟,于可红. 学校体育学[M]. 北京:高等教育出版社,2015.

第十章　说　课

▶ 知识导图

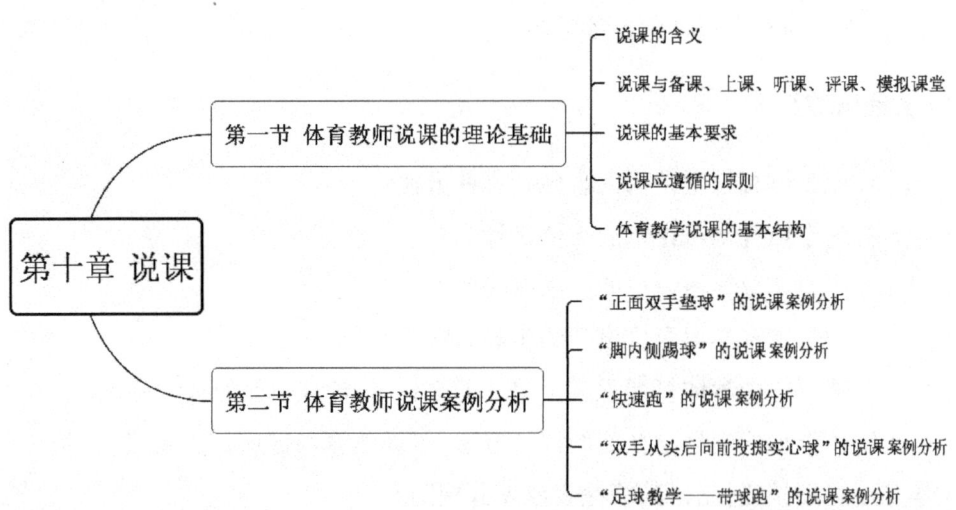

▶ 内容提要

说课是通过语言表达的方式,说清楚课是如何设计的,将如何上。说课,是对课堂的设计过程、氛围和效果的预估,它不是真正的课堂,它是教学研究的辅助性手段。说课,已经成为目前体育教学研究的一种方式,我们应该在正确认识说课意义和价值的同时,努力做到规范说课。

> **学习目标**

1. 熟悉说课的基本要求。
2. 熟悉说课的内容结构。
3. 了解说课的设计依据。

体育教师是提高教育教学水平,加强专业发展至关重要的一环。教师掌握备课、上课、看课、评课、说课、模拟课堂这"六课"的技能尤为重要,是"以学定教"的前提。说课,关键在于清晰表达,重点要说清楚课预先是如何设计的,将如何上。

第一节 体育教师说课的理论基础

在教师选拔、教学研讨、教研活动、教师评职中经常会使用到说课。说课不能脱离体育教学的课堂,要时时地直面体育课堂现场的问题。

一、说课的含义

说课是指教师以口头表达的方式,以教育科学理论和教材为依据,针对某节课的具体特点,以教师为对象,在备课和上课之间进行的教学研究活动。也就是授课教师在备课的基础上,面对同行或教研人员,讲述自己的教学设计,然后由听者评说,达到互相交流、共同提高的目的的一种教学研究和师资培训的活动。通俗地讲就是要说清:教什么、怎么教、为什么这么教。"说课"以说为主,是教师对教案本身的分析和说明,是一种口头叙述的教案分析。

说课的内容主要有四个方面:说教材,说出本节的教学目标、重点、难点、编者意图及本章节与其他章节相关的内容和所处的地位;说教法,根据具体的教学内容和学生实际,说出本节课适宜的教学方法,使课堂教学最优化;说学法,说出本节课教给学生哪些学习方法,培养学生哪些能力,如何调动学生的积极思维和学习兴趣;说出本次课的教学密度、负荷强度的变化,及其场地器材的使用等情况。

说课一般都事先写出说课稿,写说课稿的过程也是备课的一种形式,而且是一种更理想化的形式,但是说课稿和教案是有根本区别的,说课稿不仅要写出教什么、怎样教,更重要的是要写出为什么这样教,其理论依据是什么。

二、说课与备课、上课、听课、评课、模拟课堂

说课与备课、上课、听课、评课都有着密切的关系。

(一)说课与备课

说课与备课既有联系又有区别。从目的上讲,说课和备课都是为了上好一堂课,说课和备课都要求教师掌握和吃透教材的重点和难点,都要求教师明确教学的目标,并根据教材内容,安排正确的传授方法和教学手段,以期达到理想的教学效果。

从内容上讲,说课和备课都离不开教材,但它们的侧重点不同。备课着重研究解决课堂教学中的"教什么,如何教"等教学内容及实施技术问题。说课除了要研究上述问题外,还要研究"为什么这样教"的教学理论问题,也就是侧重于对某一教学目标所采用的教学方法、教学手段实施的理论依据的说明,说课要求教师能理论联系实际,从理论上阐述对某一教学目标安排的理由。

从对象上讲,说课和备课截然不同,说课的听众主要是教育工作者,说课本身,带有一定的经验介绍和交流性质,对教师的理论要求比较高;而备课的服务对象是学生,则要求教师能通俗易懂地向学生传授知识,并不需要教师向学生讲解教育学、心理学等理论知识。

另外,备课是说课的分析对象。说课涉及内容非常广泛,说教学设计、说备课思考等都是说课的涵盖范围。通过说课活动,可以引导教师对教学内容与方法等做更为深入的思考,从而进一步提高教师备课的质量。

说课稿与教案也不应混为一谈,说课不是复述教案。说课稿是在个人钻研教材的基础上写成的,说课稿不宜过长,时间应控制在 10~20 分钟之内为宜;教案只说"怎样教",而说课稿要重点说清"为什么要这样教"。教案是教师备课这个复杂思维过程的总结,多是教学具体过程的罗列,是教师备课结果的记录,是教师进行课堂教学的操作性方案。它重在设定教师在教学中的具体内容和行为,即体现了"教什么"及"怎么教"。

说课稿侧重于对有针对性的理论指导的阐述,它包括教案中的精华部分,但更重要的是要体现出执教者的教学思想、教学意图和理论依据,即思维内核。简单地说,说课稿不仅要精确地说出"教"与"学"的内容,而且更重要的是要从理论和实践的结合上具体阐述"为什么这样教"。教案是平面的、单向的,而说课是立体的、多维的,说课稿是教案的深化、扩展与完善。

(二)说课与上课

有些教师将说课看成是再现上课的过程,说课时口若悬河,详尽地给听者"上课"。讲解知识难点、分析教材、演示教具、介绍板书等,把讲给学生的东西照搬不误地拿来讲给各位评委、同行们听。这其实是混淆了说课与上课。说课是"说"教师的教学思路轨迹,"说"教学方案是如何设计出来的,设计的优胜之处在哪里,设计的依据是什么,预定要达到怎样的教学目标,这好比一项工程的可行性报告,而不是施工工程的本身。具体说来,两者具有以下区别:

第一,目的不同。上课的目的是将书本知识转化为学生知识,进而培养能力,进行思想教育,即使学生会学;说课的目的则是向听者介绍一节课的教学设想,教师用简洁、清晰的语言把备课中的隐性思维过程及其理论根据述说出来,使这些隐性的东西外显出来。

第二,内容不同。上课的主要内容在于教哪些知识、怎么教;说课则不仅要讲清上述的主要内容,而且要讲清为什么这样做。

第三,对象不同。上课的对象是学生,说课的对象是领导、同行或专家、评委。

第四,方法不同。上课是教师与学生的双边活动,在教师的指导下,通过读、讲、议、练等形式完成,说课则是以教师自己的解说为主。

另外,说课的听课人数和场地不一定严格受限;上课的听课人数和场地就要严格受限;说课花费时间没有严格限定,上课用的时间有着严格限定。说课属于教学研究范畴,上课属于课堂教学范畴等。说课重在阐述、说明,上课重在讲述、解疑。说课是上课的基础和保证。一般地,说课质量的高低与上课质量的优劣有着一定的关系,通过说课可以较好地反映出一个教师的实际教学水平和教学研究能力。上课情况在课后的说课中占有较大比重,同时,说课也赋予上课行为以深层意义。

(三)说课与听课

说课是由任课教师对教学设计及相关行为进行讲解与说明,听课是由非任课教师对任课教师课堂教学行为进行观察和记录。两者实施的主体不同、内容不同,目标也有较大差异。听课教师认真观察和记录,可以使自己更深刻地认识任课教师说课的利弊得失、说课的质量以及忽略的问题等。说课教师应当做到:听课前要做足准备工作,至少应预先熟悉教材内容,同时设想一下:"假如是我执教这一节课,我怎样上。"最好能够拿出这一节课的教学设计方案,以便听课时对比。不妨在参加教研活动之前,了解或者钻研一下与之相关的学术理论,以拓宽视野,缩短与"学术"的差距,收获会更大一些。听课时不仅要关注教师的教,更要关注学生的学。对于学生的学习活动,听课者应关注的是:学生是否在教师的引导下积极参与到学习活动中,学习活动中学生经常做出怎样的情绪反应,学生是否乐于参与思考、讨论、争辩、动手操作,学生是否经常积极主动地提出问题;同时,还要看学生的学习方式、课堂表现、态度和习惯,等等。听课中要认真观察、记录,并思考。听课者在课堂上要仔细捕捉讲课者的语言和表情,记下每个教学环节和教学方法;要一边观察,一边思考,听课后要思考和整理。听完课后不能一听了之,应进行一番思考和整理。比如翻翻听课记录,与执教者交谈,将几节"互相牵连"的课作一番比较,写一篇"听课心得",或者将他人执教的内容拿到自己班上试试。在这一过程中要善于分析、比较,准确地评价各种教学方法的长处和短处,注意吸收他人的长处,改进自己的教学;要注意分析执教者课外的功夫,关注执教者的教学基本功和课前准备情况。

(四)说课与评课

评课是对照课堂教学目标,对教师和学生在课堂教学中的活动及由这些活动所引起的变化进行价值判断。其形式多种多样,有同事之间互相学习、共同研讨评课;有学校领导诊断、检查的评课;有上级专家鉴定或评判的评课等。评课能调动教师的教学积极性和主动性,帮助和指导教师不断总结教学经验,提高教育教学水平,提升教师的教育教学素养。评课是其他教师对任课教师课堂行为的分析与评判,说课则是教师行为的自我分析;评课主要是对课堂教学实施情况的判断,属于价值评判,说课主要是对课堂现象以及教学准备情况的说明,属于事实描述。良好的评课可以使教师意识到自己教学的优点与不足,从而进一步提升后续的说课质量。要做到这点,教师就应在听课基础上对课堂教学过程进行剖析,理出头绪,从整堂课的方方面面逐个分析评价。需要注意的是,要客观、公正,要避免亲疏心理、随流附和的从众心理和消极应付心理的干扰;评优秀教师的课时,还要克服光环效应的影响。

(五)说课与模拟课堂

模拟课堂是教师与学生在课堂教学活动中,针对体育教学课堂的一种正式的教学演练。有些学校也称这类教学活动为"无生讲课"(无学生的教学课堂),目前国内许多地区在教师遴选中经常使用这种选拔手段,在我国的教师资格考试的面试中也经常使用。模拟课堂教学又叫"试讲",是在有限的时间内,教师通过口语、形体语言和各种教学技能与组织形式的展示而进行的一种教学形式,考查的是教师的综合能力。

模拟课堂教学一般有两种形式:面试模拟教学、能力测试模拟教学。

面试模拟教学是人事、教育单位在招聘教师面试过程中经常采用的方法,一般是由相关单位负责人组织实施的面试工作。面试模拟课堂试讲主要是粗略考核应试者是否具备教师岗位所需要的基本素质和基本技能,起到初筛作用。通常讲授一堂完整的体育课,10~15分钟即可。试讲常采用即兴命题的形式,考查应试者对某门课程的驾驭能力。

能力测试模拟教学一般在学校内进行,参加这个环节的人数大大减少,一般会安排一节课的内容。有两种方式:一种是指定课程、指定章节的命题式试讲;一种是指定课程但不指定章节的自由式试讲。

三、说课的基本要求

说课不是上课,既没有学生参与其中,也不是在常用教学场地上进行。基本要求如下:一是可以有说课稿,但说课的时候最好不要总是低头读稿,事先熟悉说课内容十分必要;二是分清说与教,不能用教的方式表达说课,如果出现教的情况就不再是真正意义上的说课;三是要有主次之分,突出重点要说的内容,重要部分多说、细说,次要部分少说、略说;四是时间分配要合理,不能前松后紧,也不能平均分配,重点突出的部分时间上要有所保障;五是要把握好说课的语速和语调等,把握语言的运用技巧;六是明确说课要评价的是什么,既要评说的能力,又要评课的设计水平,设计得好但不会说、说的能力强但设计不到位,都达不到理想的说课效果。因此,要成功说课,不仅要重点突出、详略得当,还要吃透教材,搞清概念。体育教师要具备"备、上、看、评、说"较为全面的"五课"能力。尽管说课在日常工作中不常用到,但仍不容忽视。

四、说课应遵循的原则

说课应遵循内容精准、语言简明、布局合理、设计有效的原则。

(一)内容精准原则

内容精准是指说课的内容尽可能地完整和准确无误。完整是说的要素要尽可能地都包含其中,准确无误是说每项内容要素都要重点突出且无错误表述。一般情况下，几乎每次说课活动组织者都会提前制定标准、提出要求，尤其会要求说课者提供一份说课文本材料。但是，说课现场要说的并不一定要与提交的说课文本完全一致，现场要说的内容如果用文字呈现出来是说课稿，说课现场要说的说课稿和提交的说课文本材料有一定的区别。说课稿中的内容或具体要说的内容要求精准，应几乎达到"字字千金"。一方面说课时间十分有限，另一方面要想把课的设计和教学组织方法讲明白，要求把握好关键内容。假如要说的内容不够精准，很有可能内容未说完时间已到；也有可能是时间没到内容却早早说完了；还有可能出现尽管时间够用，但说的内容未能达到详略得当，该一语带过的却在细说（如指导思想等），该说清说透的却简单介绍（如教学手段与设计意图等）。总之，内容精准是成功说课的关键。

(二)语言简明原则

语言简明即用最简单明了的语言表达所要呈现的内容。说课时的语言要求简洁明了，因为需要让听众或评委在有限的时间内了解更多内容：诸如课的基本信息，哪个学段、哪个年级、学生人数、学生性别等；前提信息，如课的目标、教学内容、重点难点、教材分析和学情分析、场地器材等；主要信息，如教学流程，准备部分、基本部分、结束部分都安排什么内容，这些部分的内容安排是否匹配与合理，更要重点说清楚主教材教学的方法步骤。有的说课组织者还要求说课者对教学创新、教学效果预计情况进行阐述等。这么多内容需要呈现，假如语言不够简明，从内容上来看很有可能遗漏或者蜻蜓点水，从时间上来看，还有可能前松后紧或时间不够用。为此，语言简明需要认真遵守，这就要求说课者事先有充分的准备。当然，以上内容要素，可以打破要素界限，不必严格按照说课设计文本上的要素呈现顺序，可以不具体说出每一个要素的名称，而是把要说的内容统合成一个整体来阐述。当然，这样的境界或许要等说课者积累了丰富的经验后才能达到。

(三)布局合理原则

布局合理是指需要表达的内容在说课中的时间分配恰到好处。布局合理,有利于确保在规定的时间内把要说的内容完整且巧妙地呈现出来,让听者能够很容易且富有逻辑地获取说课信息,也能反映出说课内容条理清晰、详略得当。当说课布局不合理时,多表现在各部分内容详略不当,即对应简单说甚至可以不说的内容描述过多,该详细说、深入说的却又没有做到。更有甚者,将各部分内容在详略上都视为等同,结果,听者很难听出哪里是重点。假如是说课评优活动,这样的说课者很难取得优异成绩;假如是评定职称时的一种考核,说课者也难以取得理想的结果。例如,有的说课者因事先未能对每一部分要说的内容分配好时间,结果当评委们提醒时间快到时,不得不仓促收尾,这是即将超时的表现,甚至课未能说完不得不被叫停。还有一种不良情况,因布局不合理,课说完了可时间还有剩余,出现了时间浪费现象。这种时间上不足或浪费的现象都需要引起说课者在准备阶段的高度重视,从而进行合理规划。

(四)设计有效原则

设计有效主要是指说课的结果要能够达到预期的目的,除了让听者清清楚楚、明明白白地听清声音,最好还要让听者了解体育课的设计思路、方法和创新意图等。实际上,遵循设计有效原则,其中包含两层含义:一是体育课的设计要合理,具有可操作性,并能达到一定的教学效果;二是说课文稿的设计要能够让听者听清楚说的是什么,以及为什么。因此,说课的设计工作,首先是包含了课的设计过程,说课文本的设计等于是在课的设计前提下的一次延伸设计,是要把课说出来,不是课设计后的教学实施(若是上课,无须再做延伸性设计)。看似时间短的简单活动,实际上从文本呈现来看,远比备课写教案更为复杂。设计有效要充分地考虑课与说两个方面,任何一个方面的设计工作做得不充分,都难以达到理想的效果。

五、体育教学说课的基本结构

(一)说指导思想部分

中学体育课以"健康第一"为指导思想,以《义务教育体育与健康课程标准(2022年版)》或《普通高中体育与健康课程标准(2017年版2020年修订)》的基本理念为依据,以学生学习掌握体育知识技能和方法为载体,以身体练习为主要手段,以增进学生健康为主要目标。该部分内容包含了课标中的部分基本理念,还有课程性质教学目标。实际上,为了节省说课时间,该部分主要应突出的是,依照课标中的基本理念把握明确方向。"指导思想"实际上是让说课者对课的把握要有明确的方向,即所说课的设计要有明确依据。所以,该部分说的时候做到"点到为止"即可,无须长篇大论。

(二)说教材

平日上课前的备课工作需要我们先吃透教材,说课活动也应如此。那么,说课前该如何吃透教材呢? 一是从内容上把握教材的特点。说课教材具有什么特点,是有趣味性的,还是较为枯燥乏味的;是有一定难度的,还是较为容易的;是较为常见的,还是不常见的;是学生比较喜爱的,还是不容易激发兴趣,学生可能缺乏学习热情的等。二是从价值上把握教材所能发挥的作用。要能够充分挖掘教材的价值,在撰写说课文稿的时候,尽可能地将其价值做充分分析,比如是侧重于基本运动能力提升,还是专项运动能力的提高? 三是从对象上把握学生对教材的熟悉程度。判断是学生从未接触过的内容,还是学生已有相关基础。

(三)说教学目标

教学目标是否科学合理,直接关系着整个课程目标的实现。教学目标的内容范围与课程目标应该是一致的,具体可分为四个领域:认知目标、技能目标、体育品德目标、体能目标。认知是指事实、概念、原理、规律等,可根据不同水平学生特点与教材性质,选择相应健康知识、运动原理、环境适应、锻炼意识、运动安全等方面。技能是指学习动作技能等的程度。体育品德目标,可根据不同水平学生特点与教材性质,选择勇敢顽强、遵守规则、公平公正、合作互助、正确胜负观等方面。体能是每次体育课中要完成的主要任务之一,也是体育教学中重点实施的方面。确定教学目标的内容范围时,一定要全面考虑各领域,不可有所偏废,教学目标又要有不同的侧重点。

(四)说学生情况

教学的对象是学生,教师在说课时,要将自己对学情的分析作为重要内容,这既反映教师教学设计的基本出发点,也体现了教师是否切实将以学生发展为本的教学理念落到实处。学情涉及的内容非常宽泛,教师在说课时,并不见得要面面俱到,而要选择那些确实与本节课教学设计有着密切关联,同时也是自己在教学设计时重点加以考虑的内容。说学情既要分析学生整体具有的特点,同时也要具体分析学生间的差异,切忌空泛化。

(五)说教学重难点

体育学科的教学内容都有一定的知识结构,是一张相互联系、相互制约的知识网,重点知识就是这张网上结网的纲。教学内容的重点一般是带有共性的知识和概括性。抓住体育教学内容中许多带有共性的知识、方法、技能等,就抓住了教学的重点。确定教学内容的重点时,首先要找出哪些体育技能是学生已经学过的,或者是以学生旧有的技能作基础的,在此基础上,进一步掌握新技能,往往这部分技能就构成了教学内容的重点。

把握教学内容的难点。所谓"难点"是指学生难于理解和掌握的内容,是学生学习困难之所在。难点因学生的年龄、技能水平和生活经验的不同而不同。一般来说,那些新旧运动技能如何协调连接运用就是教学的难点。重点和难点有时是相同的,有时难点不一定是重点,有时难点与重点无关。所以,难点的具体表现形式是不一样的。

(六)说教师教法和学生学法

任何一种教学方法的核心作用,都是为实现教学目标和完成教学任务服务。选择和运用教学方法的实质,就是把教师的教学、学生的学习和教材的内容有效地连接起来,使教学的基本要素能够在教学活动中充分地发挥它们各自的功能与作用,从而实现预期的教学目标、达成预期的教学效果。

因此，教学方法与教学目的、教材内容、学生特征、教师素质、教学环境之间存在着内在的有机联系，这就是教师在教学设计过程中选择和优化组合教学方法的基本依据。不同层次的教学目标的有效达成，要借助于相应的教学方法。

如果以学生掌握动作技能为主要教学目标，则可以采用实际操作训练为主的方法。教师可依据这些具体的可操作性目标来选择和确定具体的教学方法，依据教学内容选择教学方法，根据学生实际选择教学方法。这些因素也都直接制约着教师对教学方法的选择，这就要求教师在教学设计过程中能够科学而准确地研究分析。

此外，还要说出本节课教给学生哪些学习方法，培养学生哪些能力，如何调动学生的积极思维和学习兴趣。

(七) 说教学过程

本部分是教学设计的核心，应把教学内容、教学进程、学生活动、设计意图及所需要的教学资源及教学指导策略表达清楚，可附教学流程图。紧扣教学目标设置教学环节，各环节之间呈现逻辑关系，时间分配基本合理。教学过程设计包括导入设计、情境设计、提问设计、练习设计、讲解设计、演示设计、强化反馈设计和结束设计等。

(八) 说场地器材和用具

说本课所需的场地器材和用具的名称、数量、规格。

(九) 预计课的效果

预计本节课学生学习效果以及教师自身教学效果的评价分析。

(1) 预计学生对所学的动作技术掌握的程度。

(2) 预计本课学生的运动强度、最高心率、平均心率、运动密度或者练习密度。

第二节　体育教师说课案例分析

一、"正面双手垫球"的说课案例分析

(一)"正面双手垫球"的说课

【案例】

正面双手垫球

来源：呼和浩特市第三十四中学

说课年级：初中一年级

1. 指导思想：

排球运动是学生十分喜爱的学习内容之一。经过排球基本理论知识和基本技术的学习，学生已经了解排球运动的文化，懂得排球运动的特点，掌握简单的排球技术原理。通过提高基本技术的动作质量和综合运用所学各项基本技术的能力，使学生体验到排球运动的乐趣和价值，不断提高排球运动技术和参与比赛的能力。本课以发展学生身体素质和发展快乐体育为重点，以学生的兴趣爱好为切入点，以团结友爱、进取拼搏为德育渗透点，使学生养成良好的锻炼习惯，为学生终身体育打下坚实的基础。同时，发展学生速度、灵敏、耐力、柔韧等身体素质，提高身体机能，培养勇于竞争、顽强拼搏、团结合作等精神。

2. 教材分析：

本课教学内容是排球运动的垫球技术，垫球技术是排球运动中最主要的基本技术，是接发球和防守的最常用的技术，起着组织全队相互配合的桥梁作用。垫球技术好坏直接影响到团体水平的发挥和战术配合的质量。

排球运动是由发、垫、传、扣、拦等动作组成的，是在快速、激烈

的情景下经过接发球、二传、扣球来完成的一项综合性的体育运动,具有团体性、竞争性、趣味性等特点。经过排球运动,能够发展学生们跑、跳等基本活动能力,提高灵敏、速度、力量、耐力等身体素质和动作的准确性、协调性,增加内脏器官的功能。同时,还能培养学生勇敢顽强、机智果断、胜不骄败不馁等优良品质和团结一致、密切配合的团队精神,是一项有很高锻炼价值的运动项目。

3. 学生情况分析:

本次课的授课班级为初中一年级学生,共有54人。学生来自9所小学,运动技能有差异,个别学生学习能力较强,有一定的基础,但大多数学生掌握技术较差,所以本课结合了挂图教学讲解,让学生形成感性的认识。采用启发、模仿、创新、竞赛等教学方法,以及各种新颖的练习方法。循序渐进,充分挖掘每个学生的潜在能力,充分发挥学生的主体作用,更好地促进教学目标的实现。

4. 教学目标:

以"终身体育"为指导思想。注重培养学生终身锻炼的意识,使学生们在欢乐中掌握锻炼的手段,增强身心健康。

(1)学生掌握排球垫球技术的动作要领,70%~85%以上的学生能学会排球垫球技术的基本动作,20%~30%的学生能接手抛球垫球过网。发展学生的灵敏性和协调性,学生能自主学习与锻炼,提高和他人合作的能力。

(2)经过排球垫球的练习,激发学生对体育的兴趣,培养学生积极参加体育活动的态度和行为。通过排球运动培养学生勇敢、机智果断、胜不骄败不馁的优良品质和团结一致的团队精神。

5. 教学重点与难点:

分析垫球的动作结构,把垫球技术分为姿势、击球点、身体与手臂的协调动作几个环节。要想把球垫好,关键是姿势和击球点。

教材的重点:正确的击球点和正面垫球的姿势。

教材的难点:身体与手臂的协调动作。

6.教法与学法:

教法:

启发教学法:经过启发让学生更好地了解排球的基本知识,激发学生的学习兴趣。

分解法:通过从简到难地学习,学生更容易掌握技术。

游戏法:游戏活跃课堂气氛,巩固技术,培养学生团结协作精神。

学法:

练习法:经过反复的练习,充分体现学生的主体性。

展示法:经过展示促进学生进行创造性的学习。

游戏法:提高学生的兴趣,活跃课堂气氛,巩固技术。

评价法:经过课堂评价发展问题,解决问题,进一步启发学生的学习兴趣。

7.教学过程:

(1)准备部分(8分钟):

①课堂常规。

②本课的教学资料、目标及要求。

③队列的变换练习。

④球操。为了使学生精神振奋,达到热身的效果,安排了球操提高学生的兴趣,同时培养学生的情趣。

(2)基本部分(32分钟):

①自主学与练(7分钟)。

让学生自由发挥练习垫球。目的是让学生认识、了解垫球技术和练习方法。

②学习和发展(20分钟)。

展示挂图:通过观看挂图和讲解使学生认识排球运动和学习排球的重要性,让学生形成感性的认识,建立良好的动作概念。

徒手练习:原地散开,徒手做垫球动作姿势。看教师的示范动作模仿练习,同时教师发现问题及时解决问题,注意垫球的姿势、手型正确,使学生的理性认识转化为动作。

自由组合、自由练习:

垫固定球:是让学生体会全身协调用力和正确的击球位置。加深学生对垫球技术的理解。

一抛一垫:相距3~4米,一人抛球,另一人垫球。要求抛球由到位向不到位变化,垫球由近向远变化。此练习是让学生体会垫球动作的插和蹬送动作。

对垫:距离3~4米连续对垫球。要求学生随时做好垫球前的准备姿势,并快速起动和移动,坚持好合理的位置进行垫球。首先是练习原地对垫球,再练习移动的对垫。

自垫:一人一球连续向上方垫球。这一练习是让学生不断地提高控制球的能力,坚持好人与球的位置关系。同时给学生必要的时间自主创新,提高学生的学习兴趣,进一步提高控制球和支配球的能力。

自我展示:给学生必要的空间和时间展示一下自己的练习成果,充分体现学生主动参与和自主学习的要义,提高学生的学习兴趣。

③合作发挥(5分钟)。

游戏:接力比赛。

规则:分为四组进行比赛,每组一球。双手平举把球放在腕关节以上10厘米处,不能夹球,快速跑到指定地后原地垫球三次后再跑回队伍把球交给下一位同学。最先完成的为胜。

目的是通过这个游戏,再次巩固垫球技术,同时也培养学生之间的协作配合、团结合作能力。

(3)结束部分(5分钟):

①在教师带领下,学生通过音乐来放松,消除肌肉的疲劳,身心得到恢复。

②对本课进行小结,学生参与自我评价、小组评价和综合评价。

③布置回收器材。

8. 场地器材:

排球 54 颗,挂图 1 幅,音乐播放器 1 个。

9. 预计课的效果:

预计课的教学目标基本实现,70%~85%以上的学生能学会排球垫球技术的基本动作。预计课的平均心率为 140~150 次/分。运动密度为 75%~80%,练习密度为 35%~40%。

(二)"正面双手垫球"的说课分析

这节"正面双手垫球"课,教师不仅规范地按照说课流程将每一部分详细而明确地做了阐述,而且整体结构和每一部分的内容清晰。听完这一次说课,大家十分明确案例中的说课内容包含 9 个部分:指导思想、教材分析、学生情况分析、教学目标、教学重点与难点、教法与学法、教学过程、场地器材、预计课的效果。该案例所呈现的内容较为全面,既能让人了解课是如何设计的,又能让人通过聆听这几个部分的描述,明白教学的过程与方法。

本案例的最大特点是,教师对每一部分都做了较为详细的介绍,说课内容简洁明了,最突出的是更加具体和深入地讲述了"正面双手垫球"的多种练习方法及其要求和设计意图。尤其是前期教学状况、问题和对策的研究说明",是平时教师说课容易忽略的部分。有了该部分内容,能够体现出本次说课是非常有针对性的解决问题的设计,也体现出了课的连贯性,更有利于学生学习和掌握"正面双手垫球"的知识与技能。

从本节课教学目标的设置来看,不仅针对全班同学,还照顾到了个体差异。如,既有 70%~85%的学生的目标,也有 20%~30%的学生的目标。还能够从目标的表述中看到,通过该节课的学习,大部分学生能够在多种练习下完成动作,有少部分学生能够独立完成动作,且能做到蹬地、提肩、顶肘、压腕、击球的完整动作。

二、"脚内侧踢球"的说课案例分析

(一)"脚内侧踢球"的说课

【案例】

脚内侧踢球

各位考官好,我是×号考生,我今日说课的题目是"脚内侧踢球"。根据新课标的基本理念,以教什么、怎样教、为什么这样教为思路,接下来我将从指导思想、教材分析、学情分析、教学目标、重难点、方法、教学过程这几个方面加以说明。

1. 指导思想:

本课以"健康第一"为指导思想。以身体练习为主要手段,以学习体育与健康知识、技能和方法为主要资料,以增进学生健康、培养学生终身体育意识和能力为主要目标。在本课的设计中落实以学生发展为中心,帮助学生进行体育课程的学习及关注学生的个体差异,保证每一位学生都能受益。

2. 教材分析:

足球是"世界第一运动",能很好地促进学生身心健康发展,深受广大师生喜爱。"脚内侧踢球"技术是足球踢球的基础技术之一。经过练习可发展学生的速度、力量、协调性、平衡等身体素质。它是在学习基本的球性练习基础上,为脚内侧接球、运球及其他踢球技术动作的学习奠定基础。学习脚内侧踢球技术,可以为学生奠定足球基础,培养学生不畏困难、勇往直前的意志品质和团结协作的意识,提高学生参与体育运动的兴趣。

3. 学生情况分析:

水平二的学生神经系统发展较快,兴奋和抑制的机能有所增强,控制和调节自我行为的能力提高较明显,对运动技术的学习开始提高细节要求。独立意识也开始增强,已经不满足于单纯地听教师的话,期望有自主思考的空间。但学生注意力的集中性和稳定性较差,在观察时往往也只注意事物较突出的特征,缺乏顺序性。需要教师采用游戏法等多种教学方法,激发学生的兴趣,抓住学生的注意力,使其更好地参与到体育课堂中来,体会体育运动的欢乐。

4.教学目标:

(1)能说出脚内侧踢球的动作要领,连贯流畅地做出脚内侧踢球这一技术动作。

(2)经过观察模仿、分组练习、游戏比赛等环节,发展下肢力量、协调性、平衡等身体素质,夯实足球基础。

(3)体会参与体育运动的乐趣,树立不畏困难、勇往直前的意志品质,养成团结协作的意识。

5.教学重点和难点:

教学重点:支撑、摆腿、踢球。

教学难点:动作的协调连贯。

6.教学方法:

讲解示范法、分解练习法、提问探究法、游戏比赛法。

7.教学过程:

本节课分为四个部分:开始部分、准备部分、基本部分和结束部分。

(1)开始部分。

开始部分也就是体育课的课堂常规,主要包括集合整队、师生问好、检查服装和出勤、强调纪律和安全、宣布本节课的学习内容、安排见习生。

经过课堂常规,使学生收心凝神,迅速进入状态,为学习做好准备。

(2)准备部分。

准备部分也就是热身活动,安排两个环节。

第一个环节是带球围圈慢跑,学生每人一颗球,以教师为圆心,5米为半径,围成大圆,逆时针带球慢跑。要求将球尽可能控制在自己脚下,并注意安全。经过这一环节,降低学生肌肉的粘滞性,使内脏器官和运动系统进入状态,到达初步热身的目的,同时也提高了学生的球性。

第二个环节是足球操。经过足球操,使学生进行全身关节活动和韧带拉伸,充分热身,调动情绪,在生理和心理上都为接下来的课程做好准备,避免受伤,同时也进一步培养学生参与足球运动的兴趣。

(3)基本部分。

首先是导入环节。我将采用媒体导入法,展示著名球星照片,并进一步引申:优秀运动员之所以取得杰出的成绩,与坚持不懈的刻苦训练密不可分,尤其是基本功十分扎实。引入本节课学习的内容:足球的基础踢球技术——脚内侧踢球。

意图:采用媒体导入的方法,十分贴合现阶段学生的心理与认知特点,能很好地集中学生注意力,激发学生的学习兴趣,进行有效的德育教育,同时紧密联系本节课学习的内容,为接下来的学习营造良好的氛围。

其次是学练环节。首先我会进行完整动作的示范,并要求学生注意观察。经过标准优美动作的示范,激发学生的学习兴趣,帮助他们初步建立动作表象,为接下来的学习奠定基础。接下来我会边讲解边示范,针对脚内侧踢球的助跑、支撑脚站位、踢球腿的摆动、脚触球的部位和踢球腿的随前动作这五个环节进行动作要领的讲解。

动作要领为:直线助跑,支撑脚站于球侧10~15厘米处,膝盖微屈,脚尖指向出球方向;踢球腿由大腿带动小腿向前摆动,在摆动的过程中膝关节外展;踢球脚脚尖微上翘,脚底大致与地面平行,用脚内侧踢球的后中部,将球推或敲击出去,踢球腿要跟随球有随前动作。

在讲解的过程中,针对重难点细节进行强调。适时提出思考问题:膝关节为什么要外展?因为这样能够更好地运用脚内侧击球。

意图:经过对动作要领的讲解,学生能对动作有整体的认识和进一步的理解,清楚动作环节和技术要领。学生对于运动技能的掌握最主要的方法是练习,为了更好地掌握脚内侧踢球这一动作,我设置了三个练习。

第一个练习:徒手模仿练习。采用整体练习方法,首先将动作分为2个口令,当教师喊1时,学生做支撑上步;当教师喊2时,学生摆腿。练习8次之后,学生自由练习连贯动作。在练习的过程中,教师针对"膝关节外展"等技术细节进行纠错指导。

意图:经过徒手模仿练习,学生初步体会脚内侧踢球动作,提高动作的协调性和连贯性。注意关键细节:踢球腿膝关节外展。

第二个练习:两人一组,踢固定球练习。两人相对而站,一人踩球,另一人做上步踢球动作。要求:踢球力量要小,避免将球踢飞,注意交流与合作。

意图:体会支撑脚站位、踢球腿的摆动、脚触球的部位,进一步增强动作的连贯性。在学生练习过程中进行纠错指导。

经过练习一和练习二,学生对于脚内侧踢球动作有进一步的认识与理解,初步掌握脚内侧踢球这一动作。

为了突破本节课的难点——动作的协调连贯,我设置了第三个练习:两人一组相隔5米站立,进行脚内侧踢球对传球练习,要求动作标准,踢球要稳。

练习过程中,邀请学优生进行示范,帮助学生巩固知识,树立榜样,激励学生学习。

以上练习方法的设置,循序渐进,贴合学生的认知特点和能力基础,有针对性,很好地解决了本节课的教学重点,突破了教学难点。经过学生的反复练习以及教师的及时纠错,学生基本掌握了本节课的内容。

学生练习结束之后,我设置了辅助教材环节:踢球进门比准游戏。

游戏方法:全班异质分组,分成4组,距踢球点5米处,有宽80厘米的小球门。组内队员每人一次踢球机会,循环两次,进球数最多的组获得胜利。

意图:经过这一环节,加深学生对脚内侧踢球这一技术动作的理解,本节课学习的技能得到进一步巩固,到达学生在体育课中的运动负荷,起到锻炼身体的作用。同时,激发学生的学习兴趣,使其在这一活动中获得成就感,体会到参与体育运动的乐趣,有助于学生养成参与体育运动的习惯。

(4)结束部分。

首先是整理放松,在轻柔舒缓的音乐中进行拉伸放松,教师带领学生做拉伸放松操,学生之间互相拍打放松。

意图:经过整理放松,学生的心境或情绪得到平复,养成正确的运动习惯。

(5)小结。

首先经过问题的形式引导学生思考本节课的收获(知识技能和情感态度与价值观方面),培养学生自主学习和总结的能力。其次,对学生课中的表现进行总结性评价,以鼓励为主,增强学生的自信心和学习兴趣。在课程的最后,安排体委或值日生点收器材,宣布下课。

8.场地器材:

足球25个,小球门4个。

9.教学效果:

预计平均心率:140～150次/分,预计运动密度:80%,练习密度:35%～40%。

(二)"脚内侧踢球"的说课分析

教师招考"脚内侧踢球"课,考生不仅规范地按照说课流程将每一部分详细而明确地做了一一阐述。案例中的说课内容包含9个部分:指导思想、教材分析、学生情况分析、教学目标、教学重点和难点、教学方法、教学过程、场地器材、教学效果。该案例所呈现的内容基本全面。但是,对教法和学法以及教学的重难点阐述过于简单。

本案例的最大特点是,教师对教学过程中的每一个练习都做了较为详细的设计说明,说课内容简洁明了。这样,大家能够明白,每一项练习的原因和意图。该部分内容能够体现出本次说课是非常有针对性的解决问题的设计,体现出了课的上下连贯性,更有利于学生学习和掌握"脚内侧踢球"知识与技能。

从本节课教学目标的设置来看,主要针对全班同学,没有照顾到个体差异。

三、"快速跑"的说课案例分析

(一)"快速跑"的说课

【案例】

快 速 跑

来源:呼和浩特市十八中学

说课年级:高中一年级

1.指导思想:

本课以"健康第一"为指导思想,以《义务教育体育与健康课程标准(2022年版)》的基本理念为理论依据,注重激发学生的运动兴趣,积极引导学生体验运动的乐趣和成功的喜悦。以学生发展为中心,突出学生的主体地位,促进学生学会体育与健康知识与技能。关注学生的不同需求和个体差异,因材施教,合理运用评价手段,促进学生身心全面发展。

2. 说教材:

快速跑是中学田径教学的主要内容,是各类学校体育教学大纲规定的教学内容和《国家体育锻炼标准》规定的锻炼、测验项目。快速跑练习不仅能够提高学生各种快速反应能力、机体无氧代谢能力,并且还能够培养青少年勇往直前、奋发向上的精神,对于学生生理、心理健康起着促进作用。而摆臂动作是整个短跑技术动作中比较容易被忽视但又很重要的环节,所以在教学中强调正确的摆臂技术,让摆臂来影响两腿的动作,能够改善许多学生抬不起腿的错误动作。快速跑的一些专门练习是在多年的教学和训练中总结出来的,经过专门训练能够有效地提高短跑的技术。本课从教材内涵出发,在前一课时借助多媒体教学手段,让学生观看了国际优秀百米运动员的录像及雅典奥运会刘翔打破110米栏奥运会纪录并夺得冠军的录像,将学生的思绪带回到激动人心的雅典赛场。在此基础上,本课利用丰富多彩的游戏、形式多样的接力跑,激发学生对快速跑的兴趣,提高跑的能力。

3. 说学生:

高一年级学生在练习方法上已经具备了自学、自练能力。在教师的引导下,在学练中已经具有探究、分析和解决问题的能力及合作、自控能力。而在生理上,学生的运动系统、心血管系统、呼吸系统的功能日趋完善,与初中相比,骨骼变粗,肌肉增强,心脏容积、肺活量、吸氧量的绝对值都有所增大。

4. 教学目标:

(1)明白摆臂技术在快速跑中的作用及一些短跑的专门技术练习。

(2)80%的学生掌握快速跑摆臂的技术动作,70%以上的学生掌握正确的高抬腿跑、后蹬跑技术动作。

(3)培养学生探索研究、团结协作、主动参与、勇往直前的精神。

5. 教学重点、难点：

教学重点：根据学生自我的技术特点，有效地利用各种跑的专门技术练习。

教学难点：培养学生正确的快速跑姿势。

6. 教法设计：

热身游戏采用各小组自选方法，各小组间不一样的游戏热身，能够提高学生的参与意识及组织能力。摆臂练习中采用两人互相练习及三人定位练习，使练习者及时得到正确的反馈，利于纠正错误，构成正确的动力定型，同时也能够提高学生自评、互评的能力和互帮互助的良好品质。让距离跑中可利用男生让女生不同距离，素质条件好的学生让素质条件差的学生，提高竞争的激烈程度，让部分学生体验成功感，不会觉得自己与其他同学有太大的差距。障碍接力中，学生可根据所供给的场地器材及有关规定，自行讨论选择编排障碍的顺序，培养学生探索思维及组织能力和团结协作的精神；整堂课采用收、放、松、紧相结合的组织方式。

7. 学法设计：

本课的学习方法主要采用自学法、自练法并辅以讨论法。自学法培养学生自我独立获取知识的能力。自练法能够提高学生的实践能力。讨论法能够经过各种探讨交流见解，培养学生的合作意识，集思广益、相互启发、互相学习、取长补短，并加深对学习内容的理解。

8. 教学组织形式设计：

为了调动学生的主观能动性和进取心，提高学生主动参与意识，充分发挥学生的主体作用，本节课在教学组织形式上给予了学生自由练习的时间、空间及多种练习形式。在分组上，实行动态分组，有友伴型、帮教型、讨论型、探索型、合作型分组。在活动范围上，划定三个区域：高抬腿跑区、后蹬跑区、技术探索讨论区，学生可根据自我学习的需要与发展情景选择练习组别与练习区域。经过这样的教学组织形式,能够实现真正意义上的多项信息交流,达到教师与学生共识、共享、共进的效果。

9. 教学过程:

(1)导入阶段(2分钟)。

介绍本课教学内容,结合上节课观看的百米录像及刘翔夺冠的比赛录像,激发学生的爱国情绪及学习兴趣,产生"我要学"的想法。

(2)热身部分(6分钟)。

引导学生进入游戏自选超市,选择感兴趣的游戏,从教师处领取游戏规则,由小组长带领组员学习、组织、参与游戏。在激发学生兴趣及热身的同时提高学生的自学与组织能力。

(3)基本部分(30分钟)。

①摆臂练习(4分钟)。

学生间相互观察,互相帮忙指正,了解摆臂在快速跑中的作用和意义,学会正确的跑步姿势。

②跑的专门训练(高抬腿跑、后蹬跑)(8分钟)。

了解高抬腿跑有利于改善大腿前摆不够的错误动作,后蹬跑有利于改正后蹬不充分、坐着跑的错误。在运动场上设置高抬腿跑区、后蹬跑区、技术探索讨论区,学生根据教师、同学的反馈及自我了解的情景,选择适合自我的练习区域。体育教师在探讨研究区随时和学生探讨其他练习方法并解释合理性。三个区域同时进行。

③让距离跑(8分钟)。

素质条件好的学生让素质条件差的学生,提高竞争的激烈程度。

④障碍接力(10分钟)。

学生根据所供给的场地器材及有关规定,自行讨论选择编排障碍的顺序,并进行障碍跑接力。

(4)结束部分(7分钟)。

放松练习:大家互相拍打放松身体、集体拉伸放松。

动作要求:轻轻拍打上肢和下肢。

教师小结并口头表扬部分学生。

设计意图:总结学生掌握知识和技能的情况,激励学生继续努力学习。

宣布下课,师生再见。

整理器材。

10.学习效果:

本课设计严谨,教学步骤清晰,层次分明,重难点突出,教学方法灵活多样,教学手段实用有效,课堂气氛活跃,学生生动活泼,学习气氛浓厚。预计80%的学生掌握快速跑的技术动作,提高快速奔跑能力。

预计全课运动密度为85%,练习密度为40%~50%。

预计全课平均心率为140~160次/分钟。

(二)"快速跑"的说课分析

说课案例"快速跑"的教学设计,内容较为丰富,结构较为完整,特点也比较鲜明,而且安全措施比较明确具体,为说课提供了比较详细的文本材料。为了更进一步规范教学设计文本,以下几方面有待进一步完善:

第一,为确保教学效果,文本中前后时间安排要合理。

第二,重难点的确定要尽可能地精准。学生自己很难发现自己快速跑存在问题。因为难点是完成动作或技术要达到的效果,重点是在快速跑中要解决什么技术问题。

第三,精简教学设计内容,由于教学设计文本最后是一份完整的课时计划(即教案),再加上将障碍跑的教学流程具体化,因此,"教学过程"部分要尽可能地简化,可以将该部分与教学流程和课时计划进行整合。

四、"双手从头后向前投掷实心球"的说课案例分析

(一)"双手从头后向前投掷实心球"的说课

双手从头后向前投掷实心球

来源:呼和浩特市第三中学

说课年级:初中二年级

1. 说指导思想:

本课以"健康第一"为指导思想,以《义务教育体育与健康标准(2022年版)》基本理念为理论依据。课堂教学以学生学习体育知识、掌握运动技能、学会锻炼方法为主线,以身体练习为主要手段,以增进学生健康为目标,以学生发展为中心。激发学生的学习兴趣,在充分发挥教师主导作用的同时,特别注重学生主体地位的实现,培养学生自主学习、合作学习能力。

2. 说教材:

本课的教学内容选自义务教育课程标准实验教科书《体育与健康》。双手从头后向前投掷实心球是田径单元的第二课时(第一课时是自制轻器械练习)。双手向前投掷实心球是投掷中最基本的动作,也是测验项目。它主要能够发展学生的上下肢力量和腹背力量,以及全身协调用力等身体素质,促进学生冷静、果断等心理品质的形成。由于投掷项目比较危险,因此在教学中必须加强场地、器材的管理,严密组织教学,避免伤害事故的发生。

3. 说教学目标:

(1)初步学习双手向前投掷实心球技术,让80%的学生掌握正确的投掷方法。

(2)增强学生体质,发展学生的力量、协调性等素质。

(3)增强学生的集体荣誉感,建立和谐的人际关系。

4. 说学生：

本课的教学对象是学生，他们正处在生长发育的旺盛阶段，是掌握运动技能的有利时期。他们活泼、好动、有丰富的想象力和强烈的表现欲，喜欢比较激烈的运动项目，对于投掷这样的运动项目，他们一般不给予太多的关注，如果要学习，也是应付了事。针对这一实际情况，在教学中，我主要激发学生兴趣，让学生积极主动地投入运动中去。

5. 说重点难点：

教学重点：全身协调用力。

教学难点：两腿用力蹬地，送髋展胸，两臂用力掷球。

6. 说教法：

采用直观教学方法，让学生观看挂图和教师的示范进行练习；运用启发式教学，既注重学生的主体地位，又发挥教师引导、传导、开导的作用；学生在练习时，教师巡回指导学生，要学会欣赏学生，并把德育贯穿于教学中。

7. 说学法：

学生带着教师的问题去练习，培养学生独立思考的能力；分组练习比赛，培养学生的集体荣誉感，发挥体育骨干作用，充分体现自主学习、合作学习、探究学习。

8. 教学过程：

(1) 准备部分(8分钟)。

教学步骤：

课堂常规。

正反口令。这是为了集中学生的注意力，振奋学生精神，为进入课堂做好心理准备。

喊数抱团游戏。根据学生活泼好动的特点，一开始采用让学生原地做高抬腿、纵跳、后踢腿等动作，教师喊出数字，数字用加减乘除等形式出现，然后学生抱团。既活动了学生的身体，又提高了学生的反应能力,为学生创造一个宽松愉快的教学环境,以提高学生的学习兴趣。

双人操。

压肩运动(4×8拍),弓步推掌(4×8拍),体侧运动(4×8拍),互背运动(4×8拍)。

学生跟随音乐节奏认真练习,把生理机能的活动水平调动起来,为进入学习状态做准备,并预防和减少伤害事故的发生。另一方面,双人操充分体现了合作学习,加强了同学之间的交流,改善了人际关系。

(2)基本部分(30分钟)。

①原地抛接实心球练习。

A.向上抛出,然后接住球。6~8次。

B.向上抛出,两手击掌,然后接住球,看谁击掌多。6~8次。

②传接球练习。

A.四路纵队,各排头将实心球从头顶依次向后传。2组。

B.四路纵队,各排头将实心球从两胯下依次向后传。2组。

通过游戏练习,让学生对实心球的重量、形状有一定的体会。熟悉球性,初步建立投掷实心球的意识。传接球进行小组比赛,培养学生的集体荣誉感。

③自主探索投掷实心球练习。

让学生思考投掷实心球的方法,自己创造动作练习。

教师强调安全,统一指挥。四列横队,第一排投掷后迅速跑步拣球,交给对应第二排同学手中,然后站到队尾。

用启发式的方法进行教学,充分发挥学生的创造性思维,体现自主学习、探究学习。

④学习双手向前投掷实心球技术阶段(20分钟)。

讲解投掷在生活中的应用及作用,要想能够投得远、投得准还要认真地学习技术。本课重点学习的是双手向前投掷实心球技术。讲解的目的是激发学生的学习兴趣。

学生观看挂图,教师讲解双手向前投掷实心球的方法要领,然后示范动作,让学生头脑中初步形成动作的表象。

⑤徒手模仿及采用沙包练习。

分四组,小组长发挥体育骨干作用,巡回指导。徒手模仿练习是让学生体会用力的顺序。沙包比较轻,让学生体会挥臂甩腕的鞭打动作。这两项运动容易让学生掌握正确的动作要领。

⑥双手向前投掷实心球练习。

学生分成四组,相向站立,距离15米,教师站在中间强调安全,统一指挥。这项练习是本课的重点,目的是让学生掌握完整的动作技术,学会双手向前投掷实心球。

(3)结束部分(6分钟)。

意念呼吸及瑜伽放松。

听音乐,边示范边带领学生一起做,让学生身心得到放松。

总结、下课。

9. 学生身心状态预计:

整堂课的运动密度为85%,练习密度为40%~50%,预计课平均心率为140~150次/分,练习强度为中等稍高,后期达到高峰。学生心情愉快,参与活动积极主动。

10. 场地与器材:

场地:操场

器材:一幅挂图、实心球若干、自制沙包若干、音乐播放器一个、口哨一个。

(二)"双手从头后向前掷实心球"的说课分析

从"双手从头后向前掷实心球"说课的总体情况来看,说课内容的各个部分衔接自然,语言表达流畅,课的设计环环相扣,主题鲜明。说课开始,教师对说课内容的介绍有所不同,教师开宗明义,指出"启发是为了理解,理解是为了掌握",突出强调了启发、理解、掌握,并将"双手从头后向前掷实心球"作为副标题呈现在说课PPT的首页上。这种方式较为新颖,也不会让人产生疑惑。在介绍这节课的教材内容的时候,教师首先谈到投掷类内容,不仅介绍了教材,重点分析了"双手从头后向前掷实心球"的教学重点与难点,学生学习的步骤与方法。在进行学情分析的时候,重点分析了学生学过什么,存在哪些身体素质上的不足、技术动作弱点。针对学生对投掷的方向、高度、角度理解较差的情况,提出在这节课上着重解决的问题是出手角度问题。在第一节课学习投掷实心球的用力顺序时,因出手动作是在瞬间完成,学生不容易把握,因此,该节课结合教材与学生特点,设计了首先练习瑞士球,然后过渡到实心球的方式来组织教学活动,激发学生的学习兴趣,在充分发挥教师主导作用的同时,特别注重学生主体地位的实现,培养学生自主学习、合作学习的能力。

总体来讲,课说得较为全面、具体,分析较为深入与详细,课的设计也较为合理,有诸多值得借鉴之处。但也存在有待完善的地方,学法还需要进一步讨论。

五、"足球教学——带球跑"的说课案例分析

(一)"足球教学——带球跑"的说课

【案例】

足球教学——带球跑

来源:深圳龙岗区天成学校

年级:八年级

各位评委老师好,我是6号参赛教师,请大家批评指正。今天我说课的内容是水平四,八年级足球教学——带球跑。学生人数为常规教学班50人,场地为学校足球场,器材为足球60个、雪糕桶20个。

由于体育学科只有全科教材,因此,我将参考教材定为人民体育出版社《足球教学训练工作指南》及人民教育出版社《中小学校

园足球》。从课程性质以及技术难度来说,此课属于入门初级课,是学校七年级足球的进一步学习。此课的开设保障了学校足球队的选拔和训练,也是学校落实"2+1"政策、响应国家大力发展校园足球号召的重要措施。

从学情来说,八年级的学生不管是领悟能力还是身体机能,都较七年级有了一个较大的发展,但仍然属于发育阶段。他们对具体的技术动作的学习非常快速,但有不稳定性,而且七年级的学生已经有了一定的足球基础。因此,我将本次课教学目标定为以下三个方面:第一,知识与技能方面,学生能够有效准确地理解并能说出带球跑的动作要领以及意义,90%的学生能够在带球的过程中稳定控制住球。第二,过程与方法方面,课程能够按照既定的流程进行,使学生通过带球跑练习,能够自然地学习到规范的技术动作。第三,情感态度与价值观方面,使学生通过学习,加强对足球的热爱,培养他们为校争光、为中国足球争光的精神。

综合考虑到足球教学的特点,以及我们的场地器材、学生的水平、带球跑的技术动作,以及男女学生之间的差异,我将这节课的重点定为:带球跑过程中学生对球的控制,难点为正确的触球动作以及力度的掌握。根据体育学科常规教学流程,我将课的结构分为三个部分:准备部分、基本部分及结束部分。

准备部分为7分钟。除了常规内容,考虑到足球的特点,我将带领学生做一套足球的徒手操,以及进行一个网式足球的游戏。通过这个热身活动,学生能够充分体会到学习的快乐,并且进行损伤的预防教育及安全教育。

基本部分为30分钟,主要分为三个部分。第一,将学生分为10组,以5米为距离进行自由带球,时间为3分钟。第二,教师讲解示范正确的带球技术动作,重点展示脚内侧推球和脚外侧拨球的带球,强化七年级学过的技能,并将5米的距离推至15米。学生进行练习的同时,能够用口令提醒的方式进行同步反馈,每组练习后进行一个末端反馈,学生出来示范,并且纠正错误。第三,限定区域自由带球,通过学生穿插带球练习,强化学生对力度的掌握,培养学生对力度的控制,也促进学法的改进。然后,限定半场,提高带球的难度。在三个练习当中,我会充分利用案例、脚踢球方法等的指导、演示重心变化等强化的手段,以及利用分组指定小教师的方法,发挥合作学习的作用。

结束部分,将学生限定在半场区域,进行踢走别人的球的游戏,让学生体会到快乐的同时,继续强化技术。最后进行拉伸放松、总结、表扬本次课的先进个人或者小组,讲述最近的足球热点,比如中国足球队出线无望但精神可嘉的新闻,同时回收器材,以及师生再见。至此,我的课就基本结束了。

课的运动密度设计为 85% 左右,学生心率在每分钟 140 次左右,心率曲线大概呈倒 U 形。同时,如果条件允许积极利用信息技术手段,例如利用手机的慢动作功能,将练习过程当中教师或学生的动作拍下来,课后通过班主任推送给学生,他们课后能够通过微课程这种方式,继续强化认识。至此,我的说课就全部结束了,感谢各位评委老师。

(二)"足球教学——带球跑"的说课分析

说课开始,教师说:"各位评委老师好,我是 6 号参赛教师,请大家批评指正。"开场按规定介绍了自己的参赛编号,并用了一句"请大家批评指正",体现出说课教师虚心、诚恳的态度。

整个说课过程,语言简洁明了,各部分内容表述清晰,知识技能目标的定位比较准确,但未能体现全员性,仅设置了 90% 的学生能够在带球过程中稳定地控制住足球的目标,剩余的少部分学生应该通过这节课的学习达到何种水平并未提及。另外,目标维度分为知识与技能、过程与方法、情感态度与价值观这三个方面,略有不妥,因为其中的过程与方法难以真正实现量化和具体化,即便是课堂能够按照既定的流程进行,使学生能够通过带球跑练习学习到比较自然、规范的技术动作,但是过程与方法不太适合作为目标维度。应该是达成目标应如何把握过程与方法,而不是达成过程与方法方面的目标。

该节课重难点把握比较准确。教师将重点设定为带球跑过程中学生对球的控制,难点确定为正确的触球动作以及力度的掌握。该节课各项练习的设计,也紧紧围绕重点的强化与难点的突破展开,可以收到较为明显的教学效果。除此之外,还可以明显感受到,该次课比较注重育人,尤其在小结部分,通过表扬、激励、引导等方式育人。

【本章小结】

说课关键在于清晰表达。说课重点要说清楚课是如何设计的,将如何上。说课尽管不像备课、上课那样日常化,但是说什么、怎么说等依然是体育教师应具备的专业技能之一。要想把课的设计和实施说明白,需要一定的技巧,尤其是应重点说什么、说课内容呈现的顺序等都是需要掌握的。

【实践演练】

1. 什么是说课?说课有哪些重要性?
2. 说课与备课、上课、听课、评课的异同有哪些?
3. 说课的要求有哪些?
4. 说课应遵循的原则有哪些?
5. 说课的基本内容结构是什么?
6. 写出一节体育教学的说课稿。

【拓展阅读】

[1]李凤新,霍瑾.中学体育教学技能训练[M].西安:陕西师范大学出版总社,2010.

第十一章　中学体育课堂教学技能训练

▶知识导图◀

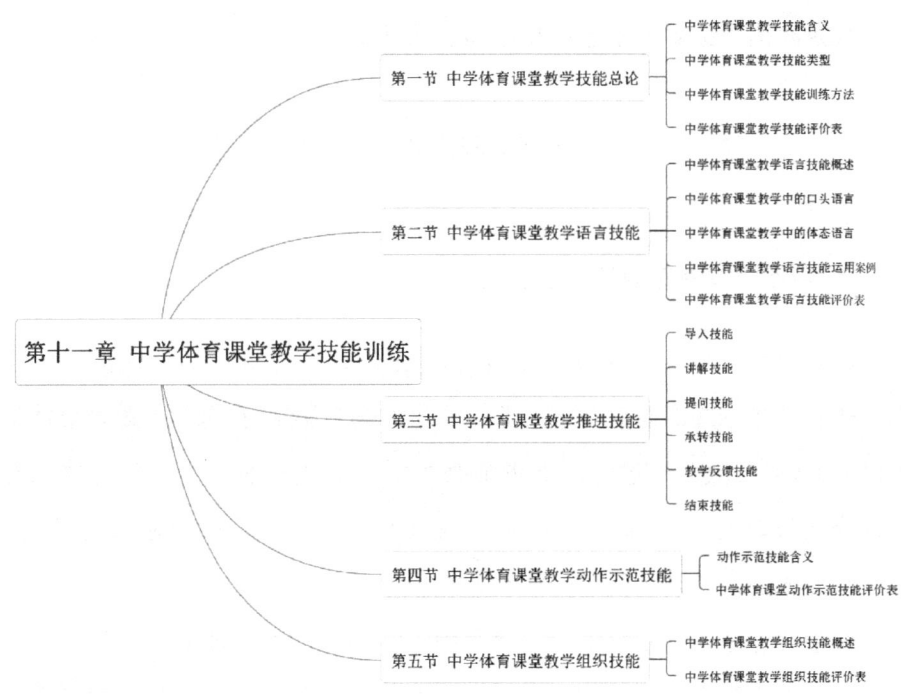

▶内容提要◀

中学体育课堂教学技能是指中学体育教师运用已有的教学理论知识，通过练习而形成的稳固、复杂的教学行为系统。本章阐述了中学体育课堂教学技能含义、类型、训练方法,中学体育课堂教学语言技能,中学体育课堂教学推进技能,中学体育课堂教学动作示范技能,中学体育课堂教学组织技能。并提供了一些评价表以及中学体育课堂教学实践技能训练具体内容、方法,便于学生反复练习或模仿而形成初级教学技能。

▶ 学习目标

1. 了解中学体育课堂教学技能基本知识、基本类型及运用要求。
2. 熟知中学体育课堂教学技能类型。
3. 掌握中学体育课堂教学技能训练方法。
4. 能够在教学中根据教学要求运用体育课堂教学技能。
5. 能够编写体育课堂教学技能的微格教案。

第一节 中学体育课堂教学技能总论

一、中学体育课堂教学技能含义

教学既是一门科学,也是一门艺术。技能是通过练习而形成的一定智能方式和动作方式的综合体现。《心理学大词典》将"技能"定义为个体运用已有的知识经验,通过练习而形成智力活动方式和肢体的动作方式的复杂系统,《教育大辞典》将"技能"定义为主体在已有的知识经验基础上,经过练习形成的执行某种任务的活动方式。[1]

教学技能是在课堂教学中教师运用专业知识及教学理论促进学生学习的一系列教学行为方式。[2] 教学技能是教师选择恰当的行为方式和创造性解决问题的能力技巧,是包括心灵、感情和身体在内的整个人的行动,是一

---

[1] 曹长德,孙晓青.教师职业技能训练教程[M].芜湖:安徽师范大学出版,2017:4.
[2] 曹长德,孙晓青.教师职业技能训练教程[M].芜湖:安徽师范大学出版.2017:4.

种全身心投入的知识、情感、行为整合的实践。教学技能是指在实际教学过程中,教师依据所学教学理论,运用自身已经掌握的相关专业知识,为完成制定的教学目标及任务而采取的一系列教学技能。

体育教学是中小学体育教师的第一工作内容,体育课堂教学又是体育教学的核心部分。体育课堂教学技能是体育教师为了达到体育教学目标而采用的有效教学活动方式。它既包括在教学理论指导下经过反复练习或者模仿而形成的初级技能,也包括经过反复练习而达到自动化的高级技能。[1]

二、中学体育课堂教学技能类型

卢竞荣《体育课堂教学技能训练》一书中,设置了体育课堂教学设计技能、体育课堂教学组织技能、体育课堂教学指挥技能、体育课堂导入与准备技能、体育课堂讲解与示范技能、体育课堂保护帮助与预防纠错技能、体育课堂队伍组织调动技能、体育课堂场地与器材的布置与运用技能、体育课堂动作技术的完整与分解教学技能、体育课堂运动量和练习密度掌控技能、体育课堂结束部分的掌控技能、体育课堂突发事件的应变及处理技能。

施小菊在《体育微格教学》中设置了体育课堂教学设计技能、导入技能、讲解技能、示范技能、口令技能、提问技能、人体语言技能、诊断纠正错误技能、课堂组织管理技能、结课技能、评课技能、说课技能共12种技能。

三、中学体育课堂教学技能训练方法

中学教学技能训练的常用方法:观摩优秀教师的课堂教学法,书面作业法,对镜练习法,录音训练法,角色扮演法,模拟教学,观看优秀教师的

---

[1] 卢竞荣.体育课堂教学技能训练[M].北京:人民体育出版社,2016:13.

课堂教学实录,教育教学实习,小组之间互相听课,交流研讨,微格教学等。

四、中学体育课堂教学技能评价表

表11-1　中学课堂教学导入技能训练评价表

教学内容：　　　　　　　　执教者：

目标	1.理解导入的原则和运用要求 2.能熟练选用恰当的导入类方法 3.通过实际训练,掌握导入技能		
	评价指标	占比(%)	得分
1	导入的目的明确、针对性强	20	
2	导入的选用的内容和方法得当,能引起学生的兴趣	20	
3	导入的语言生动,言简意赅,衔接恰当	15	
4	导入的感情充沛,富有感染力	15	
5	导入效果明显	15	
6	导入面向全体学生	15	
合计　A.优秀　B.良好　C.合格　D.不合格		100	
评价			

　　　　　　　　　　　　　　　　　　评价人：

　　　　　　　　　　　　　　　　年　　月　　日

第十一章 中学体育课堂教学技能训练

表 11-2 中学体育课堂教学讲授技能训练评价表

教学内容： 执教者：

	评价指标	占比(%)	得分
1	普通话语音正确清晰,语言生动	20	
2	语言有条理,节奏适当,用词规范,具有逻辑性	20	
3	语句通顺、简练,具有准确性与流畅性	20	
4	词汇丰富,语言声调和表达的情感与教学情境相匹配,具有启发性	20	
5	专业术语能够体现学科特色,具有严谨性	10	
6	语言具有感染力与艺术性、可接受性	10	
合计　A.优秀　B.良好　C.合格　D.不合格		100	
评价			

评价人：

年　　　月　　　日

表 11-3 中学体育课堂提问技能训练评价表

教学内容： 执教者：

	评价指标	占比(%)	得分
1	提问目的明确,紧密结合教学,重点突出	10	
2	提问设计具有预见性	10	
3	问题的认知水平适当,难易适中	10	
4	围绕教学目标、重点以及关键点设问	10	
5	问题循序渐进,有层次,具有整体性	10	
6	问题有启发性,设计巧妙,能激发学生的思考	10	
7	把握提问时机,促进学生思维	10	
8	提问后有适当停顿,给予思考时间	10	
9	对答案能分析评价,强化学习	10	

续表

	评价指标	占比(%)	得分
10	鼓励学生回答问题	10	
合计	A.优秀　B.良好　C.合格　D.不合格	100	
评价			

评价人：

年　　月　　日

表11-4　中学体育课堂演示技能训练评价表

教学内容：　　　　　　　　执教者：

	评价指标	占比(%)	得分
1	演示的内容符合教学目标以及学生的认知水平和需要	10	
2	媒体选择恰当，紧密围绕教学目标和重难点	15	
3	演示过程设计程序完整，演示效果明显，直观性强	10	
4	演示操作规范、熟练，对现象、结果的描述与说明科学、准确，实事求是	15	
5	演示过程教师的语言解释引导观察	15	
6	善于引导学生观察和思考，得出应有结论	10	
7	演示的最后效果的达成	10	
8	教师演示的创新性	15	
合计	A.优秀　B.良好　C.合格　D.不合格	100	
评价			

评价人：

年　　月　　日

第二节　中学体育课堂教学语言技能

一、中学体育课堂教学语言技能概述

"良言一句三冬暖",师生之间有效地沟通学生才能"亲其师,信其道"。教师语言是指教师在把知识、技能传授给学生的过程中使用的语言,它是教师传递教学信息的媒介,是一种行业工作用语。[①]

体育教学语言技能是指体育教师用语言向学生说明教学目标、动作名称、结构、要领和要求等,以指导学生掌握动作技术、技能的体育教学技能。

(一)中学体育课堂教学语言的要求

教学语言是课堂教学中师生交流、传递信息的工具,掌握好教学语言的声音技巧,讲究语言艺术会给教学带来良好的效果。

1. 语音准确和语调合适

教学中对语音的要求是要发音准确、吐字清晰,普通话规范。音量应控制在教室安静的情况下最后一排也能听清楚。语调是指讲话时声音的高低升降、抑扬顿挫的变化。合适的语调,可以加强口语表达的生动性。

2. 语速和节奏要适宜

语速是指讲话的快慢,每个人平时讲话的速度可以有快有慢,但课堂上的教学语言必须语速适中,快慢科学合理,便于学生接受、加工及储存。中学教师的语速以每分钟250字左右为宜,过快或过慢都会影响听课效果。一般来说,在学生注意力集中时,语速可以快一些,音量可以低一些;学生注意力分散时,语速可以慢一些,音量可以高一些。教学重点、难点,哲理性强的内容音速要缓慢,音量要求提高、增强;浅显易懂的内容,音速要加快,音量可放轻一点。节奏的快慢、停顿均受教学内容的控制、影响,控制节奏为

[①] 卫建国,张海珠.课堂教学技能理论与实践[M].北京:北京师范大学出版社,2008:40.

了吸引学生注意,给予学生间歇时间用以思考,并不断激起学生继续学习的愿望。

3. 词汇丰富和语法正确

教师应具有丰富的词汇量,并能准确、规范、生动、熟练地运用于教育教学中。语法是用词造句的规则,是人们在长期的语言实践中形成的,按照这一规则表达语言,才能互相交流,被人理解。

教学过程中,教师要根据教材内容的主次、详略、难易程度确定教学语言的变化。对于重点内容、主要知识、关键点与难点,语速应缓慢,语调要高亢、字正腔圆、一句一顿,必要时还需适当反复;而对那些次要的、非重要的知识,则可适当讲得快些,一带而过。

一般来说,教师的语言可以分为口头语言、书面语言、体态语言三类。下面主要阐述体育教师的口头语言、体态语言。

二、中学体育课堂教学中的口头语言

教师口语的基本内容,包括普通话、教育口语和教学口语。教学口语是教师用于课堂教学的工作用语。它是教师在课堂上根据教学目标,针对教学对象,使用规定的教材,采用有效的方法,为达到某种预期的效果而使用的语言。根据表达方式的不同,教学口语可分为叙述性语言、说明性语言、描述性语言、评述性语言、论述性语言等几种主要类型。根据功能的不同,教学口语可分为导入语、讲授语、提问语、结束语等教学口语。教育口语是指教师在长期的教育实践中产生,在良好的一般口语的基础上形成,符合教育规律,适应教育对象心理特征、语言发展及认识规律,富有时代气息的从事教育活动的专门语言,它包括教师在即兴讲话、个别谈话、评论、辩论等场合所使用的口语。教育口语包括沟通语、说服语、表扬语、批评语、激励语、启迪语、疏导语等类型。本节主要阐述体育教学中的特殊语言技能之一:口令技能。

(一)口令技能的分类

口令是体育教师特殊的教学语言。在运用口令的时候,一定要做到口

令准确、清晰,声音洪亮,节奏分明,语调正确。口令的分类如下[①]:

1. 根据动作的不同做法和下达的方法分类

(1)短促口令:只有动令,没有预令,中间不拖音、不停顿,通常按数字平均分配时间,有时最后一字稍长。如立正、稍息、解散、停等。

(2)断续口令:预令和动令之间有停顿,如,成体操队形,散开;××,出列等。

(3)连续口令:预令的拖音与动令相连,有时预令与动令之间有微歇。预令拖音稍长,其长短视学生人数多少和队伍距体育教师远近而定,动令短促有力。队列队形中,连续口令运用较多,并且喊法不一,具体有:

两拍法:即预令和动令在两拍中完成。如行进中的立定口令,预令"立"字落在左脚(第一拍),动令"定"字落在右脚(第二拍)完成。

三拍法:即预令和动令在三拍中完成。如行进中的"向右转走"口令,预令"向右"在右脚(第一拍),"转"字在左脚(第二拍),动令"走"字落在右脚上(第三拍)。

预令延长法:即适当延长预令拖音的时间,多用于队伍大、人数多、年龄小、训练程度较差的学生,如"向右看——齐""向右——转"等。

(4)复合口令:兼有断续口令和连续口令的特点,是断续口令和连续口令相结合的一种口令。如"以××为基准,向中看——齐""左转弯,绕场行进,齐步——走!"等。

2. 根据口令所揭示学生完成动作的属类分类

(1)队列口令:即队列练习或调动队伍时,教师下达的口令。如:"向右看——齐""向左——转"等。

(2)领操口令:即指挥学生完成各种体操动作时所下达的口令。如"踢腿运动,预备——起,一、二、三、四……"

3. 根据字词的特点组成分类

(1)数字节拍口令:"一、二、一""一二三四"。

[①] 卢竞荣.体育课堂教学技能训练[M].北京:人民体育出版社,2016:32-33.

(2)词语指示口令:"右转弯——走!"

(3)混合口令:在数学口令中加入表示强调、提示性的字词,例如,"右二三四,右六七八"。

(二)队列指挥口令技能训练内容①

1. 原地队列口令

(1)常用口令:立正、稍息、蹲下、向左(右)看——齐、向前(中)看——齐、报数、踏步(原地踏步)——走、成×列横队——集合、解散。

(2)原地转法口令:向左(右)转、向后——转。

(3)原地队列变换口令:成二(四)列横队——走、成三列横队——走、成二路纵队——走,成三路纵队——走。

2. 行进间队列口令

(1)各种走步、立定、步法互换和移动:齐步——走、正步——走、跑步——走、立——定、向前×步——走、向左(右)横跨×步——走。

(2)行进间转法口令:向左(右)转——走、向后转——走、左(右)转弯——走。

3. 图形行进口令

绕场行进——走、从左(右)边——走、对角线——走、成圆形——走、成蛇形——走、成开(闭)口螺旋形——走、分队——走、裂队——走、合队——走。

(三)队列指挥口令技能训练基本要求与方法

体育教师在教学实践中,应不断研究口令技术,并且熟练掌握一些基本要点技巧,从而提高学生学习兴趣,保证教学质量。下口令时,正确的身体姿势是:身体保持自然的直立,眼平视,双肩略向后,小腹微收,精神饱满。口令指挥时应及时、简练,有效加入手势动作、变换表情。

---

① 卢竞荣.体育课堂教学技能训练[M].北京:人民体育出版社,2016:32-36.

1. 队列指挥要求

（1）指挥位置正确。指挥位置应当便于指挥和通视全体。通常是停止时，在队列中央前；纵队时在队列左侧中央前或者偏后，必要时在队列中央前，横队、并列纵队时在队列左侧前或者左侧，必要时在队列右侧前（右侧）或者左（右）侧后。

（2）姿态端正，精神振作，动作准确。

（3）口令准确、清晰，声音洪亮，节奏分明。

2. 队列指挥方法

队列指挥通常用口令。行进间，动令除向左转走和齐步、正步互换时落在左脚，其他均落在右脚。变换指挥位置，通常用跑步（5步以内用齐步），到达预定的位置后，成立正姿势下达口令。纵队行进时，可以在行进间下达口令。

3. 队列指挥下达口令的基本要领

（1）发音部位要正确。下达口令用胸音或者腹音。胸音（即胸膈膜音）多用于下达短促口令，腹音（即由小腹向上提气的丹田音）多用于下达带拖音的口令。

（2）把握口令的节奏。下达口令要有节奏，不论长短、高低，下达时都要高低起伏，抑扬顿挫，预令、动令和微歇有明显的节奏，使队列人员能够听清晰。

（3）注意音色，音量不要平均分配。下达口令一般起音要低，由低向高拔音。如："向右看——齐"，"齐"字发音要高。

（4）突出主音。口令的重量，一般放在那些表示方向、动作性质的词上，把重点字的音量加大。如："向后——转"要突出"后"字，"向前×步——走"要突出数字。

（5）口令要根据队伍调动的实际需要注意音调、音量。

口令要根据队伍调动的实际注意抑扬顿挫、轻重缓急，强调高低长短恰到好处。学生人数多，则口令应拉长，音量也应加强，确保每位学生都听到。

4. 训练方式

各班级按学号顺序,每 10 人组成一个训练小组,各组学生轮流出列担任队列指挥,进行队列指挥口令技能训练。每个人指挥结束后,本小组其他成员应对其口令技能的主要优缺点进行点评,指出出现的错误、存在的问题。

三、中学体育课堂教学中的体态语言

体育教师对教学过程的调控除了靠教师有声语言传递外,教学信息和知识离不开身体语言。教师的教姿、教态和体态语言是教学语言的重要组成部分。教态是教师给学生的第一印象,是教师在教学过程中所处的状态,是教师表情系统的综合体现。教态包括教师的手势、表情、眼神、体态和仪表等。体态语言指的是伴随语言教学的姿势或动作、手势和目光等。教师的目光、表情、手势、姿态、服饰等非语言因素会不知不觉地激发学生的丰富想象和引导学生的情感倾向。

(一)教师教态的基本要求

(1)着装整洁,端庄。

(2)目光和蔼,表情轻松,态度亲切。

(3)举止文雅,精神饱满。

(4)面向全班学生,与学生视线交流的时间不低于60%。

(5)善于用不同的眼光表情达意。

(6)根据教学需要,表现出发自内心的情感。

(7)身姿、手势,一举一动都要表达出对学生的喜爱、关心、信任和期待。

(8)位移幅度和频率适中,并根据教学内容与演示、讲解、板书等活动协调。

(9)各种动作从容、敏捷、准确、得体。

(10)没有多余动作,不急不躁。

(二)教师体态语言

体态语言是通过目光、表情、手势、姿态、服饰等方式传递信息的一种有效的无声语言形式。教师的体态语言伴随着教学全过程,是沟通信息和师生交流的另一种重要语言。

根据体育教学的任务和作用,教学中教师常用的体态语言可分为以下五类。

(1)身姿体态语。课堂上教师的体态变化,一定要符合教师内心的思想与活动,做到站姿要身正、脚稳、头颈平直、收腹,体现端庄、大方、稳健、挺直、精神饱满。点头或摇头时,幅度不宜过大,频率不宜过快,要与说话节奏协调。

(2)手势体态语。手势是人的手指、手掌和手臂的动作姿势的总称。它是一种比较复杂的符号,可以表达一定的含义。以手势帮助说话是教师在课堂上必不可少的讲解手段。例如,在教师进行讲解示范时,为让学生保持安静认真听讲,可用一手食指伸直、向上,并将食指放于唇边的手势动作示意学生安静听讲。手势被体育教师广泛地用在田径、球类、武术、体操、游戏等项目的教学中。体育教师运用这些生动的体态语言,借以吸引学生的注意力,提高讲解效果,调动学生的积极性。教师常用的手势体态语大致分为四类:

①指示性体态语。体育教师教学时,常结合手势语的帮助。这种手势是用手指并拢的手掌或一只手指指向某人、某物或某个方向。例如,队列队形练习时,教师左手举起,右臂平伸,就是在示意学生以右翼排头为基准按身高排列向右看齐,左手竖起的手指告诉学生是几列横队;教师可以用手臂前伸,手心向上、手指并拢指向并示意某个学生起立;教师也可以用手指着黑板上或挂图上的某处提醒学生注意;整个手指列举事物种类,说明先后顺序等。这类手势语的特征是简单明了。

②演示性体态语。此类手势语演示出教学内容,帮助学生理解。如演示蛙泳的"心型"划水动作,一边演示这些动作,然后过渡到师生齐

说、分别演示,最后达到学生自说自演。教、学、演三者密切配合可加深学生对学习内容的印象和理解。此类手势语需要提前设计,并需要一定的创意。

③指挥性体态语。此类手势语的特征在于指挥学生活动,用以在教师的指挥下教学。例如,在训练学生跳远助跑节奏,最后加速的地方,击掌逐渐加快……教师运用指挥性体态语,使学生明确动作的节奏、回转点、技术关键,这对掌握技术动作有很大帮助。

④象形性手势。这类手势通常用来表达抽象的意思或某种特定的含义,用来描摹人、物的形和貌。例如,紧握的拳头表示决心,食指和中指构成"V"形表示胜利;在组织学生进行支撑跳跃练习时,当教师完成器械的检查和落地区海绵垫的整理后,可用"举手"或"OK"手势,向学生发出"准备就绪、可以练习"的信号。手势的速度、频度、幅度均要适度。

(3)表情体态语。在教学过程中,教师的表情可以传递丰富的信息,也会直接影响学生的情绪。教师在教学中的表情可以大致分为常规性表情和变化性表情。前一类要求教师做到和蔼、亲切、热情、开朗、面带微笑。变化性表情是指随教学内容而产生的喜、怒、哀、乐,随教学情境与学生发生的感情共鸣。教师需要改变教育观念,尊重学生的人格和主体地位,和学生交朋友。教师要加强心理素质的锻炼,善于控制自己的情绪,要有乐观的态度,有不以物喜、不以己悲的豁达胸怀。

(4)目光体态语。要注意用眼神交流来组织教学、捕捉反馈信息,针对不同的学生使用不同的目光点视。例如,对听课认真、思想活跃、回答问题正确无误的学生投去赞许的目光并伴有点头动作;对精力不集中、做小动作的学生可投去制止的目光并伴有摇头动作;对于回答问题胆怯的学生可以投去鼓励的目光。教师要始终保持目光明亮、神采奕奕。丰富明快的眼神能使口语表达生动传神。教师在课堂上恰当地运用眼神会使课堂更生动,更易与学生沟通。

(5)空间距离体态语。教师在课堂上与学生距离的变化,也会产生不同的效果。教师讲课应以站在讲桌后为主,根据教学活动的需要,可以适当调节与学生的距离。例如,走下讲台,到学生中去进行辅导、检查和帮助;走近后排学生,使他们精力集中并感受到教师的关怀;貌似不经意地走向做小动作的学生,给以暗示性批评。教师走动,有利于密切师生关系,加强感情交流。同时,便于个别辅导,了解情况,检查和督促学生。走路姿态要呈标准站姿,走步从容,与课堂气氛协调,不干扰学习活动;时机和位置要符合需要。教师应该注意利用体态语言传递信息,善于创造此处无声胜有声的境界。

综上所述,课堂中的教态和体态语言是教师必备的技能和素质。第一,恰当准确。教态和体态语言要恰当准确,要符合教学的需要。第二,自然得体。生动、简明的教态和体态语言才能更好地传达教师的思想感情,使学生更容易接受。第三,协调一致。表情、手势、姿态、服饰等相互配合,体态语与口语协调一致,体态语要与交流对象相适应;教态和体态语言要服从教学目的和要求,服从教学内容,服从课堂教学的气氛、情境及学生的心理需要。第四,整体配合。教态变化达到整体配合才能产生感人效果,既要提高课堂教学的有效性,也要达到课堂教学的艺术性。

四、中学体育课堂教学语言技能运用案例

【案例】

体育与健康课程教学中口诀的运用

一、鱼跃前滚翻口诀

1. 一摆、二蹲、三前穿,腾空重心高于髋。落地屈臂快低头,圆滑滚动直立站。

2. 摆臂、蹬地、向前穿,低头含胸要收髋。落地收头快屈臂,团身滚动向前翻。

二、排球技术教学口诀

1. 垫球:屈膝抱拳迎来球,含胸收腹臂旋夹。前伸压腕球下插,蹬腿跟腰肩放松。

2. 正面上手发球:球抛右侧右臂抬,右转胸腹伸展开。全掌推

压成上旋,击准部位是关键。

3.传球:对正来球稍蹲式,勺型手势额上迎。蹬地伸膝并伸展,指腕弹球力适当。

五、中学体育课堂教学语言技能评价表

表11-5 中学体育课堂教学语言技能评价表

执教者:

评价指标	优秀≥9	良好 7.6~8.9	合格 6.0~7.5	不合格<6	赋值
语言流畅,节奏适当					
正确使用体育学科名词术语					
词句通俗易懂,逻辑严密条理清楚					
指示明确,提示恰当					
感情充沛有趣味性、启发性					
讲普通话,字音正确					
语调抑扬顿挫,舒缓适当					
口令准确、及时、洪亮、清晰					
简明扼要没有不必要的重复					
没有口头语和多余语气助词					

续表

评价指标	优秀≥9	良好 7.6~8.9	合格 6.0~7.5	不合格<6	赋值
合计					
简评	评价人： 年 月 日					

第三节　中学体育课堂教学推进技能

一、导入技能

(一)导入技能的定义

所谓导入技能,是指引起学生注意、激发学习兴趣、调动学习动机、明确学习目的和建立知识间相互联系的教学活动方式。导入技能应用于上课之始或开讲新课程,进入新单元、新段落的教学过程之中,将学生的注意力吸引到特定的教学任务中。

(二)中学体育课堂教学导入的类型

1.直接导入

直接导入是最简单和最常用的一种导入方法。在上课后,教师开门见山地介绍本节课的教学目标和要求、提纲挈领地交代主要内容和重点的一种导入方式。直接导入又分为直接阐明教学目标导入、讲解教学内容导入等。导入运动技能的学习时,教师开门见山,简洁、明快地讲述运动技能名称、动作要领、关键重点等,引发学生的注意,激发学生对某一运动技能学习的兴趣。

2. 复习导入

复习导入是一种根据新旧知识之间的逻辑联系，找准新旧知识的联结点进行导入的一种方式，适用于连贯性和逻辑性较强的知识内容。运动技能学习时，在课的起始阶段，教师引导学生对以前所学的技术动作进行复习，在此基础上，导入新课的学习。复习导入法能在最短的时间内引领学生提高和巩固已学习的动作技能，为学习新的动作做好铺垫和准备。

3. 直观导入

直观导入是在讲课之前利用实物、教具（标本、图片、图表、模型、多媒体等），引导学生观察、分析，再从观察中设置问题情境，引出新知识，有助于学生获得感性知识，调动学生学习的积极性。

4. 问题导入

问题导入是在课堂教学的第一个阶段，通过提出一个或几个问题，使学生带着问题学习，从而促使学生对知识的理解更加深刻。体育课堂教学时，结合所学运动技能设置符合学生认知水平、富于启发性的问题，让学生思考并回答，在悬念中达到导入学习技能的目的。设问要达到激其情、引其疑、发其思，引导学生思考问题和解决问题。

5. 实例导入

根据学生学习的心理活动，教师可利用一些富有启发性、趣味性的实例，通过大量的现象使学生在学习之始获得大量感性信息，同时提出若干思考题，应用实例导入新课，可使抽象的问题具体化，复杂的问题简单化，深奥的问题浅显化。体育课堂教学时可以结合网络、电视、广播报道，根据课堂所学的运动技能，选取比赛成绩或比赛情况、技术的发展进行导入，以激发学生掌握新技能的兴趣。

6. 故事导入

以故事提到的人或事的典型性激发学生学习兴趣进而引入所要讲的教学内容，不仅可以引发学生的学习兴趣，而且可以使学生对所学的内容有一个更深的理解。如，在快速跑教学中，可以讲我国著名田径运动员刘翔、苏炳添的故事。在篮球教学前，引用乔丹、科比、姚明在NBA打球的故事导入新课,寓教于乐,活跃气氛。

7. 游戏或比赛导入

游戏导入是指教师精心设计与教学内容密切相关的游戏,激发学生的学习兴趣,活跃课堂气氛的一种导入方法。在体育课堂导入时,教师根据体育教学内容利用比赛、编排游戏来激发学生学习。教师生动形象的语言、有趣的游戏组织教学,有利于进一步引发学生的学习兴趣,增强学生体质,培养优良品德。比如,小学四年级"篮球:正面双手胸前传球"课堂导入时,教师创编篮球小游戏引导学生积极参与学习。课的开始由传球、球操、针对主教材的小游戏组成,在练习中激发学生学习兴趣,活动身体各关节部位,同时为后续学习奠定基础。

8. 情境导入

教师通过语言、设备、环境、活动、音乐等创设课堂教学的情节、情境,使学生在生动形象、情景交融、有趣的学习情境中学习,使学生产生强烈的感性认识。情景导入法学生易于被激发,效果明显,但该方法需花费精力多,利用频率低,该方法适用于小学低年级使用。体育课堂教学时,情境的创设需要结合体育课的内容、学习要求、学生的年龄特点、场地器材等因素。比如,在小学四年级"跳跃:立定跳远"课堂导入时,教师创设小蝌蚪"找妈妈—学本领—捉害虫"的教学情境,很好地调动了学生的积极性,充分发挥了低年级学生模仿能力强的特点,在模仿各种动物的练习中起到热身作用。

9. 悬念导入

根据教学目标,把所要讲授的问题以认知冲突的方式设疑,把学生的注意力引导到教学目标上来。

10. 经验导入

教师用生动有趣的提问、讲解等方式导入新课,是经验导入。

导入的方法很多,除了以上所讲的几种外,还有旧知识导入、审题导入、练习导入、幽默导入、比较导入、讨论导入等。应依据所学内容、学生的年龄特征、心理需求等采取不同的导入方式,不可千篇一律。有经验的教师十分重视一堂课的开端和知识之间的转折与衔接,通过导入,把学生的注意力吸引到特定的教学任务中。

(三)导入运用时的注意事项

1. **导入的新颖性和关联性**

令学生耳目一新的"新异刺激",可以有效地强化学生的感知态度,吸引学生的注意指向。因此,导入的形式和内容要有新意。教师的语言应该清楚明白,准确严密,逻辑性强,导入内容与本课所学的运动技能应紧密相关,并能揭示新、旧技能联系的结合点,使导入的内容与新课的重点紧密相关,能揭示新旧知识的关系。

2. **导入的直观性和启发性**

直观演示、动作示范、借助实例导入新课时,教师的语言应该通俗易懂,富有启发性。要尽量以生动具体的事例或演示为基础,引入新技能。使学生理解学习该课的重要性和必要性,激发学生的思维活动,引起学生对新知识的学习产生强烈欲望,从而提高学习的自觉性和积极性。

3. **导入的针对性和目的性**

无论采用何种导入方式都应保证设置的问题情境指向课题内容的总目标,要有助于激发学生的学习兴趣,使之初步明确将学什么、怎么学、为什么要学。导入应当针对教学内容而设计,针对学生的年龄特点、心理状态、知识能力基础、爱好兴趣的差异程度而设计。

4. **导入的时效性**

导入阶段要以最少的时间取得最好的教学效果,语言要力求简短明了,合理取材,控制好时间。必须做到过程紧凑,各环节之间既层次清楚,又安排合理,使学生尽快进入学习情境。一般导入过程控制在 5 分钟之内。

5. **导入的趣味性**

导入的首要任务是使与教学无关的学生活动得到抑制,迅速投入新的学习中来,并使之得到保持。趣味性应该使课堂上掌握所学材料的认识活动积极化,有效地激发学生的学习兴趣,调剂课堂教学的气氛和节奏,师生往往在会心的笑声中达到默契交流。

二、讲解技能

讲解技能是对教学内容作逻辑性叙述,因其使用方便,传输信息的高密度、高速度,在课堂教学中被广泛运用。语言作为师生信息交流的主要载体,是体育教师完成教学任务,提高自己教学能力必备的素质之一。体育课堂讲解是指在体育课堂中,教师向学生介绍教学目标、动作名称、动作要领、动作方法、规则与要求等具体内容,指导学生进行动作技能学习、掌握运动技能的方法。简洁生动的教师讲解必须运用清晰生动的语言,尽量做到深入浅出、通俗易懂、生动有趣,使讲解过程与学生的认知思维相配合。

(一)讲解技能的类型

根据讲解的层次,可以把讲解分为事实性知识的讲解和抽象性知识的讲解。根据讲解的主题,可以把讲解分为原理中心式讲解、问题中心式讲解和叙述式讲解。根据讲解方式的不同,把它分为解说、解析和解答三种类型。

1. 解释式

解释式又称说明翻译式,是教学中运用于知识的陈述、意义交代、程序说明、结构显示、符号转译等的讲解类型。解释式讲解一般适用于具体的、事实的、陈述性知识的教学,属于讲解的初级类型。由于讲授内容不同又可分为:一是对意义、概念进行解释,二是对结构、程序作出说明,三是翻译性解释,四是附加说明。

2. 描述式

描述式又称叙述、记述式,是教学中运用于内容陈述、细节描述、形象分析、材料显示等的讲解类型。描述的对象是人、事和物。描述式讲解大多用于讲授具体知识,提供表象,基本属于讲解的初级类型。

3. 原理中心式

教学中运用于定义解说、理念论证、原理演绎、观点归纳、思想分析等内容的讲解类型,属于高级类型的讲解。任何一门学科的基础知识中,概念、原理、规则、规律都是教学的核心部分,原理中心式讲解是教学中最重要的讲解方式。其方法是从一般性概括的引入开始,对一般性概括进行论证、推理,最后得出结论,又回到一般性概括的复述。

4. 问题中心式

以解答问题为中心的讲解,是在教学中常用于对学生进行能力训练、方法探究、答案求证的讲解类型。它也属于高级类型的讲解。其方法是引出问题→明确标准→选择方法→解决问题→得出结果(总结、结论)。

5. 解说

解说是指运用学生熟悉的事例或现象,引导学生在情境中接触概念,以感知为起点对概念进行理解,或者把已知问题与未知问题联系起来,说明事物的本质属性和基本特征的讲解方式。

6. 解析

解析是通过解释和分析教学内容中的规律、原理和法则等,使学生理解和掌握知识的讲解方式。它是基础知识教学和基本技巧训练的重要方式之一,可通过归纳和演绎、分析和综合、类比和推理等途径来完成。

7. 解答

解答就是对问题的回应和解释。它从事实或现象中引出问题,或向学生直接提出问题,明确解决问题的目标或标准,选择最优的讲解形式和方法,进而找出论据,展开论证,通过逻辑思维得出结论并对整个讲解过程进行总结。

(二)讲解中的常见问题[①]

(1)过短的时间呈现过多的内容。

(2)讲述时间过长,超出学生的有意注意时限。

(3)讲述内容缺乏组织性、逻辑性。

---

① 施良方,崔允漷.教学理论:课堂教学的原理、策略与研究[M].上海:华东师范大学出版社,1999:179.

(4)讲述不顾及学生原有的知识基础。

(5)讲述没有激发起学生有意义地理解知识的心理倾向。

(三)中学体育课堂讲解技能应用的要求

讲解是课堂教学中应用最广泛的一种技能。体育课堂讲解技能应用的要求包括：

1. 讲解的目标要明确，准备要充分

从学生的实际出发，根据课程标准的要求，明确体育课堂讲解的目标。

2. 讲解过程、结构要组织合理，条理清楚，逻辑严密，层次分明

语言要规范、简明、生动，将本学科的专门用语作为讲解语言的基本成分，用学科的专业术语解析学科知识。比如，排球正面双手垫球技术的讲解应包括垫球方法、动作要领、练习方法、易犯错误四个方面，讲解正面双手垫球的方法，正面双手垫球的动作要领，正面双手垫球的练习方法，练习正面双手垫球易犯的错误。如，讲解正面双手垫球的练习方法，其讲解的内容和设计层次如下：徒手模仿练习的方法，垫固定球的方法，两人一组一抛一垫的方法，两人对垫的方法，对墙自垫的方法，三角垫球的方法。排球正面双手垫球技术整节课讲解包括：以某一大型赛事排球决赛为例，导入正面双手垫球技术，讲解正面双手垫球方法，讲解正面双手垫球的动作要领，讲解正面双手垫球的练习方法(重点内容)，讲解练习中容易犯的错误，本课小结。

3. 要从已知到未知，从感性到理性

要把直观、具体的现象、实例、事件，通过分析、综合和概括，升华为理性的概念和规律。教师要针对学生年龄、兴趣、背景、知识水平、认知能力、认知水平和情感需要，善于提出思考性的问题，创设良好的教学情境，引起学生的好奇心以激发学生的学习兴趣。通过观察学生的表情、行为和操作，留意学生的非正式发言或无意的技能行为，及时收集讲解效果反馈信息，及时调整、控制教学，并注意及时巩固、应用理论联系实际。

4. 运用多种语言技能、动作变化技能及其他技能配合

运用板书、提问、演示、讨论、体态语等多种技能,使课堂教学效果更优化。例如,在讲解时教师借助提问加强反馈,教师边讲解边演示;边讲解边示范,都是常用的方式。

5. 注意讲解的时间性和方式

一次讲解时间不宜太长,一般不要超过15分钟。新内容的讲授、强调技术关键或小结练习情况,面向所有学生一般采用集体讲解;巡回指导中提示动作要领以及改变他人动作时,宜采用部分讲解;针对个人改进动作技术时,一般则采用个别讲解。

6. 突出主题

在重点、难点和关键处要在讲解中加以提示、强调。

三、提问技能

体育课堂教学中的提问是整个教学活动的过程中教师和学生之间常用的一种相互交流的重要的教学技能,是联系师生思维活动的纽带。提问包括教师的提问与学生的提问,作为课堂教学方法之一的提问,应该是必须讲究艺术的。

(一)提问的问题类型

课堂提问的问题类型根据划分依据不同而不同。根据布鲁姆的目标分类学中关于认知目标的层次把课堂提问划分为回忆提问、理解提问、应用提问、分析提问、综合提问和评价提问六种类型。

1. 回忆提问

回忆提问是从巩固所学知识出发设计的提问,是对先前学习过的知识材料的再认和再现。主要目的是用来确定学生是否已记住先前的内容,这是最低层次、最低水平的提问。如,网球起源于哪个国家?某一技术的动作结构、动作关键,重点与难点是什么?何谓"极点"现象?

2. 理解提问

理解提问是检查学生对事物本质和内部联系的把握程度的提问。能用自己领会的事实与原理进行转换、解释与推断的提问。需要学生对已学过的知识进行回忆、解释、重新整合,讲述中心思想,对事实、事件进行对比,区别事物的异同,达到更深入的理解。比如,竞走的技术要点是什么？排球扣球与网球高压球的技术的异同？谁能理解蛙泳腿的收、翻、蹬、夹的含义？为什么剧烈运动前要做准备活动？这类提问用于检查学生近阶段对课堂上所学知识与技能的理解和掌握情况,具有深化教学内容、为教师讲解配备关键材料、引导学生思维方向、训练学生分析能力等功能。

3. 应用提问

应用提问是检查学生在具体情境中应用所学概念、规则、原理解决实际问题的能力水平的提问。应用性提问是提供一个简单的问题情况,让学生运用所获得的知识和回忆过去所学过的知识来解答问题。各种概念外延的界定,各类定理、法则的运用,各种专业方法的实施都属于应用性问题。如,剧烈运动后应如何补水？关节扭伤后应如何处理？在这类提问中,教师常用的关键词是：应用、运用、分类、选择、举例等。

4. 分析提问

分析提问是要求学生通过分析知识结构,弄清概念之间的关系或者事件的前因后果,最后得出结论的提问方式。这类提问要求学生进行批判性思维,它要求学生能够分析动作,以确定原因、进行推论。教师常用的关键词是：为什么、什么关系、如何证明、是什么原因等。

5. 综合提问

综合提问是要求学生发现知识之间的内在联系,并在此基础上把教材中的概念、规则等重新组合的提问方式。综合性提问能激发学生的创造性思维,要求学生在头脑中把事物的各个部分、各个方面、各种特征结合起来思考并回答,学生以自己的知识经验、智慧技能为基础,体现个人认知策略的风格性。在这类提问中,教师常用的关键词是：预见、创作等,如,总结下篮球运动有哪些基本战术以及它们的应用时机。

6. 评价提问

评价提问是指教师为培养学生判断能力所作的提问。评价性问题包括概念的评价、方法和技能的评价、原理的评价等,还可以对有争议的问题给出看法,即评价各种观点、思想的价值,提出自己的见解。评价性问题的答案也是多元的。该水平提问的主要目的是用来帮助学生根据一定的标准来评价材料的价值。在这类提问中,教师常用的关键词是:判断、评价、证明等。如,你认为××同学的背越式跳高动作完成怎样?好在哪里?有哪些不足?

(二)提问的要领

课堂提问是课堂师生交流的最常用、最主要的方式,也是教师教学水平的重要体现,实际运用需要注意以下几点:

1. 合理地设计问题

课前精心设计问题是保证提问有效性的前提。教师设计教案时,从教材的实际出发,问题应从学生的认识实际和知识水平出发,难易适度,适应学生年龄和知识与能力水平,围绕本节课的重点、难点,设计关键性的提问。问题要目的明确,主题清晰、语言简练,既能引起学生认识上的矛盾,激发学生的求知欲望,又能启发学生的思路。问题的设计尽可能引导学生认清问题的实质,抓住解决问题的关键。问题要有利于培养学生的思维能力,要从具体到抽象,从感性到理性,从简到繁,循序渐进,善于鼓励和引导学生充分发表自己的见解。

2. 体现主体性、公平性

面向全体学生提问要激发主体性,公平而恰当地将问题分配给每一个学生,使所有学生都有所发展。如,将不同水平和类型的问题分配给不同的学生,将较简单的问题分配给一般的学生,将难度较大的问题分配给反应敏捷的学生等。

3. 停顿与思考

发问中的停顿主要包括教师提问之前的停顿、教师提问之后与学生回答问题之前的停顿。适当的停顿有助于提升教学提问的效果。教师提问后要停顿,让学生有准备的时间,提问后不要随意地解释和重复。

4. 态度要温和自然

不用强制回答的语气和态度提问。教师发问应态度自然、友善,可用殷切、鼓励、信任的目光扫视全体学生。

5. 要有明确的结论

学生回答后,教师要给予分析和确认,使问题有明确的结论,强化他们的学习,使学习活动更富有成效。

(三)课堂提问的基本过程及要求

1. 发问

基本要求是:

(1)问题的目的具有明确性、计划性。

(2)问题的性质具有启发性、新颖性。

(3)问题具有准确性、有效性。

(4)问题具有实践性、层次性。

(5)发问的次数要适当,问题的难度要适中。

(6)发问要面向全体学生。

2. 候答

候答强调的是教师发问后应注重学生的思维过程,要给学生留出充分的时间,以便于学生的思考和探索。如果思考时间不足,学生则无法彻底理清思路;如果思考时间过长,则在耗费课堂时间。候答时间长短的把握必须考虑到两个因素:一是问题的难度。难度越大,学生所需的思考时间就越长,反之则越短。二是学生的认知速度。学生的思维越敏捷,所需的思考时间就越短,反之则越长。

一般来说,假如要考查对已学知识的记忆,一般等待1秒左右为宜;对于探究性问题,需要学生合作交流的问题,就需要延长思考时间,一般可留3~5秒,甚至更长时间。

3. 叫答

叫答有可预见的叫答与随机叫答两种,课堂上教师要注意:

(1)尽量避免学生在课堂上都"大声喊"随便回答。

(2)叫答的范围要广,面向中等,顾及全体,使每个学生尽量机会均等。

(3)问题的难度与被叫答学生的水平相适应。

(4)不同学生可以回答同一个问题。

4. 理答

理答是指教师对学生回答的处理。教师的理答是反映教师与学生之间互动质量的重要指标之一。从促进学生积极思考的角度讲,学生对问题的回答不论是正确、错误或者是无应答,教师都不要急于给予评价,可以针对学生和班级的实际情况,进一步地转问、追问或探问,然后教师再给予评价,最后教师还要对有关的知识、方法进行"再组织",从而完成一个完整的提问过程。

所谓转问,就是同一个问题向另一同学发问。

所谓探问,是对同一学生继续发问。如果学生回答不正确,教师要对原问题重新措辞后提出一个与原问题相关的问题;或者将原问题分解,简化为几个小问题逐一发问;或者提供回答线索。

所谓追问,就是学生的回答即使正确的情况下,教师也可再提问一个问题,就正确答案进行追问。

所谓再组织,是指教师在理答的最后阶段,对学生的回答重新组织概括,给学生一个明确、清晰、完整的答案。教师不应把正确的答案和错误的答案同时摆到学生的面前,而应重述正确的答案,这样可以避免班上某些同学误把错误回答当成正确回答。[①]

四、承转技能

承转,教学中遵循教育学、心理学、美学原理,创造性、艺术性地采取各

[①] 施良方,崔允漷. 教学理论:课堂教学的原理、策略与研究[M]. 上海:华东师范大学出版社,1999:208.

种措施,把不同的课堂教学内容、教学环节衔接起来,使教学浑然一体,同时开发学生心智潜能的教学活动。承转语在课堂教学中有着承前启后的作用,但不是课堂教学的重要环节。承转与导入、结课的方法上有交叉重叠之处。

承转艺术是教学过程的艺术,承转设计需要考虑前后内容联系的性质、学生学习的心理状况两个因素。结合体育教学的特点,体育课堂教学中承转设计可以分为以下几种:

1. 语言承转

语言承转是体育教学过程中最为常见的一种承转方式,常用的语言承转类型有以下几种:

(1)关键词承转。

关键词承转指教师借助表示转折、并列、因果、递进等关系的关联词,来直接点明前后教学内容的逻辑联系,引出新的学习内容的承转方法。

(2)疑问语承转。

疑问语承转是指教师利用前面的教学内容,创设一个问题情境,通过教师提问或者引导学生自主发问,使学生产生认知冲突,教师抓住契机,顺其自然地将教学引入新的学习内容的策略。比如,排球教学中的"背飞"与"背溜"的区别。

(3)诗词名句承转。

体育教学中结合具体内容,可以用一些诗词名句进行承转,比如"生命在于运动""健康的精神寓于健康的身体"引发和唤起学生对体育学习的兴趣。

2. 故事或案例承转

故事或案例承转指借助故事或案例引导学生过渡到一个个教学内容和环节,比较适合于社会体育、体育人体科学的教学内容。比如,借助运动损伤的案例来解释某一骨骼的构造。

3. 活动承转

活动是联系主客体的桥梁,是学生认识发展的直接源泉。比如,体育教学过程中让学生搬运、安装器材、提问、做游戏,最大限度地引导学生参与,以活动启发学生的思维。教师要多创设让学生动手操作、动眼观察、动脑思考、动口表达等活动承转,以利于课堂良好的效果。

4. 借助偶发事件承转

教师针对一些意想不到的偶发事件,巧妙借助这些教学资源,及时调整,处理得当,生成新的承转策略。

五、教学反馈技能

反馈是获取强化信息的过程。教学反馈技能是指教师在课堂教学中准确及时地获取学生对包括感知、理解、记忆、应用等教学内容的反映情况,以及使学生准确及时了解自己的学习效果的教学方式。课堂教学中的反馈是教师与学生之间进行相互沟通与交流的过程,获得教学反馈信息,便于教师及时改进教学方法,调整教学进度,进一步提高课堂教学质量。教学反馈在课堂教学中的作用表现在激励、调控、媒介和预测四个方面。

(一) 实现教学反馈的方法

1. 课堂观察法

在课堂上,教师通过整体观察和聚焦观察等方法获取反馈信息的行为方式,可以包括环视法、点视法、虚视法等。

2. 课堂提问法

课堂教学中教师有计划地提出问题,引导学生积极思维,依据学生回答问题的真实情况获取反馈信息的行为方式。

3. 课堂考查法

课堂教学中教师通过有计划地测验、考试等,获取学生真实情况反馈信息的行为方式。

4. 实践操作法

运用仪器设备、材料等检查学生对知识、技能掌握的程度,以及理论联系实际能力的方法。

(二)教学反馈的基本要求

(1)明确以促进学生的学习为目的。
(2)拓展渠道获取学生的反馈信息。
(3)反馈必须及时、准确。
(4)指导学生学会自我反馈。

六、结束技能

课的结束是体育教师必须熟练掌握的教学活动和学习过程中的必要环节,结束技能是衡量教师教学艺术水平的重要标志之一。结束技能是教师完成某一阶段的教学任务或活动时,通过归纳总结、实践活动、转化升华等,对学生所学的知识和技能进行及时的系统化、巩固和应用,使新知识有效地纳入学生原有的知识结构中的一种教学行为方式。[1]

结束技能不仅广泛地应用于一节课讲完、一章学完,也经常应用于讲授新概念、新知识的结尾。

(一)结束技能的类型

结束技能的类型主要有两种形式,即认知型结束和开放型结束。认知型结束又称"封闭型结束",是围绕本节课的主要教学内容和重点知识,针对所学知识的高度概括来结束,目的是巩固学生所学知识,把学生的注意力集中到所学课程的要点上去。开放型结束是把所学的知识向其他方向延伸,以拓宽学生的知识面,引起更浓厚的研究兴趣,或把前后知识联系起来,使学生的知识系统化。在实际教学中具体采用什么方法,要根据教学内容的性质和要求来决定,一般的结束过程大体经过简单回忆、提示要点、巩固应用、拓展延伸等阶段。下面介绍几种常用的结束方法:

---

[1] 卫建国,张海珠.教学技能[M].北京:北京师范大学出版社,2013:62.

1. 归纳结束

归纳结束是指教师用总结性的语言提纲挈领地再现一节课或一个章节的知识结构体系,从而结束课堂教学的一种方法。总结可以由教师做,也可以先启发学生做,教师再加以补充、修正。运用归纳结束应注意:不能对讲授内容简单重复,而应有所创新。比如,蛙泳课可以以口诀"划臂的时候腿不动,夹肘的时候慢收腿,臂接近伸直蹬夹腿,四肢伸展漂一会儿"结课,有利于学生掌握完整动作要领,便于记忆、巩固和运用。

2. 比较结束

对传授的新知识与相关的旧知识进行分析、比较,既找出它们各自的本质特征或不同点,又找出内在联系或相同点,比较时要找准可比点,对关键之处设计点拨,找出其异同的结束方法,能使学生更准确、更深刻地理解知识。

3. 活动式结束

活动式结束是指教师引导学生主动参与对比、分析、综合、抽象、概括等思维活动,采用讨论、试验、演示、游戏、竞赛等活动形式进行结束的一种方法。

4. 悬念结束

悬念结束是指教师通过设置疑问、留下悬念以激发学生求知欲和好奇心,引发思考的一种结束方法。运用悬念结束课堂应注意:设置的问题要有启发性;所设的悬念是学生自主探索能够解决的,并且与下节课的讲授内容密切相关。如,在学完双杠的杠端跳起成分腿坐之后,下节课将学习双杠的杠端跳起成外侧坐。在结课时,教师可以问:双杠的杠端跳起成外侧坐应怎么做?有哪些动作要领?

5. 拓展延伸结束

拓展延伸结束是指教师运用本课所学知识向课外延续、向实践伸展,是把学过的知识做进一步延伸和拓展进行结束的一种方法。运用拓展延伸总结时,教师要考虑到学生能获得的课程资源,提出的要求一定是学生通过努力能够做到的。

6. 练习评估结束

练习评估结束即教师利用提问或小测验、布置作业等形式结束的一种方法。评估可以采用学生自评、学生互评和教师点评三种方式。

课堂结束环节的主要作用在于对某个内容和要求进行系统的总结概括、提炼升华，促进学生知识理解的深化和拓展。除了上述几种方法以外，比较常用的还有表扬激励法、回应法、点题法、抽查法、朗读法、反思法等。对于教师来讲，总结并无固定的方法，教师在实际的课堂教学中单纯使用哪种形式的现象是很少的，大多是上述形式的综合应用。

（二）中学体育课堂结束技能的注意事项

1. 要精心设计

应根据教学内容的性质和要求、学生的认知特点和理解情况、教学规律、教学原则与教学方法的要求精心设计，结课方式做到科学选用、高效突出、力求创新。

2. 要做好整理放松

应根据最后一个练习内容的强度、密度、运动量、技术等特点进行安排，采用游戏放松、慢跑放松、音乐和舞蹈放松、语言放松、呼吸放松、意念放松、按摩放松、拉伸放松等方法进行。

3. 要言简意赅

体育课堂小结要紧扣教学目标、提示重点和知识结构，做到简明、精要、条理化，有利于学生回忆检索和运用。注意首尾呼应，使结课和导课成为一体，脉络贯通。

4. 要有有效性、多元化

可以适当安排实践活动，如练习、口答和实验等，提出问题或采取其他形式检查学生学习情况结束课，鼓励学生继续探索，运用发散思维，培养丰富的想象力。

5. 要科学布置作业,按时下课

布置作业,应做到科学、系统、全面地发展学生的体能和技能,要求明确,数量恰当。结束要严格掌握时间,按时下课。

七、中学体育课堂结束技能评价表

表11-6 中学体育课堂结束技能评价表

授课教师:　　　教学内容:　　　日期:

项目	评价内容	权重	赋分
1	结束目的明确、方法得当	0.10	
2	放松活动内容和组织合理,学生身心恢复好	0.20	
3	总结内容重点突出,系统性强	0.20	
4	总结拓展延伸性好、启发性高	0.10	
5	师生互动,点评到位	0.10	
6	时间恰当,组织合理	0.10	
7	布置作业合理、收拾器材得当	0.10	
8	学生反馈情况	0.10	

第四节　中学体育课堂教学动作示范技能

一、动作示范技能含义

动作技能指通过练习而获得的、自动化的、完善的动作活动方式,动作示范技能是教师或教师指定的学生以自身完成的动作作为范例,使学生了解所学动作的结构、顺序、要领,用以指导学生进行学习的行为方式。在体育教学时,大多数时间讲解和示范是同步进行的,口头语言和体态语言同时刺激学生。正确、优美的动作示范可以使学生最直接地了解动作,形成一个初步的动作概念。体育教学中的动作示范形式有很多种,如完整、分解示范,正面、背面、侧面、镜面示范、重点示范、错误动作示范、对比示范等。

(一)动作示范法的要素

1. 速度

为了帮助学生建立完整正确的动作表象,教师应注意根据情况运用不同的速度进行示范。一般的情况可用常规的速度进行示范,但当为突出显示动作结构的某些环节时则应采用慢速示范。

2. 位置

应根据完成动作示范的活动范围、学生人数和安全需要等恰当地选择学生观察动作示范的距离。

3. 视线

学生视线与动作示范面越接近垂直越有利于观察。在多数学生以横队形式观察示范动作的情况下,越靠近横队两端的学生,其视角就越不接近垂直。因此,学生观察示范动作的队形不宜拉得太宽。学生数量多时,应让学生排成若干排横队观看示范,并避免横队前列的学生遮挡后列学生的视线,前排同学可以蹲下。

4. 视线干扰

应注意让学生背向或侧向阳光、风向,以避免视线干扰,有利于观察。

5. 多媒体配合

示范可利用多媒体进行展示,争取最好的动作示范效果。

(二)体育教学对动作示范方法的基本要求

表11-7 体育教师动作示范技能要求[1]

种类	要求
动作示范标准	正确、优美、稳定、熟练

---

[1] 卢竞荣.体育课堂教学技能训练[M].北京:人民体育出版社,2016:74-75.

续表

种类	要求
动作示范数量	增加示范次数,满足学生的需要
动作示范形式	合理运用完整示范、分解示范、重点示范、正误示范
动作示范速度	教师正确采用正常速度示范、分解慢速示范、借助媒体慢速示范
动作示范面	依据不同的要求正确实施正面、侧面、背面、镜面示范
动作示范时机	根据不同的学习阶段与学生需求,实施不同类型的示范
动作示范类型	合理采用集体示范、分组示范、个别示范、教师示范、学生示范、媒体示范

教师优美、正确的动作示范,有助于学生建立正确的动作表象,激发学生的学习兴趣,促进学生掌握正确的动作技能。体育教师的示范动作应做到以下几点:

1. 示范目的明确和时机及时

示范要针对体育教学的实际需要、课堂教学的目标与要求、学生掌握动作的情况,来确定示范的次数、重点和时机。认知示范是使学生知道学什么的示范,这种动作示范的重点是给学生建立动作的整体形象,形成大致的概念,这种示范要正确、规范,要引导学生注意整体,不要拘泥细节。学法示范是告诉学生怎样学的示范,这种示范的重点是使学生了解动作完成的顺序、要领、关键、难点等,进行这种示范时要引导学生注意关键的动作环节的重点部分。错误示范是展示学生错误动作的示范,这种示范的重点是使学生了解自己动作的错误的外部特征,进行这种示范时既要突出错误的特征又不能夸张,对这种动作示范的要求与第二种动作示范大致相同,应注意示范时着重突出要纠正的错误所在。重点示范有利于引导学生观察动作技术的关键环节,突出重点要点。适用于教学重点或关键环节,如,投掷类项目的出手动作等。

2. 示范要正确、规范、熟练、美观

正确是指示范要严格按动作技术的规格要求完成,以保证学生建立正确的动作表象。美观是指动作示范得生动优美,以保证动作示范可以引起学生学、练的兴趣,消除畏难情绪。教师示范力求达到正确、规范、熟练、美观,使学生受到美的熏陶,产生跃跃欲试的想法,减少或消除惧怕心理。

3. 示范方向和位置要正确

示范的位置应根据场地限制、学生的队形、动作的性质、技术结构、学生观察动作的部位以及安全的要求等因素来决定。学生要避风、背光、背干扰,一般以每一个学生都能看清为准,比如学生横排站立,教师站位可以在教师和学生形成的等腰三角形的顶点上;学生队形为扇形时,教师的位置应站在前排扇形面的圆心上,即半圆的圆心。

4. 示范必须与讲解相结合

将示范与讲解结合在一起,给学生视觉和听觉上的双重刺激,才能使学生建立起完整的体育概念,正确规范地完成体育动作。教师先示范整个动作,为学生建立起动作的最初动作信号,通过概念和理论知识的讲解使学生更好地掌握动作要领,再对重、难点进行慢动作讲解,边示范边对学生进行询问,了解其理解程度,对仍存在疑问的地方要重点分析,直至学生理解掌握。直观的示范与简明的讲解相结合,还可以利用教学挂图、场地、教学工具、视频等工具,可以取得良好的教学效果。

二、中学体育课堂动作示范技能评价表

表 11-8　中学体育课堂动作示范技能评价表

教学内容：　　　　　　　　　　　执教者：

	评价指标	赋值	得分
1	是否紧密围绕教学目的和重难点	15	

续表

评价指标	赋值	得分
2 动作示范是否正确、熟练、姿态优美	15	
3 动作示范的时机、方向和位置是否合理	15	
4 动作示范的数量、形式、速度是否合理	15	
5 动作示范的面和类型是否合理	15	
6 动作示范过程教师的语言解释引导观察	15	
7 是否借助视听教学进行示范,如图片、影片、幻灯、计算机模拟	10	
合计	100	
简评		

评价人：

年　　月　　日

第五节　中学体育课堂教学组织技能

　　课堂教学是教学活动中最基本的一种组织形式。课堂教学有两种活动，一种是教学活动，一种是管理活动。教学活动是指教师按照一定的教学思路传授知识、培养能力、发展智力、陶冶情操的活动。管理活动是指教师指挥、组织学生参与到教学活动中来，为实现教学目标而做出努力的活动。"课的组织是整个教学活动中的一个纽带"。课堂教学组织和课堂管理，二者相互作用，采取的一系列组织管理、调节控制、反馈强化措施，是为了维持纪律、组织练习、保持队形以及处理紧急事件，建立和谐的教学环境，共同保证授课的正常进行，帮助学生达到预定的教学目标。

一、中学体育课堂教学组织技能概述

体育课堂教学组织技能是指体育教师为了保证体育课堂教学的秩序和效益,对体育教学环境、人际关系、教学纪律以及教学反馈等方面进行的设计与控制工作。

体育课堂教学组织技能是体育教育专业学生必备的专业技能,也是师范类高校培养教学人才的工作重点,是使课堂教学得以顺利进行的重要保证。体育课堂教学组织形式要灵活,做到"管而不死,活而不乱"。既尊重、爱护学生,又严格要求,严格管理;既热烈紧张,又秩序井然;使课堂教学富于变化,充满生机。

(一)中学体育课堂教学组织的特点

课堂组织从其基本特征出发,可以归纳为十个行为方面,即行为的作用、方法、活动、题目、认知过程、参加人、时间、陈述、教学辅助和规则确定。体育课堂教学要根据体育课的特点、教材特点、青少年生理和心理特点来组织。

1. 根据体育课的特点组织教学

(1)抓好体育课堂常规的组织教学。

课堂是学习的场所,既要使学生生动活泼地进行学习,又要有纪律作为保障,以严格的组织纪律维持课堂教学秩序,要求学生遵守课堂纪律,参与教学活动。学生如有违纪行为,教师要给予严厉批评。其目的在于保证课堂教学的有序性,其作用是使教学能在有秩序的环境中进行。体育课堂常规是规范体育课的必要条件。教师必须严格认真,坚持不懈地抓好体育课堂常规教育,尤其是要抓好整队集合、服装、精神状态、礼貌行为、组织纪律、学生守则、场地器材的布置与收拾等常规训练与教育。在教学中,教师要严格要求,反复训练,使学生变成自觉行动,以保证体育课的顺利进行。

(2)抓好体育课各阶段的组织教学。

教师用各种教学方法,如,组织观察、实验、课堂讨论等对学生学习行为进行指导,调动每一位学生的学习积极性,指导学生参与教学活动,对教学活动进行组织。体育教学过程无论由几部分组成,教学的准备部分要新颖,基本部分要活跃,结束部分要轻松。

2. 根据教材特点组织教学

挖掘教材趣味性,同一教材的组织教学,教师要逐步提高动作难度,适当改变组织教学方法,激发学生的学习兴趣。

3. 根据青少年生理和心理特点组织教学

针对青少年生理和心理特点,在教学中,教师的组织教学要尽量体现出"新、奇、活"的原则,合理安排教学内容,教师通过提示、提问和安排活动,使学生能够产生强烈兴趣和新鲜感的组织形式,灵活选择教学方法以增强教学的吸引力,激发学生的学习兴趣和热情。

(二)中学体育课堂教学的组织步骤

1. 预备阶段的组织教学

教师充分做好课前的准备工作,是上好课的前提条件,也是提高教师业务水平和教学工作能力的一项重要措施。课前要认真制定课时计划;研究教材教法;熟悉示范动作要领和教学程序;了解课前学生的身体、思想及学习情绪等情况,准备好场地器材;培养体育骨干;教师预练。上课前必须合理地安排和检查场地、器材,教师检查和整理好自己的服装仪表后,应提前到达规定的集合地点等候上课。这个阶段是上课组织教学的前奏,也是组织教学的基础,前奏的成效将直接影响着一堂课的效果。

2. 开课之前的组织教学

"良好的开端,成功的一半"。体育委员及时在指定地点集合整队,检查上课人数,报告教师上课、请假、见习生的人数。这个阶段的教师主要任务是激发学生的学习兴趣,集中学生注意力,宣布教学目标、内容、要求,检查学生服装。根据见习生不同情况,布置学生随堂见习或参加适当的活动,要求在见习时不得聊天、复习功课或离开现场。这个阶段是最有力的组织教学阶段,可以使授课阶段有一个良好的教学秩序与活跃的教学气氛。

3. 授课阶段的组织教学

这个阶段是组织教学的关键、主要环节。教师要依据学生的年龄特征、教材情况,周密设计以学生为主体的教学过程,做好准备活动,教学的讲解和示范练习的帮助与保护、整理活动等;要运用多种教学方法或教学手段来组织教学,激励学生积极参与新知识的学习过程。要加强课中安全卫生教育与措施,调控生理、心理负荷;及时纠正错误和改进教学。对随时可能影响教学的意外事件,要灵活机动地处理,保证课堂教学顺利进行。教师认真做好课中各个环节的工作是上好体育课、实现教学目标的根本保证。具体包括以下几方面:

(1)有序组织教学。

对学生进行思想、纪律和安全教育,创造良好的学习氛围,进行讲解、示范、辅导、帮助、保护、纠错等。

(2)有效地安排和调动各种练习队形。

第一,运用的队形应简单易行,使学生背光、背风、背沙、背干扰,便于观察示范及教具演示,听清楚讲解,便于个人或小组的互相观察、帮助和保护,并符合卫生与安全的基本要求。第二,队形应有利教师的讲解、观察、帮助、保护、指导和监控,队形变换要多样化,有利于教学顺序的安排。第三,在调动学生队伍时,要善用口令,提高指挥能力和调控能力;要根据项目特点、教学内容来合理安排与调动队伍。

(3)合理地布置、安排场地器材。

科学合理地布置场地器材,不仅能充分利用场地、器材,提高使用率,有利于队伍调动,合理安排课的密度,增加学生练习次数,而且能创建优良的教学环境,提高学生练习的兴趣和积极性,便于教师指导。

(4)科学、易行、实用的体育教学组织形式。

班级教学的基本形式包括传统的班级教学形式行政班、合班分组的班级教学形式。课内教学组织形式一般包括全班教学、班内分组教学。班内分组教学可为分组不轮换,分组轮换。

4.巩固阶段的组织教学

在一堂课或一个单元课的教学任务即将完成时,教师要通过提问、讨论、做练习和实验等活动,检查学生对所学知识和技能的掌握情况。师生一起总结本节课的教学内容,引导学生把知识条理化、系统化,便于学生记忆储存。同时,还要布置适量的作业,指导学生正迁移,把知识变成能力。另外,课后要检查收拾场地器材,及时听取学生对课的评价(反馈),检查学生完成课外体育锻炼作业的情况,对学生自练进行指导、辅导。

(三)中学体育课堂教学的时间分配

一堂课45分钟或40分钟,对于体育课堂教学来说,准备部分的时间一般应根据教材内容性质、学生特点、季节气候等具体情况来确定。45分钟的课,准备部分一般为8~12分钟,90分钟的课,准备部分一般为20~25分钟。基本部分的时间的安排取决于教材内容的性质、负荷和学生特点:45分钟的课,基本部分一般为28~32分钟;90分钟的课,基本部分大约60分钟。45分钟的课,结束部分一般为3~5分钟;90分钟的课,结束部分一般为8~10分钟。课堂教学在时间的分配上,要加强教学的计划性,注意教学的针对性,要着重解决教学的重点、难点,根据学生的实际,尽可能地提高教学效率。以上时间分配并不是金科玉律,教师应根据不同内容,不同学生,从教学实际出发,合理安排教学时间。

二、中学体育课堂教学组织技能评价表

表11-9 中学体育课堂教学组织技能评价表

教学内容： 执教者：

	评价指标	优秀≥9	良好 7.5~8.9	合格 6.0~7.4	不合格<6	得分
1	课堂目的明确，秩序控制有序					
2	教师站位准确，便于讲解示范和保护					
3	教师对不同层次的学生的听课把握处理					
4	教学内容安排合理，练习方式及负荷合理					
5	教学时间和节奏合理，密度适中					
6	有效地安排和调动各种练习队形					
7	合理地布置、安排场地器材					
8	体育教学的组织形式合理性					
9	教师对课堂意外情况的预见和处理情况					
10	教师作业与辅导方面的安排					

续表

评价指标	优秀≥9	良好 7.5~8.9	合格 6.0~7.4	不合格<6	得分
合计					
评价					

评价人：

年　月　日

【本章小结】

教学技能是课堂教学的"支点"，是使课堂教学得以顺利进行的重要保证，影响着整个课堂教学的效果。本章阐述了体育课堂教学技能含义、类型、训练方法，体育课堂教学语言技能，体育课堂教学推进技能，体育课堂教学动作示范技能，体育课堂教学组织技能。

【实践演练】

1. 登录网站，观看体育课堂教学技能视频，撰写观课报告。

2. 一节体育课从开始上课到结束由哪些环节构成？这些环节中要运用到哪些教学技能？

3. 选择一段教学录像或听一节课，评析体育教师运用语言的优缺点。

4. 选择有代表性的教学内容，根据学习到的导入知识设计导入（可以选择一个教学内容用多种方式导入，也可以多种教学内容用一种方式导入）。

5. 讨论如何在体育课堂教学中把握讲解的效果。

6. 结合自己的专项设计一份讲解技能微格教案。

7. 提问技能的概念及构成是什么？

8. 讨论提问技能类型有哪些，并了解每种提问类型的特点。

9. 结合自己的专项设计一份探究学习法教案。

10. 按照结束类型，设计几种体育实践课堂的结束。

【拓展阅读】

[1] 施小菊. 体育微格教学[M]. 厦门：厦门大学出版社，2013.

参 考 文 献

[1]陈晓慧.教学设计(第2版)[M].北京:电子工业出版社,2009.

[2]孙立仁.教学设计:实践基础教育课程改革的理论与方法[M].北京:电子工业出版社,2004.

[3]潘绍伟,于可红.学校体育学(第三版)[M].北京:高等教育出版社,2015.

[4]皮连生.教学设计(第2版)[M].北京:高等教育出版社,2009.

[5]周登嵩.学校体育学[M].北京:人民体育出版社,2004.

[6]董翠香.小学体育与健康教学设计[M].北京:高等教育出版社,2020.

[7]杜俊娟.体育教学设计[M].北京:北京体育大学出版社,2007.

[8]张新.中学体育教学设计[M].北京:科学出版社,2012.

[9]杨雪芹,刘定一.体育教学设计[M].桂林:广西师范大学出版社,2005.

[10]关北光,毛加宁.体育教学设计[M].成都:西南交通大学出版社,2016.

[11]张天成,张福兰.中学体育教学设计[M].成都:西南交通大学出版社,2018.

[12]杨雪芹,赵泽顺.体育教学设计[M].桂林:广西师范大学出版

社,2014.

[13]毛振明.体育教学论(第三版)[M].北京:高等教育出版社,2017.

[14]张振华.体育教学策略与设计[M].北京:北京师范大学出版社,2012.

[15]课程教材研究所体育课程教材研究开发中心.体育与健康[M].北京:人民教育出版社,2019.

[16]高守清.体育教学策略理论与实践[M].兰州:甘肃民族出版社,2009.

[17]杨文轩,陈琦.体育概论(第二版)[M].北京:高等教育出版社,2013.

[18]滕子敬,刘绍曾.体育学科教育研究[M].合肥:安徽教育出版社,2004.

[19]吴海宽,刘笙.体育课程与教学论[M].长春:东北师范大学出版社,2005.

[20]董翠香,田来,杨清风.核心素养导向的体育与健康教学设计[M].上海:上海教育出版社,2020.

[21]毛振明,于素梅.体育教学计划编制技巧与案例[M].北京:北京师范大学出版社,2009.

[22]金钦昌.学校体育学[M].北京:高等教育出版社,1994.

[23]史兵.中学体育与健康教材研究与教学设计[M].西安:陕西师范大学出版总社有限公司,2011.

[24]杜俊娟.体育教学设计[M].北京:北京体育大学出版社,2007.

[25]柴娇.我国中小学体育课堂教学设计研究[M].北京:北京体育大学出版社,2010.

[26]赵立,杨铁黎,冯霞.体育教学设计与教案编写[M].北京:北京体育大学出版社,2004.

[27]曲宗湖.中小学体育课教案设计[M].桂林:广西师范大学出版社,2002.

[28]陈朝忠.关于体育课件教学设计的探讨[J].中小学电教,2006(5):48-50.

[29]骆秉全.追求体育教学之美(上)[J].中小学校长,2008(1):56-57.

[30]谢利民.教学设计应用指导[M].上海:华东师范大学出版社,2007.

[31]赵立.体育教学模式问答[M].北京:人民体育出版社,2003.

[32]徐英俊,曲艺.教学设计:原理与技术[M].北京:教育科学出版社,2011.

[33]于素梅.说课的门道[M].北京:教育科学出版社,2020.

[34]郑金洲.说课的变革[M].北京:教育科学出版社,2007.

[35]曹长德,孙晓青.教师职业技能训练课程[M].芜湖:安徽师范大学出版社,2017.

[36]卫建国,张海珠.教学技能[M].北京:北京师范大学出版社,2013.

[37]卢竞荣.体育课堂教学技能训练[M].北京:人民体育出版社,2016.

[38]卫建国,张海珠.课堂教学技能理论与实践[M].北京:北京师范大学出版社,2008.

[39]李鹰.教师教育口语运用的艺术[J],菏泽师专学报,1996(3):76-78.

[40]桓灵灵.高中语文教学课堂提问现状调查及策略研究[D].新乡:河南师范大学,2011.

[41]王燕.中学地理课堂教学中的承转[D].上海:华东师范大学,2006.

[42]马丽平.初中体育课中的讲解法与动作示范法[J].考试周刊,2010

(18):149-150.

[43]林勇.示范教学:方法及其运用要点[J].新课程(综合版),2011(1):42.

[44]刘银蕊.中学体育教师课堂教学管理能力量表编制及特点研究[D].福州:福建师范大学,2008.

[45]李涛.教师常用教学技能训练[M].北京:中国轻工业出版社,2014.

[46]杨国全.课堂教学技能训练指导[M].北京:中国林业出版社,2001.

[47]宋其蕤,冯显灿.教学言语学[M].广州:广东教育出版社,1999.

[48]施良方,崔允漷.教学理论:课堂教学的原理、策略与研究[M].上海:华东师范大学出版社,1999.

[49]胡淑珍.教学技能[M].长沙:湖南师范大学出版社,2016.

[50]李继秀.教学技能训练与测评[M].合肥:安徽大学出版社,2010.

[51]郭英,张霁.教学技能训练教程[M].北京:科学出版社,2012.

[52]周晓庆,王树斌,贺宝勋.教师课堂教学技能与微格训练[M].北京:科学出版社,2013.

[53]王皋华.体育教学技能微格训练[M].北京:北京体育大学出版社,2005.

[54]奥云.新课程背景下农村小学教师教学技能现状及对策研究[D].呼和浩特:内蒙古师范大学,2011.

[55]姜言霞.化学微格教学的研究与实践[D].济南:山东师范大学,2004.

[56]王彦才,郭翠菊.现代教师教学技能[M].北京:北京师范大学出版社,2010.

[57]王晞,等.课堂教学技能[M].福州:福建教育出版社,2008.

后　记

党的二十大报告明确提出，教育、科技、人才是全面建设社会主义现代化国家的基础性、战略性支撑，要深入实施科教兴国战略，坚持教育优先发展，加快建设教育强国。百年大计，教育为本；教育大计，教师为本。百年大计，教育为本；教育大计，教师为本。教师是课程改革的主力军，教师的理念、态度、业务素质和专业精神是课程改革的根本支撑。中学体育教学设计作为高校体育专业基础课程，是联系体育教学理论和教学实践的纽带，是进行体育教学资源设计与开发的基本依据。《中学体育教学设计》是依托内蒙古师范大学学科教学设计教材立项，在学校统一部署、精心组织安排下，以当前中学体育教师在实际教学设计中存在的问题为突破口，以强化基础理论、提升设计意识、夯实设计能力为主线，对中学体育教学设计的理论基础、背景分析以及中学体育教学目标、教学策略、教学媒体、教学过程、教学评价、教学计划等要素的设计予以阐释。本书以培养适应社会和教育发展的体育专业人才为出发点和落脚点，把握中学体育教学设计基本理论，体现了理论与实践紧密结合的特点，是搭建体育专业学生学习与未来体育教学实践的桥梁。本书每章包含思维导图、内容提要、学习目标、章节正文、本章小结、实践演练、拓展阅读等部分，仅供教师在讲授时参考。

本书编写组对内容、结构、分工方面进行了周密的安排，倾注了大量的时间和精力，反复校对，精心编撰，数易其稿。具体分工为徐慧颖编写第一章、第三章、第七章、第九章、第十一章，李凤新编写第十章，格日乐图编写第二章、第六章；柴华编写第四章，徐慧颖、张敏杰编写第八章，杨浩晖编写第五章。全书由徐慧颖统稿。本书在编写过程中，力求把理论高度与实践深度结合起来，曾参阅并引用兄弟院校的有关教材和资料，得到了来自基础教育第一线老师的大力支持，并提供了部分案例，在此一并致谢。

  本书在编写的过程中参考了大量资料，对在本书中被直接或间接引用的资料的作者表示衷心的感谢，对由于疏忽而未能在书中标明被引用者的姓名和论著的出处表示歉意。本书编撰恰逢《义务教育体育与健康课程标准（2022版）》印发出版，虽然我们在编写中反复研究、酝酿、推敲、校对、审核，但是由于编写人员能力、水平与经验有限，难免存在有对新课程标准理解不到位、篇章结构交叉重叠、错漏等问题和不妥之处，敬请专家和同行批评指正，并提出宝贵的意见和建议。

编者

2022年5月